利益相关者会计与管理文丛

丛书编委会主任　王竹泉

利益相关者集体选择视角的企业社会责任研究

王风华　著

中国财经出版传媒集团

中国财政经济出版社

图书在版编目（CIP）数据

利益相关者集体选择视角的企业社会责任研究/王风华著．—北京：中国财政经济出版社，2018．6

（利益相关者会计与管理文丛）

ISBN 978－7－5095－8387－6

Ⅰ．①利…　Ⅱ．①王…　Ⅲ．①企业责任－社会责任－研究　Ⅳ．①F272－05

中国版本图书馆 CIP 数据核字（2018）第 156987 号

责任编辑：王　丽　罗　荀　　　　责任校对：杨瑞琦

中国财政经济出版社 出版

URL：http：//ckfz. cfeph. cn

E－mail：cfeph@ cfeph. cn

社址：北京市海淀区阜成路甲 28 号　邮政编码：100142

营销中心电话：010－88191537

天猫网店：中国财政经济出版社旗舰店

网址：https：//zgczjjcbs. tmall. com

北京财经印刷厂印刷　各地新华书店经销

880×1230 毫米　32 开　9.5 印张　215 000 字

2018 年 8 月第 1 版　2018 年 8 月北京第 1 次印刷

定价：52.00 元

ISBN 978－7－5095－8387－6

（图书出现印装问题，本社负责调换）

本社质量投诉电话：010－88190744

打击盗版举报热线：010－88191661　QQ：2242791300

中国海洋大学一流大学建设专项经费及
青岛大学“青年卓越人才计划”资助

《利益相关者会计与管理文丛》
编　委　会

企业理论是会计理论、财务理论的基础。近年来，以股东或业主权益最大化为企业目标的传统企业理论的弊端日益明显，倡导合作共赢和可持续发展的利益相关者理论应运而生，利益相关者治理和管理的时代正快速向我们走来。利益相关者理论不仅对企业生存所处的环境、企业生产经营观念、企业文化、企业价值决定和价值创造机制等产生了深层次的影响，而且也必将对企业的治理结构、商业模式、管理体制等产生革命性的影响，并进一步推动以企业理论为基础的会计理论、财务理论等的创新和发展。

从利益相关者视角来看，企业是一种为其资本所有者创造价值的形式，是拥有物质资本、人力资本或社会资本的利益相关者基于自身利益进行集体选择的结果，企业的本质是利益相关者的集体选择（王竹泉等，2006），是企业契约选择者的集体选择达到的一种可接受的均衡状态。要使参与集体选择的利益相关者的个体理性和集体理性同时得到满足，其蕴含的基本思想是合作共赢。即：集体选择不仅增进了集体福利，而且增进了每一个参与者的个体福利。利益相关者合作企业的核心和生命力在于能否实现合作共赢（王竹泉等，2012）。

利益相关者理论改变了企业是由物质资本所有者独享所有权的状况，变为由多方利益相关者集体选择所形成的不特定的利益相关者单方或多方共享所有权。与此同时，公司治理将由企业股东单边治理转变为利益相关者共同治理，企业价值将由股东价值转变为利益相关者价值，企业财务管理目标将由股东价值最大化转变为内部利益相关者价值最大化，企业价值形成及创造机制也将由企业内部管理转向企业与外部利益相关者之间的合作共赢。

伴随着上述转变，利益相关者管理将成为企业价值的重要驱动因素。正如R. 爱德华·弗里曼所指出的，“我们必须把经济活动理解为一种为‘利益相关者创造价值’的工具”。当企业价值管理中加入利益相关者管理这一元素后，对不同种类利益相关者的关注大大拓展了企业管理的半径，企业管理不再是停留在对企业内部资源的管理，而是延伸到企业之外，根据关注的利益相关者不同形成了不同的管理分支和理论，如对企业下游顾客的管理需求产生了客户关系管理理论、对企业上游供应商的管理需求产生了供应链管理理论、对企业外部拥有关系资源的其他利益相关者管理的需求产生了社会资本管理等。

利益相关者理论为会计理论、财务理论的创新与发展提供了新的视角和理论支持，并催生了一系列新的研究分支。（1）企业分类治理和内部控制研究。每一个公司或企业都具有自己的个性，如何在公司或企业治理的研究中对公司或企业进行分类，利益相关者理论为我们提供了一个很好的分析框架。(2) 企业业绩评价研究。不同的企业，由于其参与企业契约集体选择的利益相关者的不同而具有不同的所有权和目标追求，因此，对企业的业绩评价必须分别不同类型的企业而设置与其相适应的评价体系和评价指标。(3) 企业价值管理研究。利益相关者集体选择的结果不仅决定了企业的所有权边界和企业的目标，而且也决定了企业的经营边界和商业模式，因此，不同类型企业其企业价值的衡量方法应该是不同的，而要实现企业价值增值的商业模式也会有差别。(4) 企业社会责任研究。根据是否参与企业契约的集体选择可以将利益相关者划分为内部利益相关者和外部利益相关者，内部利益相关者即企业的所有者，增加内部利益相关者的价值是企业的经济责任，而外部利益相关者是独立于企业的社会主体，增加外部利益相关者的价值就是企业的社会责任。(5) 企业财务报告改革研究。当企业的所有权为更多的利益相关者所分享时，财务报告的目标、权益理论和企业的收益计量等都会随之发生变化。(6) 企业会计政策选择研究。企业会计核算的范围和会计政策的边界在哪里？谁应该成为企业会计政策选择的权力主体？企业会计政策选择需要满足的集体理性和个体理性条件各是怎样的？在不同类型的企业中，上述问题的答案是否会有差异？(7) 企业财务理论创新研究。传统企业财务理论一直将由投资活动和筹资活动组成的理财活动作为研究重点，而对经营活动另行对待且较少关注。同时，其关注的资本形态主要是财务资本和物质资本，其所研究的财务主体也始终没有超出投资者和经营者的范围。利益相关者理论的出现为创建“以内部利益相关者为财务主体、以广义营业活动（包括投资活动、筹资活动和经营活动）为财务边界、以广义资本（包括财务资本、物质资本、知识资本、网络资本或社会资本）的配置和运用为研究对象”的新型企业财务理论奠定了理论基础。

基于上述认识，我们设立了《利益相关者会计与管理文丛》的出版计划，致力于推动利益相关者视角的企业理论、会计理论和财务理论等的创新与发展。入选系列丛书的书稿均为专注该领域研究的学术专著和博士学位论文，并经过了严格的“双盲”评审，基本反映了利益相关者会计与管理领域的发展前沿和中国海洋大学在该领域研究中形成的优势和特色。

衷心感谢中国海洋大学“985工程”海洋发展人文社会科学研究基地建设经费和中央高校基本科研业务费对本丛书出版的资助。感谢国家自然科学基金、教育部、中国会计学会、中国海洋大学等为该领域研究提供的支持。感谢丛书编委会各位编委以及中国财政经济出版社樊清玉编审和责任编辑对本丛书出版的无私帮助！是他们的共同努力，才使得这套丛书得以问世！

《利益相关者会计与管理文丛》将随着研究的深入而不断增添新的内容，我们希望这套丛书的出版能够启迪本领域的后续研究，促进该领域的研究不断深入和发展。

王竹泉

2013年9月于青岛

企业在为股东创造财富的同时，却在不同程度上损害了其他利益相关者的利益，从而导致企业与利益相关者之间的矛盾与冲突日益加剧，社会责任问题由此浮出水面，引起国际社会的关注。在国际劳工组织、环保组织等诸多国际组织和社会团体的推动下，企业社会责任逐渐演化成一场全球性的运动，这场运动不仅深刻影响着西方发达国家的企业，对发展中国家的企业也产生了深远的影响。

在当前国际社会责任运动的背景下，跨国公司纷纷将社会责任作为选择合作伙伴和履约标准之一，企业想要走向国际市场，并在国际市场激烈的竞争中站稳一席之地，承担社会责任已经成为其必然选择。2006 年，《中华人民共和国公司法》第一次以法律形式提出企业应该承担社会责任，这一立法进程推动了中国企业社会责任运动的发展。2013 年，中共十八届三中全会正式将社会责任列入全会决议，要求国有企业以承担社会责任为重点进一步深化改革，这是中国政府首次将社会责任问题提升到国家政策层面，向企业传达了一个重要的改革信号，对推动中国企业社会责任运动的发展具有里程碑式的意义。在国际社会和国内社会共同推进企业社会责任运动的背景下，立足国际视角研究企业社会责任问题具有重要的理论价值与现实意义。

本书从利益相关者集体选择的视角解读企业社会责任，为企业社会责任研究提供了一个新的理论切入点，其学术价值主要体现在以下方面：从利益相关者集体选择的视角建立解读企业社会责任的逻辑框架，为企业社会责任研究提供了新的理论支撑；提出利益相关者协同治理的企业社会责任治理框架，为企业社会责任治理提供了新的视角和方法。本书的实践价值在于作者通过跨国调查研究，发现企业社会责任行为主要受商业动机、市场与社会压力的驱动，伦理动机、制度与监管压力对企业社会责任行为的影响较弱，这一研究成果揭开了企业社会责任动机的新面纱，对企业社会责任实践与政府决策具有一定的指导意义。

相信本书的问世，为读者系统了解企业社会责任提供了一个新的窗口，也在一定程度上为推动国际社会责任运动的发展贡献了一份力量。

王竹泉

2018年4月于中国海洋大学

经济的快速发展使企业与社会、环境之间的冲突日渐凸显，而全球气候环境变化和生态失衡的加剧使国际社会对企业社会责任问题日益关注，不仅发达国家重视社会责任问题，发展中国家也开始关注社会责任问题，加强企业社会责任研究具有重要的理论意义和现实意义。本书从利益相关者集体选择的视角对企业社会责任问题展开研究，通过“企业社会责任概念模型构建—驱动机理分析—实现机制设计—评价体系构建—监督机制设计”，解决企业社会责任理论研究和实践应用中的基本问题。

本书的主要研究内容包括以下5个部分：

(1) 利益相关者集体选择视角的企业社会责任界定。运用契约理论、利益相关者理论和集体选择理论，对企业的利益相关者进行界定与分类，探寻企业社会责任的本质与边界，构建企业社会责任概念模型，从利益相关者集体选择的视角建立企业社会责任理论框架；

(2) 企业社会责任驱动机理。通过跨国研究探寻企业社会责任的关键驱动因子，构建利益相关者协同治理的企业社会责任驱动机制模型，剖析企业社会责任的驱动机理；

(3) 企业社会责任实现机制。在对企业社会责任的内部实现机制与外部实现机制分析的基础上，构建利益相关者协同治理的企业社会责任实现机制模型，探索多元主体协同参与的企业社会责任实现路径；

(4) 企业社会责任评价体系。引入现代模糊数学理论，构建企业社会责任模糊综合评价模型，建立多维度、多层次的企业社会责任评价体系，为企业社会责任测度提供普适性、可执行性的标准与方法；

(5) 企业社会责任监督机制。在构建企业社会责任内部监督机制和外部监督机制的基础上，针对不同类型的利益相关者在企业社会责任监督中的动机与偏好，提出利益相关者协同治理的企业社会责任监督机制。

本书的主要结论与贡献：

(1) 从利益相关者集体选择的视角，将企业本质解读为“参与组织契约选择的内部利益相关者与参与交易契约和社会契约选择的外部利益相关者的集体选择达成的一个均衡的契约联合体”，提出企业社会责任的本质是“企业对参与交易契约选择和社会契约选择的利益相关者利益诉求的回应”的观点，在此基础上将企业社会责任定义为“企业应当承担的对参与交易契约选择和社会契约选择的外部利益相关者的责任”，解决了企业社会责任对象与边界的模糊性问题；

(2) 从利益相关者的视角将企业社会责任的内容界定为员

工责任、商业责任、环境责任、治理责任和公益责任，构建以“治理责任”为中心的企业社会责任概念模型，解决了企业社会责任内容及边界的界定问题；

(3) 通过实证研究发现，企业社会责任行为主要受商业动机、市场与社会压力、内外部阻力、伦理动机、制度与监管压力5个关键因子的驱动。商业动机是驱动企业承担社会责任的最重要因素，伦理动机和制度与监管压力对企业社会责任的影响偏弱，这说明追求经济利益是企业履行社会责任的主要原因，伦理道德与制度监管对企业社会责任行为的约束作用有限，这一研究成果揭开了企业社会责任动机的新面纱；

(4) 从员工责任、商业责任、环境责任、治理责任和公益责任五个维度构建多层次的企业社会责任评价指标体系，为企业社会责任评价提供可操作的标准与方法；

(5) 提出利益相关者协同治理的企业社会责任治理框架，构建“政府—企业—市场—社会”协同推动的企业社会责任实现机制和多元主体协同参与的企业社会责任监督机制，为企业社会责任治理指明新的方向。

本书的主要创新之处：

(1) 学术思想创新。从利益相关者集体选择的视角解读企业社会责任的本质，界定企业社会责任的对象、内容及边界，构建以“治理责任”为中心的企业社会责任概念模型，为企业社会责任研究提供一个新的逻辑框架。

(2) 学术观点创新。①提出“企业社会责任是指企业应当承担的对参与企业交易契约选择和社会契约选择的外部利益相关者的责任，经济责任与法律责任是企业应承担的基本义务而非社会责任”的观点；②提出“商业动机是驱动企业承担社会责任的最重要因素，伦理道德与制度监管对企业社会责任行为的约束作用有限”的观点；③提出“企业社会责任发展应走利益相关者协同治理之路”的观点。

企业社会责任问题是一个复杂的多学科研究领域。尽管作者力求完美，但由于知识与学术水平的局限，书中难免存在不足之处，恳请读者批评指正！本书的出版，得到青岛大学、中国海洋大学、美国加州州立大学、中国财政经济出版社的大力支持，在此深表感谢！

王风华

2018 年 4 月于青岛

导 论

1.1 研究背景与意义

1.1.1 研究背景

19世纪末，工业革命的发展使企业数量急剧增加，企业规模不断扩大，企业一味追求经济利益的短视行为诱发了企业侵害劳工权益、污染环境等事件频繁发生。企业在为股东创造财富的同时，却在不同程度上损害了其他利益相关者的利益，从而导致企业与利益相关者之间的矛盾与冲突日益加剧，社会责任问题由此浮出水面，引起了西方学者的关注。英国学者 Shelton（1924）在其著作《管理的哲学》中指出，企业不能把为股东盈利视为唯一的追求目标，还应该考虑为其他利益相关者增加利益。这是西方学者首次从学术角度提出“企业社会责任”（Corporate Social Responsibility, CSR）的概念。随后，西方社会围绕企业是否应该承担社会责任以及应该承担哪些社会责任问题展开了广泛的讨论。

20 世纪中期，企业社会责任运动在西方社会蓬勃发展。当时大部分企业专注于追求股东财富最大化，还没有意识到企业应该承担社会责任，但“伦敦烟雾事件”和“洛杉矶雾霾事件”引发了国际社会对企业不负责任行为的不满和强烈谴责。企业逐步认识到在为股东创造价值的同时，还应该承担一定的社会责任。在国际劳工组织、环保组织等诸多国际组织和社会团体的推动下，企业社会责任逐渐演化成一场全球性的运动，这场运动不仅深刻影响着西方发达国家的企业，对发展中国家的企业也产生了深远的影响。20 世纪末，社会责任问题引起了国际组织、社会团体和跨国公司的广泛关注。社会责任国际（Social Accountability International, SAI）于 1997 年率先推出《企业社会责任国际标准》（SA8000），要求跨国公司的供应商接受社会责任审查。2000 年，联合国正式启动“全球契约”（Global Compact）计划，要求所有国家的企业都应该遵守包括人权、环境等在内的 10 项基本原则。这对促进全球企业履行社会责任具有重要的推动作用。

社会责任问题不仅引起了发达国家的重视，发展中国家也开始关注企业社会责任问题。2006 年，《中华人民共和国公司法》第一次以法律形式提出企业应该承担社会责任，这一立法进程推动了中国企业社会责任运动的发展。2008 年，中国国务院国有资产监督管理委员会（以下简称“国资委”）出台《关于中央企业履行社会责任的指导意见》，要求中央企业承担社会责任，并随后出台文件要求自 2012 年起中央企业必须发布社会责任报告。虽然中国政府及相关机构出台了一系列政策法规鼓励企业承担社会责任，然而中国企业的社会责任发展速度依然缓慢，社会责任发展水平仍然落后于西方发达国家。据中国社会科学院2014年发布的企业社会责任调查报告[①]显示，中国企业的社会责任发展指数综合得分仅为32.9分，中国企业社会责任发展的整体水平尚处于起步阶段。中国企业社会责任发展水平的缓慢引起了中国政府的高度重视。2012年，中央政府提出坚持经济社会生态效益相统一原则，推进生态文明建设，把资源消耗、环境损害、生态效益等指标纳入经济社会发展评价体系。2013年，中共十八届三中全会正式将社会责任列入全会决议，要求国有企业以承担社会责任为重点进一步深化改革，这是中国政府首次将社会责任问题提升到国家政策层面，向企业传达了一个重要的改革信号，对推动中国企业社会责任运动的发展具有里程碑式的意义。

随着国际社会责任运动的发展，跨国公司纷纷将社会责任作为选择合作伙伴和履约标准之一。在近年来的中美、中欧贸易摩擦中，中国企业的社会责任问题频频成为西方国家攻击的重点，也成为国际采购商拒绝与中国企业建立贸易合作伙伴关系的理由。在当前国际社会责任运动的背景下，中国企业想要走向国际市场，并在国际市场激烈的竞争中站稳一席之地，承担社会责任已经成为其必然选择。在国际社会和国内社会共同推进企业社会责任运动的背景下，立足国际视角研究企业社会责任问题具有重要的理论价值和现实意义。

1.1.2 研究意义

经济的快速发展使企业与社会、环境之间的冲突日渐凸显，

① 详细内容参见中国社会科学院发布的《企业社会责任蓝皮书（2014）》。

而全球气候环境变化和生态失衡的加剧使国际社会对企业应该承担社会责任的呼声越来越高，加强企业社会责任研究具有重要的理论意义和现实意义。

（1）理论意义

①从利益相关者集体选择的视角揭示企业社会责任的本质，重构企业社会责任概念模型，建立一个解读企业社会责任的新的逻辑框架，为企业社会责任研究提供新的理论支撑；

②基于利益相关者理论和协同管理理论，提出利益相关者协同治理的企业社会责任实现路径和监督模式，突破了企业社会责任单边治理模式的思维局限，为企业社会责任治理提供新的视角和方法。

（2）实践意义

①本书对企业社会责任问题展开跨国调查研究，通过实证研究发现企业社会责任的关键驱动因子，研究结论对指导企业的社会责任行为和政府的社会责任政策制定具有一定的参考价值；

②构建多维度、多层次的企业社会责任评价体系，为测度企业社会责任行为提供参考依据，有助于引导企业科学合理的履行社会责任。

1.2 研究内容与研究目标

1.2.1 研究内容

本研究从利益相关者集体选择的视角构建企业社会责任理论体系，具体研究内容包括以下 8 个部分：

（1）导论。本部分内容主要阐述研究背景、研究意义及研究目标，规划研究的主要内容，阐明研究的基本思路与方法，提出本研究的学术创新构想。

（2）相关文献回顾与述评。本部分内容主要从利益相关者理论、企业社会责任概念模型、企业社会责任评价、企业社会责任治理四个方面，对国内外相关文献进行系统梳理和评述，为本研究的理论设计与学术创新奠定基础。

（3）利益相关者集体选择视角的企业社会责任界定。本部分内容运用契约理论、利益相关者理论和集体选择理论，在对企业的形成逻辑进行分析的基础上，对企业社会责任的本质与边界展开研究，构建企业社会责任概念模型，从利益相关者集体选择的视角建立一个解读企业社会责任的新的理论框架。

（4）企业社会责任驱动机理。本部分内容在对企业社会责任的驱动因素进行理论分析的基础上，通过实证研究识别企业社会责任的关键驱动因子，构建利益相关者协同治理的企业社会责任驱动机制模型，探索企业社会责任的驱动机理。

（5）企业社会责任实现机制。本部分内容在构建企业社会责任内部实现机制和外部实现机制的基础上，提出多元主体协同参与的企业社会责任治理思路，构建企业社会责任实现机制模型，探索利益相关者协同治理的企业社会责任实现路径。

（6）企业社会责任评价体系。本部分内容从利益相关者的视角构建多维度、多层次的企业社会责任评价体系，建立企业社会责任模糊综合评价模型，通过评价指标权重设计协调企业在承担不同类型社会责任时的矛盾与冲突，并通过案例研究对本研究所提出的企业社会责任评价理论与方法的有效性和适用性进行实证检验。

（7）企业社会责任监督机制。在构建企业社会责任内部监督机制和外部监督机制的基础上，针对不同类型利益相关者在企业社会责任监督中的动机与偏好，提出多元主体协同参与的企业社会责任监督模式，构建基于利益相关者协同治理的企业社会责任监督机制。

（8）研究结论与展望。归纳本书的主要研究结论，指出本研究的不足之处，提出需要进一步讨论的问题及未来研究设想。

1.2.2 研究目标

本研究从利益相关者的视角建立一个解读企业社会责任的新的逻辑框架，通过“概念模型构建—驱动机理分析—实现机制设计—评价体系构建—监督机制设计”，解决以下基本理论问题：企业应该对谁承担社会责任？企业应该承担哪些社会责任？企业社会责任行为的驱动因素是什么？如何测度企业社会责任行为？如何实现企业社会责任？如何监督企业的社会责任行为？本书的具体研究目标包括以下3个方面：

（1）从利益相关者集体选择的视角揭示企业社会责任的本质，界定企业社会责任的对象、内容及边界，构建企业社会责任概念模型，建立一个解读企业社会责任的新的理论框架；

（2）建立多维度、多层次的企业社会责任评价体系，为企业社会责任测度提供具有普适性、规范性和可执行性的操作标准；

（3）探寻企业社会责任的驱动机理，构建利益相关者协同治理的企业社会责任实现机制与监督机制，为企业社会责任实践提供新的思路。

1.3 学术构想与研究方法

1.3.1 学术构想

本研究拟从利益相关者的视角，建立一个解读企业社会责任的新的逻辑框架，重构企业社会责任理论体系。本研究的具体学术构想包括以下3个方面：

学术构想一：基于企业契约理论、利益相关者理论和集体选择理论，探寻企业社会责任的本质，界定企业社会责任的内容和边界，从利益相关者集体选择的视角建立一个解读企业社会责任的新的逻辑框架，回答“企业应该对谁承担社会责任”和“企业应该承担哪些社会责任”等基本理论问题。

学术构想二：从利益相关者的视角构建多维度、多层次的企业社会责任评价指标体系，为企业社会责任评价提供可操作的标准。引入现代模糊数学理论，构建企业社会责任模糊综合评价模型，解决企业社会责任测度这一难点问题。

学术构想三：通过实证研究识别企业社会责任的关键驱动因子，系统解析企业社会责任的驱动机理，从利益相关者协同治理的角度探寻企业社会责任的实现路径。

1.3.2 研究方法

（1）文献研究。本研究采用文献研究方法，对社会责任领域的国内外文献进行长达3年多的追踪。在对国内外前沿文献进行广泛搜集和研读的基础上，系统梳理企业社会责任的研究脉络，为本书的理论研究奠定基础。

（2）问卷调查。设计“企业社会责任驱动因素问卷”和“企业社会责任评价指标问卷”，对中国和美国企业的中高层管理人员进行问卷调查，获取企业社会责任的第一手数据，为企业社会责任驱动机理研究和评价体系设计奠定基础。

（3）规范研究。通过理论分析和逻辑推导揭示企业社会责任的本质，构建企业社会责任概念模型，探索企业社会责任的实现机制与监督机制，并运用模糊综合评价、层次分析等方法构建企业社会责任评价体系。

（4）案例研究。选择典型样本企业为案例研究对象，对本研究所建立的企业社会责任评价理论与方法的有效性和适用性进行实证检验。

1.4　技术路线

本研究根据“概念模型构建—驱动机理分析—实现机制设计—评价体系构建—监督机制设计”的思路，展开对企业社会责任相关问题的研究。本研究的具体技术路线如图 1－1 所示。

由图 1－1 可以看出，本研究的技术路线逻辑清晰，方法科学，研究内容设计合理，实证研究进一步验证了本研究理论设计的合理性与可行性，增强了研究成果的信度与效度。

1.5　创新之处

（1）学术思想创新

①本研究从利益相关者集体选择的视角解读企业社会责任的

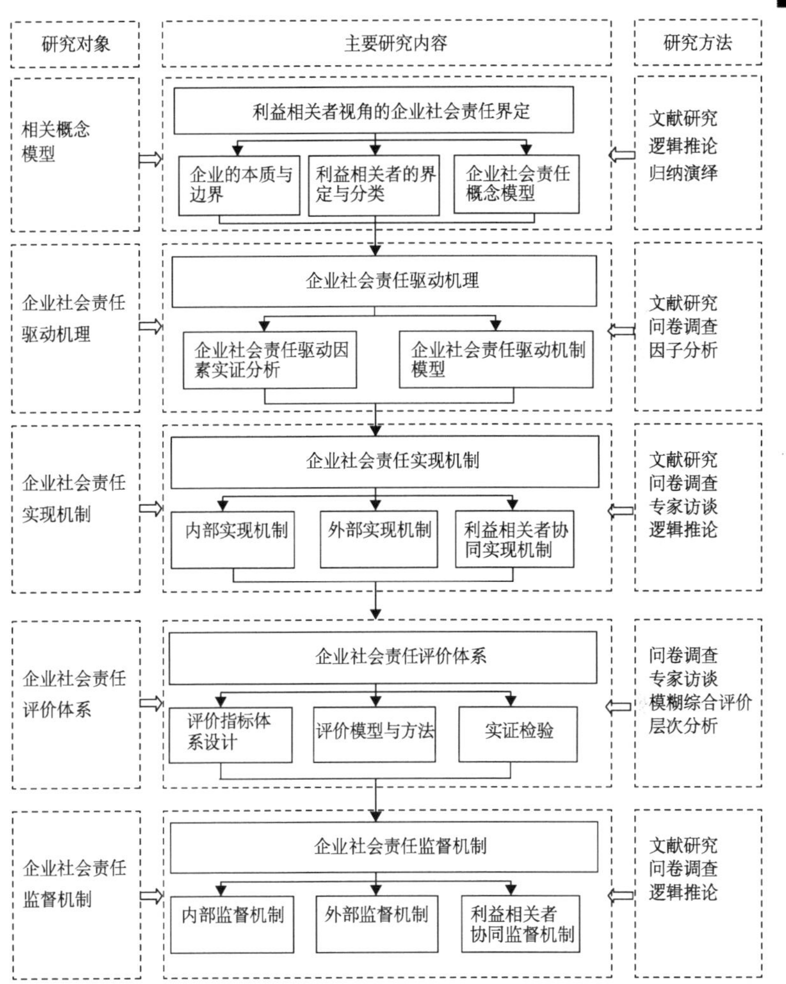

图 1－1 技术路线图

本质，对企业社会责任的对象、内容及其边界进行科学界定，重构企业社会责任概念模型，突破现有研究在企业社会责任界定上的模糊性问题，为企业社会责任研究提供一个新的逻辑框架。

②基于利益相关者理论和协同治理理论，提出利益相关者协同治理的企业社会责任实现路径和监督机制，突破企业社会责任单边治理模式的思维局限。

（2）学术观点创新

①从利益相关者集体选择的视角将企业社会责任定义为“企业应当承担的对参与企业交易契约选择和社会契约选择的外部利益相关者的责任”，并创新性的将“腐败治理责任”纳入企业社会责任概念模型，提出“经济责任与法律责任是企业应承担的基本义务而非社会责任”的理论观点；

②通过实证研究提出商业动机、市场与社会压力、内外部阻力、伦理动机、制度与监管压力是企业社会责任行为的关键驱动因素，揭开了企业社会责任动机的新面纱。

第 2 章
相关文献回顾与述评

“社会责任”一词最早出现于 1924 年，作为一个独立领域引起研究者的广泛关注则是在 1953 年之后。早期主要从宏观层面研究企业承担社会责任对经济与社会的影响，研究方法以规范研究为主；20 世纪末社会责任研究开始转向组织层面，更加关注社会责任对组织绩效、公司治理等的影响。虽然国内外学者围绕社会责任的内涵、评价标准等问题展开了大量的研究，但到目前为止，社会责任研究尚未形成系统完整的理论框架。本研究以“利益相关者理论—企业社会责任概念模型—企业社会责任评价—企业社会责任治理”为主线，对国内外企业社会责任研究的相关文献进行系统梳理。

2.1 利益相关者理论相关文献回顾

2.1.1 国外相关文献回顾

（1）利益相关者概念相关研究

利益相关者概念正式提出是在1963年，然而早在1959年就出现了利益相关者思想的萌芽。被誉为“利益相关者理论的先行者”的Penrose（1959）提出“企业是人力资产和关系资本的集合”的观点，为利益相关者理论的诞生奠定了基础。斯坦福研究院（1963）首次提出利益相关者的概念，认为“利益相关者是这样一些团体，没有其支持，组织就不可能生存。”在经济学领域，Ansoff是首位应用利益相关者理论解决经济问题的专家，Ansoff（1965）认为，企业目标的制定必须在员工、股东、供应商和客户等利益相关者的目标与诉求之间取得平衡。在管理学领域，Freeman（1984）在其著作《战略管理：一种利益相关者的方法》中，首次将利益相关者思想引入企业战略管理，将利益相关者界定为“任何能够影响企业目标实现的团体或个人”，率先运用利益相关者理论回答了企业经营活动承担社会责任的对象问题，为企业社会责任研究提供了新的分析工具。随后，众多的西方学者分别从不同角度提出了利益相关者的概念。

Carroll（1989）认为利益相关者是“被赋予法定的权利对企业的财产与收益享有要求权的人”；Hill & Jones（1992）认为利益相关者是“那些向企业提供关键性资源，以获得对企业合法要求权的团体”；Clarkson（1994）在利益相关者的定义中引入了专用性投资的概念，认为“利益相关者是那些以不同的方式在企业投入了一定的专用性投资并因此承担不同程度风险的人”，该定义引入专用性投资的概念从而使利益相关者的定义更加具体；Blair（1995）把利益相关者定义为“所有那些向企业贡献了专用性资产，以及作为既成结果已经处于风险投资状况的人或集团”，该定义将利益相关者界定为那些在企业真正有某种形式的投资并且处于风险之中的人；Mitchell（1997）则从个体属性的角度提出成为企业的利益相关者必须具备合法性（对企业拥有合法的要求权）、权力性（能够对企业的决策产生影响）和紧迫性（能够迅速引起管理层的关注）中的任何一个属性，否则不能成为企业的利益相关者；Wheeler（1998）将社会性维度引入利益相关者的界定中，认为有些利益相关者具有社会性，即他们与企业的关系直接通过人的参与而形成；有些利益相关者不具有社会性，他们并不是通过“实际存在的具体人”与企业发生联系的，比如自然环境、非人物种等；Freeman（2010）从企业价值创造的视角认为应当依据对公司价值创造的贡献程度界定企业的利益相关者。上述研究分别从不同的角度描述了成为企业利益相关者所必需具备的基本特征，为企业识别和界定利益相关者提供了一个清晰的轮廓。

（2）利益相关者分类相关研究

从利益相关者的定义可以看出，任何类型的经济组织都存在数目众多的利益相关者，而不同类型的利益相关者对企业分别产生不同程度的影响，对利益相关者进行科学分类是利益相关者研究的另一个关键问题。利益相关者理论研究的代表性人物 Freeman（1984）分别从经济、所有权和社会的维度将企业的利益相关者分为具有所有权关联的利益相关者、具有经济关联的利益相关者和具有社会关联的利益相关者，其中与所有权相关的利益相关者有股东、董事等，与经济相关的利益相关者有客户、雇员、竞争对手、供应商和社区等，与社会相关的利益相关者有政府、媒体等；Charkham（1992）依据利益相关者与企业的契约关系将利益相关者分为契约型利益相关者（包括股东、债权人、雇员、客户、分销商和供应商）与公众型利益相关者（包括政府、监管部门、消费者、媒体和社区）；Clarkson（1994）提出了企业利益相关者的两种分类方法：一种是根据风险特性将企业利益相关者划分为自愿利益相关者和非自愿利益相关者，另一种是根据与企业的关联度，将企业利益相关者分为主要利益相关者和次要利益相关者；Mitchell（1997）根据利益相关者所必需具备的三个属性即合法性、权力性和紧急性，将企业的利益相关者分为潜在型利益相关者、预期型利益相关者和确定型利益相关者，并以评分的方法进行量化，实现了对利益相关者分类研究的突破；Frederick（1988）从利益相关者对企业产生影响的方式来划分，将其分为直接利益相关者和间接利益相关者，其中直接利益相关者就是直接与企业发生市场交易关系的利益相关者，主要包括：股东、企业员工、债权人、供应商、零售商、消费商和竞争者等；间接利益相关者是与企业发生非市场关系的利益相关者，如中央政府、地方政府、外国政府、社会活动团体、媒体和一般公众等；Wheeler（1998）从社会性视角将利益相关者分为主要的社会性利益相关者、次要的社会性利益相关者、主要的非社会性利益相关者和次要的非社会性利益相关者。

随着利益相关者理论的成熟，进入21世纪，利益相关者分类研究逐渐淡出了理论研究的热点，但还是出现了一些代表性观点。Verdeyen（2004）根据利益相关者与组织的关系，将利益相关者分为外部利益相关者和内部利益相关者，外部利益相关者主要包括顾客、供应商、政府、特殊利益群体、中介、商会、金融机构和竞争者等，这些利益相关者主要从企业外部影响企业，内部利益相关者主要包括股东、董事会、经理层等，这些利益相关者是企业社会责任的承担者；Simmons（2004）将利益相关者分为传统型利益相关者（股东、债权人、员工、顾客）和沉默型利益相关者（社区和环境）；Kalle（2006）从直接资源依赖和网络位置两个维度将利益相关者分为治理型利益相关者、潜在型利益相关者和次要的利益相关者；Crane & Ruebottom（2011）认为通过一般的经济函数识别利益相关者具有模糊性和肤浅型，提出利益相关者识别的二维分析法，即根据利益相关者的传统角色和相对社会身份识别利益相关者；Isabelle & Sonia（2014）将利益相关者分为商业型利益相关者、财务型利益相关者和社会型利益相关者。上述学者对利益相关者分类的方法和视角不尽相同，但都在一定程度上推动了国际社会对利益相关者认知的深入和相关理论的发展。

2.1.2　国内相关文献回顾

（1）利益相关者概念相关研究

国内学者对利益相关者概念的研究较少。杨瑞龙（1998）率先提出国有企业改革必须遵循“利益相关者合作”逻辑，将国有企业原有的“股东单边治理”过渡到“利益相关者共同治理”；贾生华（2002）在Clarkson提出的利益相关者概念的基础上，称那些“将其专用性资产投向企业并对企业财务产生重大影响的个体或组织”为企业的利益相关者；李维安（2005）认为企业是一个多目标的企业，不仅要赚钱，还要在一定程度上维护利益相关者的利益，促进企业和社会的可持续发展，企业社会责任中的利益相关者主要包括股东、债权人、员工、客户、供应商和政府及社区等；王竹泉（2006）认为企业的本质上是一种集体选择，利益相关者是指那些能够参与组织的集体选择或者能够对组织的集体选择产生影响的所有个人和群体。

（2）利益相关者分类相关研究

相比于对利益相关者概念研究的匮乏，利益相关者分类研究近年来出现了不少代表性观点。李心合（2001）从合作性和威胁性两个维度将利益相关者分为支持型利益相关者（包括股东、顾客、供应商等）、边缘型利益相关者（包括雇员的职业联合会、消费者利益保护组织以及那些未经组织起来的股东等）、不支持型利益相关者（包括竞争对手、工会及媒体等）和混合型利益相关者（包括雇员、顾客等）；陈宏辉、贾生华（2004）根据主动型、重要性和紧急性的特征，将利益相关者分为核心型利益相关者、蛰伏型利益相关者和边缘型利益相关者，不同的利益相关者具有不同的利益要求；温素彬（2008）根据利益相关者向企业投入的资本形态不同，将利益相关者分为货币资本利益相关者、人力资本利益相关者、社会资本利益相关者和生态资本利益相关者；陈昕（2011）基于综合性社会契约理论构建了利益相关者利益要求识别调节因素模型，以此作为不同企业特征利益相关者利益要求识别差异的分析框架，这为针对不同类型企业来强化对利益相关者参与的认识以及进行利益相关者分类治理提供了有参考价值的分析工具；王竹泉、杜媛（2012）根据是否参与企业契约的集体选择，将企业利益相关者分为内部利益相关者和外部利益相关者，内部利益相关者即企业的所有者，外部利益相关者是独立于企业的社会主体。

综上所述，对利益相关者的界定目前国内外存在多种观点，但基本上都沿袭了 Freeman（1984）对利益相关者定义的基本思想。在利益相关者的分类上，国内外学术界分别从不同的视角提出了多种分类标准，然而国际社会至今尚未就利益相关者的分类形成比较一致的认识。

2.2　企业社会责任概念模型相关研究

关于企业社会责任概念模型，国内外相关领域涌现出了大量研究成果。目前国际社会比较有代表性的观点有 3 种，即层次责任观、社会契约观和利益相关者观。目前国际上关于企业社会责任内涵的探索主要以层次论为代表。

2.2.1　国外相关研究回顾

（1）企业社会责任内涵相关研究

企业社会责任问题引起国际社会的关注始于 19 世纪末，学术界对企业社会责任的探索则从 20 世纪初开始。1924 年，英国学者 Shelton 在其著作《管理的哲学》中，首次从学术角度提出了“企业社会责任”的概念，认为企业不能将为股东盈利视为组织唯一的追求目标，还应该最大限度地为增进其他利益相关者的利益服务。随后，西方学术界围绕企业是否应该承担社会责任以及应该承担哪些社会责任问题展开了广泛的讨论。

Dodd（1932）认为企业是既有盈利功能，又具有社会服务职能的经济机构，企业管理者不仅受托于股东，而且受托于雇员、消费者和社会公众，因此企业应树立起对雇员、消费者和社会公众的社会责任观，企业的权力来自企业所有利益相关者的委托，应以兼而实现股东利益和社会利益为目的，企业管理者应自觉践行这种责任；“企业社会责任之父”Bowen（1953）在其著作《商人的社会责任》中首次系统性的提出了企业社会责任的定义，认为商人的社会责任是指商人有义务按照社会所期望的目标制定政策、进行决策和采取行动，该定义引起了社会对企业是否应该承担社会责任的激烈讨论，开启了社会责任领域研究的先河；Davis（1960）认为企业社会责任是指“商人的决策和行动至少有一部分不是出于企业直接的经济和技术利益”，他根据企业对社会应该承担的“社会—经济”和“社会—人类”双重义务将企业社会责任划分为两个方面，即经济方面的责任和非经济方面的责任，这就把企业社会责任拓展到了经济领域之外，明晰了其基础分类；Friedman（1962）认为企业社会责任就是为股东创造价值；Guire（1963）提出企业社会责任意味着企业不仅具有经济和法律义务，而且还应对社会负有超过这些义务的某些责任，企业应在经营中对政治、社会福利、教育等社会问题进行必要关注；Friedman（1970）认为企业唯一的社会责任就是尽可能多地为股东赚钱，自由市场经济中的社会问题应该由政治家们去解决；Davis & Bloodstream（1975）认为企业社会责任是指企业在谋求利益的同时，对维护和增加整个社会福利方面所承担的义务；Jones（1980）认为，企业社会责任是指公司对股东以外的利益相关者承担的超越法律要求的义务；Epstein（1987）认为企业社会责任就是努力使企业决策结果对利益相关者产生有利的影响，而不是有害的影响；Robbins（1991）认为企业社会责任是指超过法律和经济要求的、企业为谋求对社会有利的长远目标所承担的责任；Blair（1995）对传统企业理论中只注重实物资产，只强调股东利益的倾向提出了尖锐批评，认为企业不应仅仅是由属于股东投资所组成的实物资产集合，而是调整和协调向企业投入企业专用资产的所有当事人之间相互关系的制度安排，企业管理者的任务在于使企业创造的总价值最大化，而不仅仅是股东投资回报最大化，企业管理人员必须全面考虑企业的决策和行为对企业所有利益相关者的影响；Hopkins（2003）将企业社会责任看作是以一种伦理的或负责任的方式对待企业的利益相关者；Maignan & Ferrell（2004）将社会责任定义为“社会义务、利益相关者义务和伦理义务”；Phail & Walters（2009）认为社会责任是公司对他们的行为对股东和更广泛的利益相关者（员工、社区、环境等）造成的影响负责的过程。

国际社会对企业社会责任概念认知的深入，推动了学术界对企业社会责任内容研究的深入。Ernst（1978）通过对企业的长期跟踪研究将社会责任内容归纳为 6 个方面：环境（污染控制、产品改进、环境治理、废旧物回收）、机会平等（种族、妇女、弱势群体、地区平等）、员工（安全与健康、培训、个人咨询）、社会（公益活动、健康、教育与文化）、产品（安全、质量）以及其他（股东、信息公开等）；Carroll（1979）认为，社会责任是整个社会希望企业履行义务的总和，具体包括经济责任、法律责任、伦理责任和慈善责任 4 个方面，并可以看成是一个“金字塔”结构，其中经济责任是企业生存和发展的根本；Steiner（1980）提出社会责任的“两维论”，将企业社会责任分为内在的社会责任和外在的社会责任，内在社会责任是指合法和公正地选拔、培训、晋升和解雇员工，改善员工的工作环境，外在社会责任是指激发少数团体的创业精神，培养或雇佣残障人员；Frederick（1983）从自愿性的角度将企业社会责任分为强制性责任和自愿性责任，强制性责任是指政府法令规定的责任，如防治污染、维护就业机会平等、保护消费者等，自愿性责任主要包括慈善捐赠，企业主管协助推动社区活动，提出解决国家和地方性问题的建议给政府参考等；Isabelle 和 David（2002）对北美和欧洲不同国家的企业社会责任进行了比较研究，指出在不同的社会文化背景和制度安排下，个人和组织对企业社会责任有着不同的概念认同和层面分类；Isabelle 等（2002）通过对美国企业和欧洲企业的社会责任履行情况调查后将企业社会责任归纳为 5 个维度：社会（艺术与文化建设、赞助教育、提高全民生活质量、安全和环境保护）、顾客（产品安全、服务质量）、员工（平等的机会、健康和安全）、股东（创造利润承诺、信息公开、公司治理）、供应商（机会公平）；Subroto（2003）认为企业应承担的社会责任内容包括企业对员工、顾客、商业伙伴（供应商和竞争者）、社区、环境、股东等的责任；Porter（2006）将企业社会责任分为回应式社会责任和策略性社会责任，回应式企业社会责任包括扮演好企业公民的角色（应处理好利益相关者关心的社会议题）以及降低公司活动中目前和未来可能会对社会造成的负面影响，策略性的企业社会责任并不是要成为优良的社会公民（即降低价值链对社会造成的影响），而是为社会和公司创造明确利润的计划；Mattingly 和 Berman（2006）认为企业社会责任应包括针对主要利益相关者的技术性社会责任和针对次要利益相关者的制度性社会责任；Scherer 和 Boatright（2007）认为，企业社会责任是企业多种目标和结果评价的选择，不仅仅以利润和企业的福利为标准而且要考虑道德准则或社会需求的评判；Basu 和 Palazzo（2008）将企业社会责任定义为组织的管理者思考并讨论其与利益相关方之间的关系以及组织在实现共同利益中的作用，还包括组织在履行和实现这些角色和关系时所采取的行为倾向，并从两个认知的维度（身份定位和合法性定位）、两个语言的维度（正当性和透明性的模式）和三个意动的维度（一致性、承诺以及其与利益相关方和社会总体进行接触时所采取的姿态）分析了企业社会责任过程；Phail 和 Walters（2009）认为，社会责任是公司针对他们的行为对股东和更广泛的利益相关者（员工、社区、顾客、供应商和环境等）造成的影响负责的过程。

国际组织围绕企业社会责任的内涵也展开了积极的探索。社会责任国际（SAI，1997）制定了社会责任标准（SA8000），从童工、强迫劳动、安全卫生、结社和集体谈判、歧视、惩罚性措施、工时、工资报酬以及人力资源管理等 9 个方面对企业社会责任的内容进行界定；世界可持续发展企业委员会（1998）认为，企业社会责任是企业承诺持续遵守道德规范、为经济发展做出贡献，并且改善员工及其家庭、当地社区、社会的生活品质，企业不应以社会责任缺乏完整定义为借口逃避社会责任，这就从广义上定义了社会责任的概念，即企业对社会合于道德的行为，特别是指企业在经营上必须对所有的利益相关者负责，而不是仅对股东负责；世界可持续发展工商理事会（World Business Council for Sustainable Development，WBCSD）（2000）将企业社会责任定义为“企业为经济的可持续发展、提高员工及其家属和所在社区居民的生活质量所做出的贡献”；欧盟委员会（European Commission，EC）（2001）认为，企业社会责任是指企业在自愿的基础上将其对社会和环境的影响整合到企业的运营活动和与利益相关方的互动过程中。国际商业领袖论坛（International Business Leaders Forum，IBLF）（2003）认为，企业社会责任是指企业在伦理道德的基础上透明运营、尊重员工、支持社区、保护环境，致力于取得可持续的商业成功。国际标准化组织（International Organization for Standardization，ISO）（2010）认为，社会责任是指组织通过透明和道德的行为，为其决策和活动给社会及环境带来的影响所承担的责任，这些透明和道德行为有助于可持续发展，包括健康和社会福利，考虑到利益相关方的期望，符合适用法律并与国际行为规范一致，融入整个企业并践行于其各种关系之中，ISO 对社会责任的定义在国际社会产生了广泛影响。

上述观点在对社会责任内涵的理解上具有高度的一致性，即企业应该对股东之外的利益相关者承担责任。然而也有少数学者提出了相反的观点，代表性人物当属美国经济学家 Friedman，他认为企业只应该对股东承担责任，并提出了“企业社会责任就是为股东创造价值”这一饱受争议的观点。(Friedman，1962)，认为自由市场经济中的社会问题应该由政治家们去解决（Friedman，1970）。虽然 Friedman 的观点受到了众多学者的抨击，然而学术上的百家争鸣为推动企业社会责任研究的繁荣与发展起到了助推作用。

（2）企业社会责任模型相关研究

学术界在围绕企业社会责任内涵展开广泛争论的同时，部分学者搁置争议，将目光投向企业社会责任模型研究。美国经济发展委员会（Committee for Economic Development，CED）（1971）提出三个同心圆模型，将企业社会责任分为内圈责任、中圈责任和外圈责任，内圈责任即发挥高效的经济功能，为社会提供产品，为员工提供就业机会，促进经济增长；中圈责任是将履行经济功能与关注社会问题相结合，保护环境、回应顾客需求等；外圈责任是企业为改善社会环境所应当承担的更广泛的责任，如消除社会贫困、防止城市衰退等。Sethi（1975）认为社会责任即“将企业行为提升到与当前流行的社会规范、价值和目标相一致的层次”，并提出了一个企业行为的三维模型来满足社会需要：社会约束、社会责任、社会响应。企业首先要对市场力量以及法律约束做出反应行为，其次是符合盛行的社会规范、价值和期望的企业行为，最后是对变迁的社会作长期性准备的行为。Carroll（1979）提出了著名的企业社会表现的三维概念模型。在这个模型中，企业社会表现是企业社会责任、企业社会回应和社会问题的三维综合体，其中，第一维度的企业社会责任被 Carroll 分解成四大部分，即经济责任、法律责任、伦理责任和自愿责任，第二维度为社会问题管理，第三维度为企业社会回应，主要解答企业（管理者）在回应企业社会责任和社会问题背后的理念、方法或战略。Wartick 和 Cochran（1985）在追溯企业社会责任的三个挑战（经济责任、公共责任和社会响应）的基础上对 Carroll 模型进行了补充，把企业社会责任、企业社会响应和社会问题对应于原则（principle）、过程（process）和政策（policy），并指出社会问题管理是社会响应的直接扩展，是对社会响应的操作，包括确认问题、分析问题和回应设计的过程。

随后，Carroll（1991）又提出了著名的企业社会责任金字塔模型，认为经济责任是企业应当承担的最基本的责任，位于金字塔底部，它是社会对企业的基础要求，即企业应该是一个以生产或提供社会需要的商品和服务为目标，并以公平价格进行销售的机构；法律责任作为第二层级的责任，是企业必须遵守的基本规则，即社会关于可接受和不可接受的法规集成；企业伦理责任居于第三层级，在这一层级上，企业有义务去做那些正确的、正义的、公平的事情，还要避免或尽量减少对利益相关者的损害；在金字塔的最上层，卡罗尔寄望企业成为一位好的企业公民，即期望企业履行其自愿决定，为社区生活质量的改善做出财力和人力资源方面的贡献。Wood（1991）提出了更具操作性和实用性的基于“原则—过程—结果”三位一体结构的企业社会表现模型，进而构建了“社会合法性”“公共责任性”和“相机行为性”三原则模型，为“企业—社会”领域描绘出了详细的整体研究蓝图。Elkington（1997）提出了具有广泛影响的三重底线模型，认为企业应当满足经济底线、社会底线与环境底线的要求，将经营活动对社会和环境的不良影响降到最低程度。其中经济责任也就是传统的企业责任，主要体现为提高利润、纳税责任和对股东投资者的分红；环境责任是环境保护；社会责任是对于社会其他利益相关方的责任。满足这三重底线，不仅能够衡量和报告企业的经济、社会和环境业绩，还包括一系列的价值观、问题和过程，企业要考虑利益相关者与社会的期望，控制业务活动对社会和环境可能产生的不良影响，追求经济、社会和环境价值的基本平衡。Palazzo（2008）在 Carroll 的企业社会责任概念模型的基础上，提出增加一个政治纬度的责任，认为企业应为全球治理做出合理的贡献。

进入 21 世纪，西方学者对企业社会责任模型进行探索的热情仍在持续。Schwartz 和 Carroll（2003）根据经济、法律和道德三种责任形态，构建了企业社会责任三领域模型。Mattingly 和 Berman（2006）构建了基于技术性企业社会责任和制度性企业社会责任的二维企业社会责任模型。Kunalbasu（2008）从认知、语言、意志三个维度构建了企业社会责任感觉判断过程模型。Dahlsrud（2008）从环境、社会、经济、利益相关者和自愿行为等维度构建了企业社会责任多维度模型。Joanna（2013）从雇员关系、社会福利、环境保护和伙伴关系四个维度构建企业社会责任模型。

综观众多的企业社会责任模型，Carroll（1991）提出的“企业社会责任金字塔”模型一直被视为经典模型。虽然后来学者们相继提出了“三重底线”模型（将企业社会责任分为经济责任、社会责任和环境责任）、“维恩图”模型（将企业社会责任分为经济责任、法律责任和道德责任）以及“3+2”模型（将企业社会责任分为强制性社会责任和自愿性社会责任）等，但都始终没有超越 Carroll 的“企业社会责任金字塔”模型的内容和层次范围。

2.2.2 国内相关研究回顾

（1）企业社会责任内涵相关研究

中国学者对企业社会责任的研究开始于 20 世纪 80 年代。中国台湾学者翁望回（1987）认为："企业社会责任应当包括强制性责任（经济责任和法律责任）和自愿性责任（伦理责任和自发责任）"。王明洋（1989）在其《试论企业社会责任》一文中指出："企业社会责任是指企业为所处社会的全面和长远利益而必须关心、全力履行的义务，主要表现为企业对社会的适应和发展的参与。企业社会责任属于法律范畴，企业若有能力而不认真地履行社会责任，就应强迫履行"。袁家方（1990）在其主编的《企业社会责任》一书将企业社会责任定义为："企业在争取自身生存与发展的同时，面对社会需要和各种社会问题，为维护国家、社会和人类的根本利益必须承担义务"。《中国企业管理年鉴》（1990）将企业社会责任定义为："企业为所处社会的长远全面利益而需要承担某些责任和义务，表现为企业对社会发展的参与"。李占祥（1993）从企业的社会角色担当视角提出："企业的社会责任是指企业对社会履行的职责、应做的奉献和应尽的义务，主要包括经济责任与非经济责任、法律上的责任与道义上的责任"。刘连煜（2001）认为："公司社会责任者，指营利性的公司，与其决策机关确认某一事项为社会上多数人所希望者后，该营利性公司便应放弃营利之意图，符合多数人对该公司之期望"，该定义强调了企业承担社会责任，优先于企业的盈利。屈晓华（2003）认为："企业社会责任是指企业通过企业制度和企业行为所体现的对员工、商务伙伴、客户（消费者）、社区、国家履行的各种积极义务和责任，是企业对市场和相关利益群体的一种良性反应，也是企业经营目标的综合指标"。叶祥松等（2004）认为："企业社会责任包括两个特征，第一是法律和制度要求的强制性社会责任，这类企业社会责任往往是通过相应法律、法规、行业标准等制度的制定来强制推行的；第二是道德和价值观念要求的自发的社会责任，这类企业社会责任的推行是建立在企业文化中对人、自然、社会和谐关系的认可上，体现了企业家自身的人文素质与价值观念”。黎友焕（2005）从企业与社会的关系出发将企业社会责任界定为：“在特定的社会发展时期，企业对利益相关者承担的经济、法规、伦理、慈善以及其他相关的责任”；李伟阳、肖红军（2008）认为：“企业社会责任是企业与关键利益相关者的利害关系、价值观、遵纪守法等，以及尊重他人，改进与社区和环境有关的政策以及实践的集合，是企业为改善利益相关者的生活质量而致力于企业和社会可持续发展的一种承诺”。李正（2008）认为企业社会责任的内涵是：“企业是一个商业组织，它的目标是股东利益最大化，企业社会责任是企业在获取股东利益最大化之外所应该承担的维护和增进社会福利的义务，它是对股东利益最大化这一传统原则的修正和补充，企业社会责任活动是企业在经济之外所承担的责任，它包括法律规定的活动和企业自愿从事的伦理活动”。卢代富（2009）认为：“企业社会责任，乃指企业在谋求股东利润最大化之外所负有的维护和增进社会利益的义务，主张把社会责任作为与经济责任相对的概念，而不是把经济责任也纳入企业社会责任之中”。周祖城（2011）认为：“企业社会责任是企业为了维护和增进利益相关者利益和社会整体利益而承担的综合责任”。李伟阳、肖红军（2011）基于社会价值本位的逻辑起点提出了企业社会责任的“元定义”，认为企业社会责任是指在特定的制度安排下，企业追求最大限度地增进社会福利的意愿、行为及其绩效；郭洪涛（2012）认为：“企业社会责任是指企业在追求经济利益的过程中为改善社会福利（商品质量的保障、劳动者收入的提高、环境的改善、收入分配合理化等）所采取的主观行动意向”。王竹泉、杜媛（2012）提出了“利益相关者集体选择的企业观”，认为企业是利益相关者集体选择的产物，根据是否参与企业契约的集体选择将利益相关者划分为内部利益相关者和外部利益相关者，内部利益相关者即企业的所有者，增加内部利益相关者的价值是企业的经济责任，而外部利益相关者是独立于企业的社会主体，增加外部利益相关者的价值就是企业的社会责任。窦鑫丰（2014）认为：“企业社会责任是企业在与其他社会构成体之间的社会关系中获取权利的同时，对于其他社会构成体所应当承担的责任”。

在企业社会责任的内容界定上，中国台湾学者陈光荣（1996）在《企业社会责任与伦理》一文中把社会责任分为八类，分别为：在制造产品上的责任、在营销活动中的责任、员工教育培训的责任、环境保护的责任、良好的员工关系与福利、提供平等雇佣的机会、员工的安全与健康、慈善活动；刘俊海（1999）认为：“企业不能仅仅以最大限度地为股东们盈利为自己的唯一存在目的，而应当最大限度地增进股东利益之外的其他所有社会利益，这些社会利益包括雇员、消费者、债权人、中小竞争者、当地社区、环境、社会弱者及整个社会公共利益，既包括自然人的人权，也包括自然人之外的法人和非法人组织的权利和权益。陈宏辉，贾生华（2004）将企业的众多利益相关者从三个维度（主动性，重要性和紧急性）上细分为核心利益相关者、蛰伏利益相关者和边缘利益相关者，不同的利益相关者具有不同的利益要求，他们的这一观点事实上是从不同利益相关者的不同利益需求方面诠释企业社会责任的层面。张明基（2007）将企业社会责任分为纵向的经济责任、法律责任、伦理责任、文化责任和横向的维权责任、环境责任、诚信责任及和谐责任。李伟阳、肖红军（2008）认为：“企业应该对利益相关者承担基本的经济责任、社会责任和环境责任”。周林彬、何朝丹（2009）

将企业社会责任分为法律强制约束之内的社会责任和“超越法律”的社会责任。徐尚昆（2010）通过问卷调查，将中国企业社会责任的内容划分为员工发展与权益、环境保护、法律责任、公益慈善、经济责任、客户导向、社会稳定与进步、促进就业以及商业道德等9个方面。李建伟（2010）根据不同情形下董事对利益相关者所负的义务，将公司社会责任划分为三个层次。第一层次是董事应尽的基本义务，即保证公司遵纪守法、合规经营，这是法律意义上的公司社会责任；第二层次是董事对利益相关者承担的较高层次的义务，即基于商业伦理的要求负责任的经营，这是公司在商业伦理意义上承担的社会责任；第三层次是董事对利益相关者承担的更高层次的义务，即基于慈善之目的利用公司资源回馈社会。刘建秋、宋献中（2012）通过问卷调查将企业应该承担的社会责任分为五个维度：对政府的责任、对员工的责任、对顾客的责任、对环境的责任和慈善责任。艾庆庆（2013）将企业社会责任划分为商业责任、环境责任、文化责任和公益责任四个维度。韦波（2013）将企业社会责任内容划分为经济责任、法律责任、公益事业、环境保护、客户导向、以人为本、就业、商业道德、社会稳定与进步等9个方面。

从国内外学者对企业社会责任内涵的界定可以看出，在不同的制度背景和社会文化背景下，不同国家的学者对企业社会责任内涵的认知存在一定的差异。

（2）企业社会责任模型相关研究

中国学者对企业社会责任模型的研究开始于21世纪初期。陈志昂、陆伟（2003）从企业社会责任供需的角度出发，提出了企业社会责任的三角模型，将企业社会责任划分为法规层、标准层以及战略和道义层三个层次。陈迅、韩亚琴（2005）依据社会责任与企业关系的紧密程度，将企业社会责任分为三个层次：基本企业社会责任、中级企业社会责任和高级企业社会责任。李伟阳、肖红军（2008）从企业与社会的关系角度考虑，提出企业对利益相关者要承担最基本的经济责任、社会责任和环境责任，企业不仅要对股东负责，追求利润目标，而且要对社会负责，追求经济、社会和环境的综合价值。彭华岗（2009）以责任管理为中心，构建责任管理、市场责任、社会责任和环境责任“四位一体”的企业社会责任模型，整个模型围绕责任管理这一核心，以市场责任为基石，社会责任、环境责任为两翼，形成一个稳定的闭环三角结构。彭建国（2010）提出了企业社会责任的“三色论”，将企业社会责任分为黄色责任、红色责任和绿色责任，其中黄色责任即经济责任，包括企业对内外部利益相关者的经济责任；红色责任即社会责任，包括保障人权、慈善事业、遵纪守法、文化建设、促进就业等；绿色责任即环境责任，指企业为保护环境、减少环境污染、维护国家环境安全所应承担的责任。郭洪涛（2011）结合 Carrol 的企业社会责任层次模型和美国商会的四层次社会责任模型，以法律约束力为企业社会责任划分基础，提出创新型的企业社会责任模型，将企业社会责任划分为法律责任、初层社会责任和高层社会责任三个层次。陈昕（2011）将利益相关者要求识别、企业社会责任表现与企业绩效间的关系建立在一个框架模型中，揭示了利益相关者利益要求识别、企业社会责任表现与企业绩效间的关系与相互作用，回应了股东至上的主流公司治理理论对利益相关者理论的质疑。王少杰（2014）从品质责任、员工责任、社区责任、秩序责任、伙伴责任、环境责任等6个维度构建基于中国情境的社会责任模型。

对企业社会责任概念模型梳理后发现，由于政治经济法律社会环境的不同，不同时期的学者对企业社会责任的含义与内容有不同的理解与认识，上述企业社会责任概念模型在复杂性及问题的着重点上都不尽相同，但都从不同的侧面反映了企业应该承担的社会责任内容及层次，推动了社会对企业社会责任认知的不断深入，为企业社会责任基础理论研究做出了重要贡献。

2.3 企业社会责任评价相关研究

企业社会责任评价是企业社会责任研究领域的重要内容，国内外学者和实践领域的专家在社会责任评价方面做出了不懈的努力，提出了声誉指数法、内容分析法和问卷调查法等多种评价方法和一系列的评价标准，为企业社会责任研究提供了重要的参考依据。

2.3.1 国外相关研究回顾

国外对企业社会责任评价的研究较为成熟。在理论界，学者们针对社会责任评价指标的选取，研究开发了社会反应矩阵、SRE 模型、RDAP 量表、PRESOR 量表、管理者社会责任态度量表和企业社会责任取向量表等诸多的社会责任量表，并提出了声誉指数法、内容分析法、层次分析法及模糊评价法等诸多社会责任评价方法。在实务界，研究制定了 SA8000、IS026000 等一系列社会责任标准以及影响广泛的社会责任指数，如美国 KLD 指数、道琼斯可持续发展指数（DJSI）、GRI 指数、英国企业商会（BITC）的企业责任指数等。这些探索为企业社会责任评价研究奠定了重要的基础。

Sonnenfeld（1982）提出了企业社会绩效的外部利益相关者评价模式，认为让外部利益相关者对企业的社会绩效进行评价，应更多的考虑企业的利益相关者的社会影响（社会敏感性），如是否合法的进行生产经营，是否导致严重污染，是否正确对待少数民族员工，是否恰当处理社区关系，是否正确处理顾客问题等，这样不仅可以使企业清楚自己的社会绩效在同行业中的位置，知道企业资源应重点分配给哪些利益相关者，还能促进企业经理与利益相关者的沟通。Clarkson（1995）建立了 RDAP 量表，将企业社会绩效评价分为四种类型，其中“预见型”企业的社会绩效表现最好，“适应型”企业的社会绩效表现次之，“防御型”企业的社会绩效表现较差，“对抗型”企业的社会绩效表现最差。然而这个模型也存在着一定的缺陷：对于判断类型所依赖的数据，其获得的难度较大，准确度较低。Neely（2003）合作研究提出了绩效三棱镜，绩效三棱柱的上下两方面分别是利益相关者满意度和利益相关者的贡献，三个侧面分别是战略、过程和能力，它是一种基于利益相关者理论的企业绩效评价体系。Reputex（2003）从公司治理、环境影响、社会影响和工作场所 4 个维度建立企业社会责任评价体系。Wartick（2012）提出从企业对社会问题的态度、反应和管理过程 3 个方面评价企业社会责任。

一些知名投资公司和国际机构也推出了一系列社会责任评价标准，在国际范围内产生了深远影响。国际知名社会投资机构 KLD 公司（1988）建立了一套评价企业对利益相关者承担责任与否的标准，即 KLD 指数。该指数采用 8 个与企业社会责任绩效相关的变量评价企业对其利益相关者的责任，这 8 个变量分别是产品安全、社区关系、环境保护、妇女及少数民族问题、员工关系、核能、军事消减和南非问题等，分别代表了企业对员工、顾客、环境、社区和整个社会的责任。KLD 使用一个共同的全球评价和分析系统，在所选范围内评估每个公司的环境，社会和治理的绩效，并通过定义关键绩效指标（环境、社会、治理）

和相应的权重，增强行业排名的可比性。KLD 指数成为社会责任评价中常用的一个标准。

SAI（1997）制定了《社会责任国际标准》（SA8000），这是全球首个企业道德规范的自愿性国际标准，其宗旨是通过规定企业必须对劳工和社会承担的责任，达到保护劳工基本权益的目的。内容主要涉及童工、强迫性劳动、健康与安全、结社自由与集体谈判权利、歧视、惩戒性措施、工作时间、薪酬及管理系统 9 个方面的劳工权益。SA8000 不仅是世界上第一个社会道德责任标准，而且成为组织道德行为的第三方认证准则。

道琼斯公司（Dow Jones）（1999）推出了道琼斯可持续发展指数，从经济、环境、社会三个方面对企业的可持续发展能力进行评估。评价体系中指标分为两类，即通用标准和与特定产业相关的标准。通用标准适用于所有产业，其选定基于对产业可持续发展所面临的一般性挑战的判断，包括公司管理、环境管理和绩效、人权、供应链管理、风险危机管理和人力资源管理等；与特定产业相关指标的选择主要考虑特定行业所面临的挑战和未来发展趋势。

英国富时集团（2002）推出了 FTSE4 Good 指数，主要包括 5 个方面的内容标准：支持环保工作、与利益相关者发展正面关系、支持普遍接纳的人权准则、确保良好的供应链劳动标准和反对贿赂。

国际标准化组织（ISO）（2010）发布《社会责任指南标准》（ISO26000），从组织治理、人权、劳工实践、环境、公平运营实践、消费者、社区参与和发展等 7 个方面评价组织的社会责任，该标准的发布表明社会责任已经从道德规范走向了法律和标准管理。

全球报告倡议组织（Global Reporting Initiative，GRI）

（2013）发布可持续发展报告指南（G4），规定了特定标准揭露应包含的经济、环境和社会指标，并将社会指标分为劳工、人权、社会和产品责任4个方面，每个类别均包含一项管理方法披露和一套相应的核心及附加绩效指标。核心指标通过GRI多方参与的利益相关方流程制定，旨在确定一般适用的指标，对大部分机构均很重要。附加指标为可能对某些机构十分重要，但对其他机构却无关宏旨的新措施或主题。G4指南对个别行业提供行业补充指引，并载有特定行业的绩效指标。G4体系也是目前对我国企业社会责任报告影响最大的国际通用指南之一。

2.3.2 国内相关研究回顾

国内对企业社会责任评价的研究开始于20世纪末。赵雯（1995）认为企业应在保障各相关利益集团各自的利益不因任何一方利益的增加而受到损害的前提下，满足各相关利益集团的利益期望和协调他们之间的利益关系，为此构建了企业经营综合评价指标体系，对企业的盈利能力、偿债能力和社会贡献能力进行综合评价。李富平（1997）从国家、职工、能源、社区、生态5个方面构建矿山企业社会责任评价指标体系，运用层次分析法和灰色系统理论的综合效果测度法对矿山企业的社会责任履行情况进行综合评价；中华人民共和国财政部（2002）颁布了《企业绩效评价标准》，将综合社会贡献指标纳入企业的绩效评价，以考核企业履行社会责任的情况。李立清（2005）设计了一套测度中国企业社会责任信度的指标体系。该指标评价体系涵盖分劳工权益、人权保障、社会责任管理、商业道德和社会公益行为5个方面。温素彬（2005）提出了企业三重绩效评价模型，从劳工权益、社会影响和产品责任3个方面评价企业的综合绩效。姜万军等（2006）从股东权益、社会经济、员工权益、法律责任、诚信经营、公益责任和环境保护7个维度建立民营企业社会责任评价体系。李立清（2006）在以石油化工企业、建筑业、采矿业和交通运输业等9个行业为对象，构建了包括劳工权益、人权保障、社会责任管理、商业道德和社会公益行为5个方面的社会责任评价指标体系，该指标体系不仅涵盖SA8000的主要内容，而且在此基础上增加了商业道德和社会公益两个要素。金立印（2006）从消费者视角构建了包括社会公益事业、保护消费者权益、保护自然环境、承担经济责任等五个维度、16项具体指标的企业社会责任运动测评量表。赵坤（2007）提出了“六维平衡计分卡”模型，从经济业绩、社会业绩、环境业绩、价值链效率、营运与流程效率以及学习和创新效率6个维度出发建立企业社会责任绩效评价体系。浙江华盟文化传播有限公司（2007）制定了《HM 3000 中国企业社会责任标准体系》，从股东、客户、员工、生态环境、商业秩序、社会事业6个方面评价企业社会责任的履行情况。国家电网（2007）推出的企业社会责任指标体系主要涵盖经济、社会和环境3个方面，并在实施过程中进一步划分为管理指标、沟通指标和考核指标等。将企业对利益相关方承担的公共责任分为科学发展责任、安全供电责任、卓越管理责任、科技创新责任、沟通交流责任。黄群慧、彭华岗（2009）根据“三重底线”和利益相关方理论等经典的社会责任理论，构建了一个责任管理、市场责任、社会责任、环境责任“四位一体”的理论模型，通过对标分析国际社会责任指数、国内社会责任倡议文件和世界500强企业社会责任报告，构建出分行业的社会责任评价指标体系，对中国100强企业的社会责任履行情况进行评价。谢名一（2010）从对已有的跨国公司的企业社会责任标准研究出发，通过内容分析和比较分析找出已有跨国公司社会责任标准构建的动因和其应用的范围，认为发达国家跨国公司社会责任标准体系的构建总体来说是受到其母国社会经济发展水平、制度环境、行业中出现的关键事件、利益相关者诉求等要素的影响。买生（2012）在 ISO26000 的框架基础上提出企业社会责任绩效评价结构模型，运用数理统计和聚类分析等方法构建企业社会责任绩效评价指标体系。王昶、周登、Shawn（2012）通过文献研究将企业社会责任评价方法归纳为 5 种，即年报内容分析法、污染指数的测量法、问卷调查法、声誉指数法和专业机构数据库。

近年来，中国企业社会责任评价逐步呈现出专业化趋势。中国企业联合会可持续发展工商理事会（2007）发布《中国企业社会责任推荐标准和实施范例》，从员工、产品、环境和社会 4 个方面设置企业社会责任评价指标。中国工业经济联合会发布《中国工业企业社会责任评价指标体系》（2013），该评价指标体系由社会责任价值观与战略、社会责任推进管理、经济影响、社会影响、环境影响 5 个一级指标、22 个二级指标和 98 个三级指标构成，用于评价工业企业自身运营对利益相关方和自然环境影响的效果和效率。中国社会科学院企业社会责任研究中心（2014）从责任管理、市场责任、社会责任和环境责任 4 个方面分别对国有企业、民营企业和外资企业的社会责任履行情况进行评价，并定期发布中国 100 强企业社会责任发展指数。中国企业评价协会和清华大学社会科学学院联合发布《中国企业社会责任评价准则》（2014），从法律道德、质量安全、科技创新、诚实守信、消费者权益、股东权益、员工权益、能源环境、和谐社区、责任管理等 10 个方面设置企业社会责任评价指标。

综上可见，不同的国家和地区由于其市场经济的发展程度和文化背景不同，企业社会责任评价的理论、方法及具体指标也存在一定的差异。从企业社会责任评价的内容来看，国外的企业社会责任评级体系有的包括对整个宏观和微观企业社会责任制度的评价，如标准普尔的评级指标分为国家评分和公司评分两大部分，而有的评价指标仅涵盖公司层面的治理水平。从企业社会责任评价指标体系形式上看，一些评价体系围绕企业社会责任制度安排进行设计，另一些评价体系从企业社会责任的原则出发，如里昂证券亚洲公司的评价体系围绕公平性、问责性和透明性等原则。从评价指标的选取上看，一些评价体系只强调社会责任因素，另一些评价体系则综合考虑社会责任因素与经济责任因素，因而导致不同的企业社会责任评价标准所选取的评价指标存在较大的差异，进而导致不同评价标准下的评价结果缺乏可比性。从总体上看，企业社会责任评价逐渐呈现出专业化的趋势，制定国际通用的企业社会责任评价标准势在必行。

2.4　企业社会责任治理相关文献回顾

企业社会责任治理研究的范围较为广泛。本研究主要从企业社会责任驱动因素、实现路径和监督机制 3 个方面对企业社会责任治理的相关文献进行梳理与归纳。

2.4.1　国外相关文献回顾

国外学者对企业社会责任治理的研究运用了较多的实证研究的方法，研究内容主要集中于企业社会责任驱动因素的相关研究，对企业社会责任实现路径和监督机制的研究相对较少。

（1）企业社会责任驱动因素相关研究

国外学者运用实证研究的方法对企业社会责任的驱动因素进行了研究。Oliver（1991）分析了组织外部社会环境对企业社会责任行为的影响；Posner 和 Schmidt（1984，1992）分别于 1980 年代和 1990 年代两次对美国管理人员的价值观调查发现，在管理者以私利为重的情况下，当公司财务业绩表现出色时，管理者会试图减少社会责任支出来增加现金流入，从而利用这个机会增加自己的短期收入。Lewin（1995）通过对日本企业研究后发现，政府的行政引导是企业社会责任活动的重要驱动力。Guiree-tal（1988）检验了不同时间序列上的企业社会责任与财务绩效之间的关系，结果表明当期企业社会责任与当期财务绩效之间的关系可能在一定程度上是由于前期财务绩效导致的。Roberts 和 Dowling（2002）认为，董事会不但是公司治理的核心，也是企业社会责任治理的核心。Marrewijk（2003）提出企业社会责任 5 层次驱动模型，即承诺驱动、利益驱动、爱心驱动、协同驱动和整体驱动模式。Schwartz（2003）提出了企业社会责任三个相交圆模型，将企业社会责任动因分为三个方面：经济动因、制度动因和道德动因，分别以三个圆表示，由三个圆相交而产生七个区域：纯经济、纯制度、纯道德、经济/制度、经济/道德、道德/制度、经济/道德/制度，而同时满足经济/道德/制度三个动因的区域是最理想的状态。Brallirner 和 Pavein（2004）研究发现，不同行业的企业行为与不同类别的社会绩效对社会绩效与企业声誉之间的关系产生了重要的影响。Campbell（2007）通过对北美和欧洲国家研究后发现，制度压力对管理者的社会责任决策具有重要影响。Gjølberg（2009）则构建了一个综合 9 个全球性 CSR 评价指标体系的结构型比较分析框架，检验了经合组织中 20 个国家在此方面的表现，进一步证明了全球化时代下各国的制度文化仍然深刻地影响着企业 CSR 表现。Islam 和 Deegan（2010）从企业外部利益相关者的角度分析了媒体等社会因素对企业社会责任的压力作用。Harjotoand 和 Jo（2011）从公司层面提出了企业履行社会责任的4个动机：一是管理者想通过做一个好的全球化公民建立公司声誉，二是CEO将履行社会责任作为一项获得利益相关者支持以减少未来被其他CEO替代的可能性的策略选择，三是通过社会责任公司能在更宽泛的层面上传递质量信号，四是公司通过社会责任来减少管理层与其他利益相关者之间的利益冲突。Shum（2011）认为道德和法律是推动企业履行社会责任"看不见的手"，社会的道德和法律控制到位，企业才能自觉履行社会责任。Globennan（2011）提出了企业社会责任的研究重点应该更多地关注企业自身的管理和决策，站在企业的角度分析企业履行社会责任的模式。Kitzmueller（2012）认为社会政策对企业的社会责任行为具有重要驱动作用。Putrevu（2012）研究发现，媒体在推动企业社会责任实践中发挥了重要作用，但促进企业履行社会责任的因素可能会因企业类型不同而存在一定的差异。Suman和James（2013）研究发现，中小企业履行社会责任的主要动机是建立良好的社区关系以提高公司声誉和增加个人满意度，而经济目标并不是中小企业履行社会责任的主要动机。AnkurRoy和Vishal（2013）通过研究发现中小企业社会责任的驱动因素主要来自于消费者诉求、利益相关者价值、企业价值观和商业动机。Andrew和Julia（2014）发现煤炭企业履行社会责任的压力主要来自于民间社会组织行动和社区期望，尽管公共法规和金融市场也在推动煤炭企业履行社会责任中发挥了一定的作用。Aya Pastrana和Sriramesh（2014）研究发现，利润增长、可持续发展、公司传统、留住员工、吸引投资者、促进伙伴关系、获得社区的信任和支持、避免管制、提高声誉、提高公共福利、慈善捐赠、外部压力（NGO、政府、媒体、消费者、社区等）等因素对驱动企业承担社会责任具有重要作用。Nathaly和Krishnamurthy（2014）对哥伦比亚的中小企业进行在线调查后发现，政府、国际组织和商业协会是推动中小企业承担社会责任的主要力量。

企业外部因素对推动企业履行社会责任也发挥了一定的作用。Oliver（1991）分析了企业外部社会环境对企业社会责任行为的影响。Campell（2007）分析了社会规范、市场竞争环境等因素在推动企业履行社会责任中的作用。Aguinish 和 Glavas（2002）、Godfrey 和 Merril（2009）从利益相关者的期待与要求、企业资源提供者等视角分析了其对企业社会责任行为的影响作用。

还有学者从微观层面研究组织文化和管理者特征对企业社会责任行为的影响。Maignanetal（1995，1999）认为成功的组织文化可以促使组织成员按照与组织一致的价值观和行为准则来行事并达到特定的目标，组织文化的人本导向性越强，企业公民（行为）就会越积极主动。Marzetal（2003）分析了经理的社会倾向或对企业社会责任的看法态度对企业社会责任的影响，研究结果发现，经理们积极的社会责任态度都起因于社会期望的偏见。Hemingway 和 Maclagan（2004）以企业管理者为研究对象，分析了管理者的个人特质和管理方式对企业社会责任的驱动效果。Mahoney 和 Linda（2006）分别对美国和加拿大企业高层管理人员进行调查后发现，企业高层管理人员薪酬结构对企业社会责任行为具有重要影响。Angelidis 等人（2008）研究发现，组织层级中的地位不同影响员工的社会责任意识，基层员不如中层管理者那样认为经济责任很重要，但不同组织层级的员工在法律责任、伦理责任、慈善责任取向上没有明显差异。Galbreath（2010）认为企业发展战略和企业文化对社会责任具有重要的驱动作用。Gijs 和 Joseph（2014）研究发现，组织文化价值取向对跨国公司的社会责任行为具有显著影响。

此外，关于股权特征对企业社会责任行为的影响也得到了进一步的实证检验。Nazli（2007）以马来西亚公司为样本检验了所有权结构对企业社会责任信息披露的影响，发现股权越集中的公司披露的社会责任信息越少，政府作为重要股东的公司披露的社会责任信息较多。Won 和 Chang（2011）以 118 个韩国大型公司为样本，检验了不同类型的股东在推动公司履行社会责任中的作用，研究结果表明，股东类型不同，其对公司社会责任行为的影响也不同；Lammertjan 和 Bert（2012，2013）通过对 600 家欧洲企业研究后发现，股权类型与企业社会责任政策存在一定的关联，并对企业社会责任政策与股权集中度的关系进行了研究，发现股权集中度与企业社会责任存在明显的消极关系，股权集中度越高，企业社会责任绩效越差。同时发现员工持股或个人持股的公司社会责任政策相对较差，而银行持股或机构投资者持股的公司社会责任政策中等。

（2）企业社会责任实现路径与监督机制相关研究

国外学者对企业社会责任实现路径与监督机制的研究较少，少量的研究主要散布于企业社会责任研究的其他文献中。Roberts 和 Dowling（2002）认为，董事会不但是公司治理的核心，也是企业社会责任治理的核心，为企业社会责任实现提供了保障。Bhimani 和 Soonawalla（2005）研究发现，公司治理、问责制、披露和报告与组织的社会责任产出之间存在较强的因果关系。Decktop 和 Merrinan（2006）通过对美国 313 家企业的经验数据研究后指出，企业社会责任的推行模式和程度与企业 CEO 薪酬激励状况显著相关，CEO 短期性薪酬结构与企业社会责任行为存在负相关关系，而长期性薪酬结构则与企业社会绩效正相关。Oxfam（2010）认为在企业社会责任监督中，工会和 NGO 的监督地位相对比较独立，监督作用也更持久。Lindgreen 和 Swaen

(2010) 将企业社会责任的实现过程分为 5 个密切关联的方面，即沟通、执行、利益相关者承诺、度量和商业案例。Porter (2010，2011) 提出“战略性企业社会责任”的概念，强调企业应将社会责任与其特定的战略活动相联系，通过技术创新和管理创新来解决社会议题，为企业和社会创造共享价值。Gholami (2011) 从企业与社会之间相互依存的关系分析切入，研究将社会责任融入公司战略、资源、过程、商业主张和利益相关方互动中，为企业和社会同时创造价值。Geoff 和 Christos (2012) 提出社会责任实现程序概念模型，将社会责任实现程序分为选择、设计和管理 3 个阶段，合作伙伴关系评估贯穿整个过程。Kloppers (2013) 认为社会和伦理委员会在驱动企业社会责任实现中发挥了重要作用，通过公司法案要求企业在公司治理结构中设置社会和伦理委员会是推动社会责任制度化和法制化的可行路径。Krista 和 Ken (2014) 以 37 个跨国公司为样本，研究将民族文化和当地社会问题嵌入跨国公司的社会责任政策，发现全球化社会责任战略并不能解决全球和当地的社会责任问题，跨国公司总部认为的核心问题却被当地法律和地方议题所边缘化。Michael (2014) 认为公司积极履行社会责任有助于提高工人的生产效率和降低管理工作的固定成本，提升公司的核心竞争能力。

综上所述，国外企业社会责任治理研究更侧重于从微观层面检验相关因素对企业社会责任行为与决策的影响，对企业社会责任实现路径的探讨多基于组织内部层面研究，较少有学者从宏观制度层面研究企业社会责任治理问题。

2.4.2　国内相关文献回顾

(1) 企业社会责任驱动因素相关研究

中国学者对企业社会责任驱动因素的研究主要从宏观制度层

面和微观组织层面展开。田虹（2006）从宏观环境（企业外部）、中观环境（中介机构）和微观环境（企业内部）3个方面提出了企业社会责任影响因素的研究思路，但没有进行相关实证研究。林晓飞、郑文哲等（2007）把企业社会责任外部动力机制归纳为企业社会责任的需求机制、法律机制、监督机制、评价机制和激励机制等子机制，并提出了各机制的目标。郑海东（2007）基于利益相关者理论，从企业行为视角切入，以责任对象为维度划分的统一标准，构建并验证了企业社会责任行为表现的三维度模型，从个体、组织、社会三个层面较系统地识别并检验了企业社会责任行为表现的主要影响因素，并通过实证研究证实了企业社会责任行为表现与企业绩效之间的关系受情境影响这一推测。王伟（2008）从成本与收益分析的角度建立企业社会责任驱动力模型，将企业社会责任驱动力分为正驱动力（内在商誉提升和外在发展环境改善）和负驱动力（边际成本），企业社会责任行为是成本与收益权衡的结果。谢佩洪、周祖城（2008）从内在的利益驱动机制和外在的合法性机制两个方面分析了企业履行社会责任的动因。贾晓慧（2010）应用结构方程模型对企业社会责任行为的影响机制进行实证检验，并将利益相关者优先度概念引入模型，研究发现利益相关者优先度在相关前因变量与企业社会绩效之间发挥着重要的中介作用，企业高层管理人员首先对个人、组织和制度因素进行感知，这一感知会影响企业高层管理人员对不同利益相关者优先度的考虑，进而导致与不同利益相关者之间关系绩效的变化。彭建国（2010）根据强制性的程度，将企业承担社会责任的动力分为3种：强制性的法律力、自律性的道德力和自愿性的慈善力。钟宏武、张唐槟（2010）认为，政府是推动企业社会责任的主导力量之一，其同时承担着规制者、推进者和监督者的角色。李宝平（2010）将企业社会责任的动力机制划分为内生性动因和外生性动因。内生性动因由长期利润驱动，外生性动因由法律制度、政府规制、外部利益集团和道德伦理等四种力量驱动。尹珏林（2010）以新制度理论和资源基础论为理论视角，探讨了“企业为什么承担社会责任”这个核心问题，揭示了合法性机制和效率机制对于企业社会责任的作用机制。郭洪涛（2011）分别从微观动力机制（企业的本质和职能）、中观动力机制（政府和社会组织推动）和宏观动力机制（经济全球化和国际政治压力推动）3 个方面对企业承担社会责任的动力机制进行研究。张亚楠（2011）从政府政策引导机制、企业声誉拉动机制、竞争能力提升需求驱动机制三个方面研究了国有企业社会责任形成的动力机制。王敏（2012）等以中小企业为研究对象，发现政策与法律是中小企业履行社会责任的外部动力，组织价值观与经济利益是中小企业履行社会责任的内部驱动力。郭志文、简红艳（2012）对企业社会责任水平与社会责任驱动力之间的关系进行了实证研究，发现企业战略驱动和长期绩效目标驱动是企业履行社会责任的主要动力，法律及政府政策驱动并不能促进企业社会责任水平的提升，而员工、消费者等利益相关者压力驱动与企业社会责任水平没有显著相关性。刘建秋、宋献中（2012，2013）对企业社会责任履行动因的调查数据发现企业履行社会责任的出发点主要是基于企业自身利益的权衡考虑而不是完全按照企业对各要素主体应该承担的责任大小考虑，不同企业或同一企业的不同发展阶段社会责任最优承担模式存在差异性，企业社会责任存在合理的层次、范围与边界，为企业社会责任决策提供了基本的理论依据。王敏（2014）通过调查问卷及因子分析将 CSR 驱动因子分为外部动力以及内部动力，其中外部动力有政府政策及法律驱动、利益相关者驱动、社会团体驱动、资源环境驱动；内部动力有企业经济利益驱动、企业价值观驱动、企业融资驱动、管理层驱动。窦鑫丰（2014）认为企业社会责任行为是内部因素和外部因素共同作用的结果，内部因素包括管理者责任价值观以及管理者责任行为、战略驱动和利益驱动，外部因素包括竞争因素、社会压力和规范压力，并在此基础上提出一个系统的企业社会责任驱动模型。田虹、姜雨峰（2014）从企业的外部压力和自我认知视角分析企业社会责任履行的主要影响因素包括利益相关者压力制度压力和伦理领导。实证结果表明，利益相关者压力和制度压力对企业社会责任履行均具有显著的正向影响。在伦理领导方面，变革型领导对社会责任履行具有显著的正向影响，而事务型领导对社会责任履行并不具有显著影响，企业规模调节了利益相关者压力和制度压力对企业社会责任履行的影响作用。

一部分学者从微观层面研究组织文化和管理者特征对企业社会责任行为的影响。杨春方（2009）运用基于企业、政府、社会三元结构的博弈分析法对中国企业社会责任的驱动机制进行了分析，认为企业领导人的道德水平和价值观念是驱动企业社会责任行为的重要因素，社会与政府几乎不构成企业社会责任的驱动因素。徐尚昆（2010）对中国 1268 家企业等高层管理人员调查后发现，社会责任的认知与履行情况因企业类型不同（包括所有制、行业、地区、规模、总经理学历、上市与否）而存在显著的差异。姜志华（2011）从伦理动因出发，本研究提出企业高管价值观和企业社会责任行为之间可能存在的关系，运用高阶管理理论分析企业高管价值观影响企业社会责任行为的内在机理，深入剖析在企业社会责任的有限理性决策中企业高管价值观对其感知企业社会责任环境的影响，以及对企业社会责任最终选择的影响，同时引入组织文化的研究变量，建立企业高管的个体和企业行为之间的组织桥梁，探析组织文化在企业高管价值观影响企业社会责任行为中的中介作用。王文（2011）认为企业社会责任治理的结果受到企业内部和外部治理环境的共同影响，但企业社会责任外部治理对社会责任的正向促进作用受到社会责任内部治理瓶颈的影响。

此外，关于产权性质对企业社会责任的影响也得到了进一步的实证检验。田志龙、贺远琼（2005）等以海尔集团、宝洁（中国）有限公司、四川新希望集团作为研究对象，对其社会责任行为驱动因素进行了研究，发现企业所有制性质不同，其社会责任行为驱动因素也存在较大差异。外资企业履行社会责任主要是为了获得政府和社会公众的认可，国有企主要是为了树立公司形象，而私营企业则主要是为了营造良好的生存环境。陈煦江、高露（2013）通过对沪深股市 58 家食品饮料业上市公司为样本研究后发现，企业文化是企业社会责任的内在前置驱动因素，质量改进和经济绩效是调节“文化—责任”关系的内部情境因素，企业荣誉是调节“文化—责任”关系的外部情境因素。李四海、李晓龙、宋献中（2015）以上市公司为样本，检验产权性质和市场竞争对企业社会责任寻租行为的影响，发现产权性质显著降低了企业社会责任行为的寻租倾向，产品市场竞争越激烈，企业社会责任行为寻租倾向越强。

（2）企业社会责任实现路径与监督机制相关研究

国内关于企业社会责任实现路径和监督机制的研究成果相对比较丰富。徐二明、郑平（2006）提出中国企业社会责任实现概念模型，通过建立社会责任价值观、构造财富创造的生态系统、披露社会责任信息等方式实现企业社会责任。吴向党、翟运开（2006）对企业社会责任及其实现机制进行了研究，建立了企业社会责任动因—战略—绩效模型，构建了企业社会责任层次结构，认为企业社会责任的履行具有发展性，并指出中国企业应从企业家精神、制度建设和观念建设3个方面推进社会责任建设。张广宣、莫小勇（2007）在已有的企业与政府博弈模型基础上，将消费者需求变量引入模型，研究企业社会责任的实现机理。罗东霞（2007）强调企业社会责任对利益相关者群体的影响。利益相关者群体有不同的价值倾向，社会型价值倾向与经济型、能力型及学习型的价值倾向间有互斥的面，更有互利的面，并从平衡社会型价值倾向与其他价值倾向的角度分析了企业社会责任的实现途径。张静（2008）认为企业社会责任应该区分为必须社会责任与非必须社会责任两类，两类社会责任实现的机制不同。企业承担必须社会责任来自于消费者、社会公众、员工和政府的共同压力；承担非必须社会责任来自于社会的激励，并且当企业把非必须社会责任与自身的发展目标联系起来时，这类社会责任的履行更具持续性。蔡宁、李建升等（2008）基于企业承担社会责任受经济、道德、法律等多种因素的影响，从系统论的角度构建了一个包括经济、制度、监督与执行4个子系统的企业社会责任实现机制，经济子系统是企业承担社会责任的压力和动力来源，由各种法律组成的制度子系统是企业利益相关者参与社会责任运动的支持和保障，包括道德在内的监督子系统为企业社会责任实现提供必要的监督和信息传递，执行子系统则是企业社会责任的具体承担者。丁浩（2008）在对我国转型经济背景下企业社会责任缺失的现状和原因进行深度剖析的基础上，构建了企业社会责任履践机制理论分析框架，指出只有当企业社会责任履践的动力机制、平衡机制、监督约束机制实现耦合时，企业社会责任才能内化，企业才能由被动适应转变为主动履践，进而实现企业发展和社会责任履践螺旋上升的动态和谐。程华儿（2009）从完善公司治理的角度探讨公司的社会责任的强化与实现，认为一个完善的公司治理结构不仅有利于公司本身的发展，也能促使公司在决策和运作过程中充分体现公司其他利益相关者的利益，践行公司的社会责任。廖永威（2009）借助于外部治理机制与企业社会责任的结合点，构建包括政府机制、市场机制和 NGO 机制在内的企业社会责任外部实现机制。胡贵毅（2010）认为在利益分配总量既定的前提下，企业社会责任实现机制就是要保证利益相关者之间的力量均衡，并指出企业社会责任实现机制包括资源整合和价值创造机制、企业利益分配机制、企业治理机制等 3 种内部机制，以及政治机制、社会机制、市场机制等 3 种外部机制。贾晓慧（2010）认为建立一个企业、政府与社会的长效联动机制是推进企业履行社会责任的必要举措。李建伟（2010）指出，为促进企业社会责任的实现，司法应建立起对董事践行社会责任的激励机制，通过相应的激励机制鼓励公司董事积极承担公司社会责任，除此之外，来自外部市场和中介机构的压力作为董事履行社会责任的约束机制也不可或缺。张亚楠（2011）从内涵型和外延型两个方面设计了国有企业社会责任的实现路径：一个是通过企业创新获取竞争优势，基于企业创新提高企业履行社会责任的能力，依托企业创新实现企业社会责任履践的内化，另一个是通过社会资本的联动机制实现企业社会责任，并在此基础上提出了实现路径的柔性环境支持体系。王文（2013）用理论分析的方法针对企业社会责任评价、企业社会责任治理与公司绩效之间的关系，构建了“企业社会责任履行状况与公司绩效的研究模型”和基于董事会视角的“企业社会责任治理模型”，通过实证研究表明企业社会责任指数与公司绩效显著正相关，但企业社会责任的不同维度与公司绩效关系之间存在明显差异，而董事会在参与企业社会责任治理的过程中，对企业社会责任指数与公司绩效的关系具有一定的负面影响。崔丽（2013）以关系契约理论为视角重新审视当代中国企业社会责任的正当性基础，建构了“五位一体”的中国特色企业社会责任体系并设计了具体的实施模型。潘成林（2013）认为证券市场为上市公司社会责任的实现提供了特殊的环境，社会责任信息披露制度是上市公司社会责任外部实现机制的核心，“董事会负责，管理层决策”模式是上市公司履行社会责任的一种可行的内在机制，“绿色证券”制度是上市公司履行社会责任的突破口。李伟阳、肖红军（2013）通过梳理2008～2012年发表于企业社会责任专业期刊和重要管理期刊上的国外相关文献后发现，当前企业社会责任研究呈现出四大趋势，即从单一维度向综合视角转变、从组织层面向宏观层面和个体层面转变、从工具理性向价值创造转变、从企业社会责任影响效应到影响机理的转变徐玲；张正勇、吉利、毛洪涛（2014）选取2009～2012年A股民营上市公司自愿披露的社会责任报告作为研究样本，实证分析民营企业政治网络战略对社会责任信息披露的影响。在控制了民营企业的组织因素及企业家个体人力资本控制变量后发现，政治关系网络、协会关系网络均对民营企业社会责任报告披露倾向和社会责任信息披露水平有显著的正向影响。田虹、王汉瑛（2014）构建了一个三维交互模型，研究异质性企业社会责任在对企业财务绩效作用方面的协同效应，以及行业广告强度对该协同效应的影响。徐玲、冯巧根（2014）基于社会秩序二元论和组织社会学的制度理论，构建了民营企业社会责任履行演进的规则——行为走廊，认为利导性政策比严惩性管制更能有效推动民营企业的自发履行。

关于企业社会责任监督方面的研究成果相对较少，少量的成果主要散布于社会责任治理的综合研究中。汪建新（2009）利用博弈理论，采用两方博弈方法、动态博弈方法和进化博弈方法，分析了包括顾客、员工和政府等利益相关者的监管和监督作用对企业履行社会责任的影响机制和结果，并分析利益相关者对企业履行社会责任进行有效监管所要满足的均衡条件。王丹（2009）从政府对企业社会责任的社会性监督理论出发，认为政府的社会性监管是以保障劳动者和消费者的安全、健康、卫生以及保护环境和防止灾害为目的，对物品和服务的质量以及伴随着提供它们而产生的各种活动制定一定标准，并禁止或限制特定行为的监管，具体包括安全性监管、健康卫生监管和环境监管等，这种监管与企业社会责任所关注的内容具有高度的一致性，因此运用社会性监管的理论和要求推进企业社会责任是合理有效的选择。钟宏武、张唐槟（2010）认为，政府是推动企业社会责任的主导力量之一，其角色功能包括：规制者、推进者和监督者三大类。易开刚（2012）社会责任缺失现象已不再局限于单个企业行业性产业链式的责任缺失情况，而是群体性企业社会责任缺失，认为群体性企业社会责任缺失源于不同主体的责任博弈失衡，因此需要构建多元主体之间的联合监督和共同治理机制来推进群体性企业社会责任的治理工作；林军、乔璐（2014）指出政府针对社会责任投资的规制行为存在着规制行为方面和制度方面的问题，政府作为社会管理者的特殊角色使得这些问题在一定程度上制约了社会责任投资的发展及效果。

2.5　文献述评

梳理国外近一个世纪以来社会责任研究领域的文献后发现，西方学者对企业社会责任研究主要从 4 个层面展开，即全球化层面、制度层面、组织层面和个体层面。全球化层面的社会责任研究主要把社会责任视为企业可持续发展的途径；制度层面的社会责任研究主要从企业行为合法性的角度来探讨企业履行社会责任的意义；组织层面的社会责任研究通常与利益相关者理论相结合，分析 CSR 与 CFP（Corporate Financial Performance）之间的关系；个体层面的社会责任研究主要关注公司管理者的伦理道德取向对企业社会责任决策的影响。近 10 年来，国外学者逐步将企业社会责任研究的内容扩展到了组织治理、商业模式创新等领域，将社会责任作为企业获取战略资源的工具；研究视角从宏观研究转向微观研究，更加关注社会责任对企业自身运营的影响；研究方法上偏重于实证研究，尤其偏好跨地区研究和商业案例研究。

中国的社会责任运动起步较晚，企业社会责任实践发展也相对较为缓慢，中国学者对企业社会责任的研究虽然还处于初步探索阶段，但也积累了很多丰富的研究成果。梳理国内相关文献后发现，中国学者对企业社会责任的研究早期主要围绕宏观层面展开，相对偏好于社会责任基础理论研究，多数研究集中于社会责任绩效评价、社会责任信息披露、社会责任与企业财务绩效、社会责任管理等问题，实证研究较少，尤其在运用客观数据进行企业社会责任分析的深度和广度上，远远落后于国外学者的研究水平。近年来，中国学者逐渐将社会责任研究的视角从宏观层面转向微观层面、从组织外部转向组织内部，开始关注组织治理、企业战略与社会责任的关系。虽然理论界对企业社会责任的概念和内容尚未达成共识，但专家学者们已经逐渐搁置争议，将研究视角转向组织层面的社会责任治理研究，这些研究为推动企业社会责任理论发展做出了重要贡献。

综观国内外社会责任研究的相关文献，研究焦点从早期的“企业为什么要承担社会责任”转向了近年来的“企业如何承担社会责任”，研究内容也从企业社会责任基本理论转向了企业社会责任应用研究，开始关注企业社会责任与公司治理、财务绩效、企业价值等之间的关系。虽然社会责任学术研究呈现出百花齐放的繁荣局面，然而目前国际社会对企业社会责任的内容尚未形成一致的看法，对企业社会责任的本质、内容、边界以及形成逻辑等基本理论问题尚缺乏系统的研究，对企业社会责任行为背后的动因尚不十分清楚。企业社会责任研究仍任重道远，存在进一步系统化和深入化的空间。本研究尝试从企业的形成逻辑分析入手，从利益相关者集体选择的视角揭示企业社会责任的本质，构建新的企业社会责任逻辑框架，建立利益相关者视角下的企业社会责任理论体系，解决企业社会责任领域的基本理论问题和实践问题。

第3章

利益相关者集体选择视角的企业社会责任界定

利益相关者理论与企业社会责任理论原本一直是作为两个相互独立的研究领域各自发展，前者研究各利益相关者与企业的关系，而后者研究企业对社会应该承担的责任。1932年，Merrick Dodd 在与 Adolf Berle 的辩论中指出，公司既要为股东创造财富，也应为员工提供稳定的工作，为消费者提供安全的产品，为整个社会福利做出贡献，这可以看作是利益相关者理论与企业社会责任思想的早期萌芽。企业社会责任概念的正式提出是在1953年，“企业社会责任之父”H. R. Bowen 首次系统性的给出企业社会责任的定义，认为商人的社会责任是指商人有义务按照社会所期望的目标制定政策、进行决策和采取行动。利益相关者概念的提出则要落后于企业社会责任10年。1963年，斯坦福研究院首次提出利益相关者的概念，认为利益相关者是指没有其支持组织就不可能生存的一些团体。企业社会责任与利益相关者理论涉及的研究内容存在许多共通之处，然而直到 20 世纪 80 年代，利益相关者理论才被应用于企业社会责任研究。利益相关者理论的提出不仅为企业社会责任理论提供了思想支撑，也为企业社会责任研究提供了新的工具。

利益相关者理论认为，企业的生存与发展不仅受股东影响，还受到其他利益相关者的影响（Freeman，1983），企业在创造利润、对股东负责的同时，还要承担起对员工、消费者、社区和环境等利益相关者的责任，这无疑为“企业应该为谁承担责任?”这个问题找到了合理的答案，有助于厘清企业社会责任的内容和边界，为企业社会责任研究指明方向和范围。作为对“股东至上”原则的修正，利益相关者理论已成为研究企业与社会关系的核心理论（Lee，2008），通过企业对利益相关者诉求的满足程度可以衡量企业社会责任的履行水平，使原来泛泛而谈的企业社会责任现在可以通过其与利益相关者的关系得以明确（Wood 和 Jones，1995），也为企业社会绩效评估提供了有效的工具（Clarkson，1995）。在企业社会责任研究还不够充分，企业社会责任的本质和内涵还没有被充分揭示的情况下，运用利益相关者理论研究企业社会责任问题无疑是一个有效的工具。

3.1　企业的本质与边界

3.1.1　利益相关者集体选择视角的企业本质解读

企业本质是现代企业理论研究的基本问题，形成了不同的理论学派。R. H. Coase（1937）在其著作《企业的性质》中指出，企业本质是一种资源配置机制，是对价格机制的替代；Jenson 和 Meckling（1976）认为企业本质上是一系列契约的联结，企业只是一种“法律虚构”，其职能不过是为资本、劳动等各种要素的个人所有者和产品供求者之间的契约关系提供一个联结点；张五常（1983）认为企业本质上是一种合约，并进一步指出了企业契约与市场契约的一致性与区别，认为企业不过是以要素市场的交易契约代替了产品市场的交易契约。王竹泉等（2012）认为企业是利益相关者集体选择的产物，是契约选择者的集体选择达到的一种可接受的均衡状态。上述观点对企业本质解读的着眼点虽不尽相同，但都为后来学者理解企业的本质提供了重要参考。对企业本质的科学解读有助于发掘企业社会责任的本质与边界。

契约理论认为，企业是各种要素投入者为了各自的目标联合起来组成的一个有效率的“契约联合体”。企业生存和发展的物质基础除了股东投入的股权资本外，还包括债权人投入的债务资本、经营者和员工投入的人力资本、供应商和客户投入的市场资本、政府投入的公共环境资本以及社区和公众投入的经营环境资本等等，所有这些向企业投入了资源的主体共同构成了企业的利益相关者，他们通过一系列显性契约和隐性契约将资源投入企业这一“契约联合体”中进行优化配置并实现自身的利益。其中，显性契约是一种以明确的书面条款约定缔约方的权利和义务，并由法律作为强制实施基础的契约；隐性契约是指没有明确的书面规定条款，主要是缔约方关于未来交易安排的契约。显性契约是基本契约，它的缔结是为了降低交易成本，它的履行主要依靠法律等外部强制性力量；而隐性契约是显性契约的衍生契约，是对显性契约的补充，它的存在降低了显性契约的缔约成本，它的履行主要依靠市场机制和缔约方的信用。相对于显性契约而言，隐性契约一方面具有动态性和不确定性，即契约的履行与否和履行方式随缔约方的自身条件和外部条件的变化而改变；另一方面隐性契约的履行缺乏第三方强制性力量的保障，主要依赖于缔约方的自我约束，即契约的自我履行机制。正因为如此，作为基本契约的显性契约更容易被履行，而作为补充契约的隐性契约则更容易被违约，从而造成契约关系的失衡。

根据契约理论，企业是各种要素投入者为了各自的目标联合起来组成的一个有效率的“契约联合体”，参与缔结契约的各方是一群目标不同甚至目标可能相互冲突的利益相关者，这些利益相关者既包括企业内部各行为主体：如资本所有者、经营管理者、雇员之间的契约，也包括与企业有利益关系的外部行为主体：如供应商、客户、银行、政府、社区等，他们通过不同的方式都向企业投入了一定的资源，也因此与企业之间形成了显性契约或隐性契约，企业成为这些利益相关者实现利益目标的“契约载体”，满足这些利益相关者的利益诉求是企业应该承担的契约责任（李丰团，2011）。企业是否应该承担社会责任取决于人们对企业本质的认识，对这一问题的回答决定着企业应该为谁服务的问题。长期以来，委托代理理论一直是经济学的基本理论之一，受到企业的推崇，“股东至上原则”也成为许多国家《公司法》的基本原则。对股东权益的过度关注使企业忽略了其他契约主体的权益，导致企业与利益相关者之间的矛盾与冲突持续不断，也引发了社会对企业究竟应该对谁负责问题的反思。自2008年金融危机以来，在西方法学界与金融经济学界，委托代理理论在某种程度上受到了质疑（Denning，2012）。近年来，企业家们也逐渐开始质疑“股东至上原则”的合理性（Martin，2010）。本研究就“企业是否应该承担对股东以外的其他利益相关者的责任”问题，对400多家中国企业和美国企业的中高层管理人员展开了问卷调查，调查结果显示，85%的企业中高层管理人员认为企业应该承担对股东以外的其他利益相关者的责任。由此可见，在企业资本形态日益多元化的今天，利益相关者价值最大化思想正逐渐取代股东财富最大化思想，成为企业家对公司存在使命的一种新认识。

根据利益相关者理论与集体选择理论，企业是利益相关者集体选择的产物，是企业契约选择者的集体选择达到的一种可接受的均衡状态（王竹泉、杜媛，2012）。在可持续发展观下，企业的契约要素既包括货币资本和人力资本等传统资本形态，也包括社会资本和生态资本等新型资本形态。其中，社会资本主要指政府提供的法律制度、社会基础设施以及社区支持等，生态资本主要指自然环境和非人类物种等。企业要完成复杂的生产经营活动，就需要与上述资本要素所有者签订一系列的契约，这些契约通常包括三类：一类是组织契约，即企业产权所有者与企业签订的契约；第二类是交易契约，即企业与其他资本要素投入者之间签订的契约，缔约主体通常包括员工、债权人、供应商、分销商、消费者等利益相关者；第三类是社会契约，即企业与社会资本和生态资本所有者签订的契约，缔约主体通常包括政府（作为社会管理者的政府）、社区、媒体、自然环境、NGO 等受企业影响或具有影响企业的能力的利益相关者签订的契约。在上述三类契约中，有显性契约与隐性契约之分。组织契约和交易契约是一种显性契约，契约双方的权利和义务都以书面条款的形式加以约束，契约的完全履行一方面受到法律强制力的保障，另一方面需要依靠市场机制和契约方的信用约束。社会契约是一种隐性契约，企业与资本要素提供者之间并没有直接签订书面契约，契约双方的权利和义务也没有以书面条款的形式加以固定，契约的履行完全依靠缔约主体自身伦理道德的自我约束。从利益相关者集体选择的视角看，不管是显性的组织契约和交易契约，还是隐性的社会契约，这些契约在本质上都是作为缔约主体的企业利益相关者的集体选择。

运用利益相关者理论和集体选择理论分析企业的形成逻辑，企业的形成过程可以视作利益相关者集体选择的过程，这个过程通常需要通过两个层次的集体选择来实现。第一层次集体选择的目的是完成企业组织契约的签订，从而确定企业的组织边界。在企业第一层次集体选择的过程中，所有的要素主体都可以选择与企业签订组织契约，并因此而成为企业的产权所有者（股东），在企业成立之后可以享有企业的控制权和企业剩余价值的分享权。实现了企业第一层次集体选择的利益相关者通常被视作企业的内部利益相关者（王竹泉、杜媛，2012），他们决定了企业的组织边界（即企业所有权结构）。企业的组织契约一旦签订，企业的所有权归属也随之确定，企业便作为一个独立的法人主体存在。企业成立之后，要进行正常的生产经营活动，就需要继续与其他资本要素所有者缔结契约，即完成企业第二层次的集体选择，以确定企业的交易边界。企业产权所有者由于在参与企业第一层次的集体选择的过程中与企业缔结了组织契约而失去了参与第二层次集体选择的资格，那些未参与企业第一层次集体选择的资本要素所有者则具备自由参与第二层次集体选择的资格，在企业成立之后，自动进入第二层次的集体选择，即选择与企业签订交易契约或社会契约。一部分人力资本和货币资本要素所有者选择与企业签订交易契约，并因此成为企业的员工或商业合作伙伴，享有交易契约所赋予的对企业合法的要求权。企业与参与第二层次集体选择的利益相关者缔结的交易契约决定了企业的交易边界（即企业经营活动的范围）。在企业第二层次的集体选择中，有一部分人力资本和货币资本要素所有者并未选择与企业签订交易签约，这些利益相关者将与那些拥有社会资本和生态资本的要素所有者一起，共同构成企业社会契约的缔结主体，他们在企业的组织边界和交易边界确定之后，自动与企业之间形成社会契约，成为企业的外部利益相关者。至此，企业通过两个层次的集体选择，完成了所有契约的签订，利益相关者的集体选择达到一种可接受的均衡状态。由此可见，企业是利益相关者的集体选择达到一种可接受的均衡状态的产物，但这种均衡状态并不是一成不变的，当企业契约主体发生变化时，企业的这种均衡状态也随之发生变化并随着新的契约主体的加入而达到新的均衡状态。

由此可以推论，企业本质是参与组织契约选择的利益相关者与参与交易契约和社会契约选择的利益相关者通过集体选择达成的一个均衡的契约联合体。这种均衡状态是企业存在的必要条件，当这种均衡状态被打破时，企业随即消亡，所有的利益相关者会重新开始新一轮的集体选择，当这种新一轮的集体选择达到所有利益相关者都可以接受的一种新的均衡状态时，新的企业实体就诞生了。因此，这种“均衡”实质上是一种动态均衡，正是在这种动态变化中，企业实现了新旧更替。从利益相关者集体选择的视角揭示企业的本质和形成逻辑，可以为企业社会责任研究提供新的理论依据。

3.1.2 利益相关者集体选择视角下企业边界的界定

对企业本质的不同理解决定了对企业边界的界定不同。在王竹泉教授的“利益相关者集体选择企业观”下，企业本质上是利益相关者集体选择的产物，是企业契约选择者的集体选择达到的一种可接受的均衡状态，该观点认为企业的形成需要经过两个层次的集体选择，第一层次的集体选择决定企业所有权的主体边界，而第二层次的集体选择则决定企业所有权的行为边界，两者共同决定了企业的所有权边界，其中企业的初始价值对应着企业的所有权边界，企业成立之后的价值增值对应着企业的经营边界（王竹泉、杜媛，2012）。本书在王竹泉教授提出的“利益相关者集体选择企业观”的思想基础上，将与企业缔结契约的资本要素所有者扩大到社会资本和生态资本所有者，在企业的契约联合体中加入了组织契约和交易契约之外的第三方契约——社会契约，并将企业组织契约和交易契约之外的隐性契约即社会契约也视作契约联合体的一部分，从而在王竹泉教授提出的“企业边界二维论”的基础上增加了一个新的边界——社会边界，由此形成了本研究提出的“企业边界三维论”，即企业的边界包含组织边界、交易边界和社会边界三个层次。

根据本书对企业本质的解读，企业是参与组织契约选择的利益相关者与参与交易契约和社会契约选择的利益相关者通过集体选择达成的一个均衡的契约联合体。通过企业第一层次的集体选择，形成企业的组织边界，宣告企业组织活动的范围；继而通过企业第二层次的集体选择，形成企业的交易边界，宣告企业经营活动的范围。企业的组织边界和交易边界确定之后，企业的社会边界随之自动形成。从企业的形成逻辑出发，可以将企业的边界划分为三个层次：组织边界、交易边界和社会边界，由此形成了本研究基于利益相关者集体选择视角的“企业边界三维论”。组织契约决定了企业的所有权结构即组织边界，交易契约决定了企业经营活动的范围即交易边界，社会契约则决定了企业经营活动的外部环境即社会边界。然而，不管是企业的组织边界，还是企业的交易边界或社会边界，都不是一旦形成就固定不变的，而是随着企业契约主体的变化而不断进行动态调整。当新的资本要素提供者加入企业或企业原有的资本要素提供者退出时，企业的边界也随之发生变化。因此，企业的边界随着契约主体的变化而呈现出动态变化的特征。

3.2 企业利益相关者的界定与分类

3.2.1 企业利益相关者的界定

自从1963年斯坦福研究院首次提出利益相关者的概念之后，不同国家的学者分别从多个角度对利益相关者进行了界定。美国经济学家Freeman（1984）将利益相关者定义为任何能够影响企业目标实现或与之相关的团体或个人。该定义成为国际社会广泛接受的利益相关者的定义，至今仍然被众多学者和国际机构采用。Clarkson（1994）引入了专用性投资的概念，将利益相关者界定为在企业投入了一定的专用性投资并由此承担某种风险的人。王竹泉（2006）认为利益相关者是能够参与组织集体选择或者能够对组织集体选择产生影响的所有个人或群体。《中国工业企业及工业协会社会责任指南》（2010）将利益相关者定义为任何可能受到组织决策与组织活动影响，或可能影响组织决策与组织活动的个人或群体，这些个人或群体可能包括企业的产权人、员工、债权人、供应商、客户、消费者、社会团体、社区、资源以及环境等。上述学者和社会机构对利益相关者的界定虽然侧重点不同，但基本上都沿袭了Freeman对利益相关者定义的基本思想。

根据对企业形成逻辑的分析可知，企业在本质上是参与组织契约选择的利益相关者与参与交易契约和社会契约选择的利益相关者的集体选择达成的一个均衡的契约联合体。参与企业第一层次集体选择的契约主体由于在企业投入了货币资本而拥有分享企业价值的权利，他们拥有企业的控制权，可以对企业的决策产生重大影响，同时也受企业经营活动的影响最大。参与第二层次集体选择的契约主体在企业成立之后以各自不同的方式在企业投入了人力资本、社会资本或生态资本等，他们虽然对企业没有控制权，但可以通过市场选择或政策工具等方式对企业的经营活动产生重要影响，同时他们自身也在不同程度上受到企业经营活动的影响。由此可见，不管是参与企业第一层次集体选择的契约主体，还是参与企业第二层次集体选择的契约主体，他们都通过缔结契约（显性契约或隐性契约）的方式与企业之间产生不同程度的利害关系，成为 Freeman 在利益相关者的定义中所指的“影响企业目标实现或与之相关的团体和个人”。

基于上述分析，本书将企业利益相关者界定为“任何通过参与企业集体选择而与企业缔结了显性契约（即组织契约和交易契约）或隐性契约（即社会契约）的个人或群体”。该定义明确了成为企业利益相关者所必须具备的基本条件，即与企业缔结显性契约，或与企业缔结隐性契约。

根据本书对利益相关者的定义，通过参与企业第一层次集体选择而与企业缔结显性契约（即组织契约）的利益相关者主要指企业产权所有者（股东）；通过参与企业第二层次集体选择而与企业缔结显性契约或隐性契约的利益相关者有两类，一类是与企业缔结了显性契约即交易契约的利益相关者，主要包括员工①、供应商、分销商、债权人和消费者等，另一类是与企业缔结了隐性契约即社会契约的利益相关者，主要包括政府②、社区、自然环境、媒体、非政府组织（Non - Governmental Organi-

① 本书所指的员工是指与企业仅存在雇佣关系的员工，不包括参与员工持股计划等特殊身份的员工。

② 本书所指的政府是指作为社会管理者的政府，不包括以出资人（股东）等特殊身份出现的政府。

zation，NGO）等。上述分析不仅明确界定了企业利益相关者的范围，而且为企业利益相关者的分类提供了清晰的标准。

3.2.2 企业利益相关者的分类

由于参与企业集体选择的利益相关者众多，不同类型的利益相关者对企业有不同的利益诉求，他们对企业影响的程度和方式也各不相同，因此，需要依据一定的标准对企业利益相关者进行科学的分类。当前在利益相关者研究领域具有重要影响的分类标准主要有 Freeman 的三维细分法和 Mitchell 的米切尔评分法。Freeman（1984）从经济、所有权和社会 3 个维度将利益相关者分为具有所有权关联的利益相关者、具有经济关联的利益相关者和具有社会关联的利益相关者。Mitchell（1997）依据合法性、权力性、紧急性 3 个属性对企业利益相关者进行评分，并根据分值高低将企业利益相关者分为潜在型利益相关者、预期型利益相关者和确定型利益相关者，实现了对利益相关者量化分类的突破。王竹泉等（2012）根据是否参与企业契约的集体选择将利益相关者分为内部利益相关者和外部利益相关者，内部利益相关者即企业的所有者，增加内部利益相关者的价值是企业的经济责任，而外部利益相关者是独立于企业的社会主体，增加外部利益相关者的价值是企业的社会责任。该分类标准为企业社会责任的界定提供了理论依据。

根据利益相关者在参与企业集体选择中与企业签订的契约类型不同，本书从组织契约边界、交易契约边界和社会契约边界 3 个维度，对企业的利益相关者进行分类。根据对企业的形成逻辑及边界分析可知，参与企业组织契约选择的利益相关者决定了企业的组织边界，因此，本书以企业的组织契约边界为界，将企业组织契约边界以内的利益相关者称为组织型利益相关者；参与企业交易契约选择的利益相关者决定了企业的经营边界，因此，本书以企业交易契约边界为界，将企业交易契约边界以内、组织契约边界以外的利益相关者称为交易型利益相关者。此外，在企业组织型利益相关者和交易型利益相关者之外，还存在另外一种身份特殊的利益相关者，他们既不直接参与企业组织契约的选择，也不直接参与企业交易契约的选择，但会通过参与社会契约选择的方式对企业产生一定的影响或受到企业的影响，因此，我们以社会契约边界为界，将社会契约边界以内、交易契约边界和组织契约边界以外的利益相关者称为社会型利益相关者。综合以上分析，本书根据利益相关者参与契约选择的类型不同，将企业利益相关者分为三种类型：组织型利益相关者、交易型利益相关者和社会型利益相关者。据此，本书构建如图 3－1 所示的企业利益相关者构成及分类图。

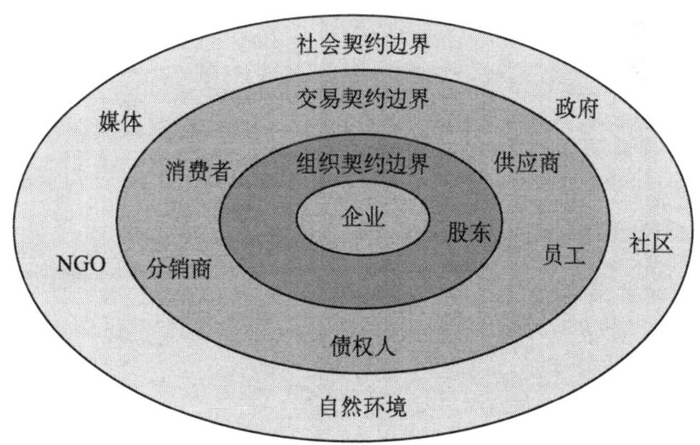

图 3－1　利益相关者构成与分类图

由图 3－1 可以看出，组织型利益相关者在企业利益相关者构成中处于核心层，位于企业的组织边界之内，与企业的关系最密切，这类利益相关者主要指企业的所有者即股东。股东通过与企业缔结组织契约而享有企业的所有权、控制权与剩余分享权，他们可以对企业的经营活动施加重大影响，同时也受到企业经营活动的影响最大，是企业最重要的内部利益相关者。交易型利益相关者在企业利益相关者构成中处于中间层，这类利益相关者主要包括员工、供应商、分销商、债权人和消费者等，交易型利益相关者主要通过与企业缔结交易契约而享有对企业合法的要求权，他们通过市场交易的方式对企业产生不同程度的影响，同时其自身也在不同程度上受到企业经营活动的影响。交易型利益相关者位于企业的组织边界之外，其与企业关系的密切程度介于组织型利益相关者和社会型利益相关者之间，是企业最重要的外部利益相关者。社会型利益相关者在企业利益相关者构成中处于边缘层，与企业关系最疏远，这类利益相关者主要包括政府、社区、自然环境、NGO 和媒体等。社会型利益相关者与交易型利益相关者类似，其同样游离于企业组织边界之外，与企业关系较为松散，属于企业最边缘的外部利益相关者。社会型利益相关者不直接参与企业的经营活动，但却会通过政策工具、媒体宣传、舆论压力等方式对企业产生影响，同时其自身也在不同程度上受到企业经营活动的影响。

3.3　利益相关者集体选择视角下企业社会责任的本质与边界

3.3.1　企业社会责任的本质

从利益相关者集体选择的视角看，企业是参与组织契约选择的内部利益相关者与参与交易契约和社会契约选择的外部利益相关者的集体选择达成的一个均衡的契约联合体。在这个“契约联合体”中，每一个参与契约选择的利益相关者都通过某种方式向企业投入一定的资源，享有契约所赋予的对企业的要求权。契约要求权的存在使得企业必须对各种资本要素投入主体的利益诉求做出回应，这种回应在形式上就体现为企业对利益相关者所承担的各种责任，既包括经济责任也包括社会责任。由此可见，企业社会责任具有天然的契约属性，它起源于由企业契约和社会契约所联结的基本契约的法理基础之上，是企业内生的契约责任。也正因为如此，多纳德和邓菲（1994）认为：企业是社会系统中不可分割的一部分，是利益相关者正式契约和隐性契约的载体，企业与社会之间形成一个契约，即企业对为它存在而提供条件的社会承担社会责任，社会应对企业的发展承担责任。从契约的视角解读企业社会责任，有助于科学揭示企业社会责任的本质。

根据本书所提出的“企业边界三维论”可知，企业的组织契约决定了企业的所有权结构即组织边界，企业的交易契约决定了企业经营活动的范围即交易边界，社会契约则决定了企业的外部经营环境即社会边界。由于企业是企业契约选择者的集体选择达到的一种可接受的均衡状态的产物，各缔约主体都以某种方式在企业投入一定的要素与资源，自然享有对企业合法的要求权，这些要求权对企业来说就是要承担的各种责任（王竹泉等，2012）。组织型利益相关者由于直接在企业投入了各种生产要素与资本，享有企业的控制权与企业价值增值分配权，是企业最重要的利益相关者，是否满足他们的要求是企业存在与发展的关键，因此，企业履行对组织型利益相关者的经济责任是企业存在的应有之义，是企业法定的责任。交易型利益相关者也以各种形式在企业投入资源，他们与企业是平等的合作伙伴关系，享有契约所赋予的对企业合法的要求权，但不享有企业控制权和剩余分配权。因此，企业应对交易型利益相关者投入的资源予以回报，即承担对员工的责任和商业伙伴的责任，以获得交易型利益相关者的支持。社会型利益相关者虽然没有以传统资本的形式向企业投入资源，但却为企业提供了生存与发展所必需的社会资本与生态资本，从而与企业之间形成了隐性契约。企业自成立之日起便与社会之间存在千丝万缕的关系，企业既要遵守社会规范，在各种社会契约的约束下进行合法的活动，也要履行企业公民的责任，为社会的发展做出应有的贡献，即承担起对社会型利益相关者应尽的环境责任和公益责任。由此可见，企业对社会型利益相关者的责任是由企业契约的法理属性而衍生的责任，属于较高层次的责任。治理责任则是企业对所有类型的利益相关者都应该承担的责任，通过有效的公司治理结构、科学的决策机制和公开透明的信息披露，可以为维护外部利益相关者的权益提供组织和制度保障。

由此可见，企业社会责任是由企业的契约本质所决定的，它产生于企业契约和社会契约所联结的基本契约的法理基础之上，是契约的必然产物。企业的组织契约构成了企业的产权结构，决定了企业对组织型利益相关者应承担的责任——经济责任的内容与边界；企业的交易契约与社会契约构成了企业对组织型利益相关者之外的其他利益相关者应该承担的责任层次和结构，决定了企业社会责任的内容、层次与边界。综上所述，从利益相关者集体选择的视角来看，可以将企业社会责任本质解读为“企业对参与交易契约选择和社会契约选择的利益相关者利益诉求的回应”。

对企业社会责任本质的解读为企业社会责任指明了对象和范围。由于企业社会责任在本质上是对参与交易契约选择和社会契约选择的利益相关者利益诉求的回应，因此从企业社会责任的本质来看，企业履行社会责任的对象应该包括交易型利益相关者和社会型利益相关者。企业社会责任是企业内生的契约责任，企业的交易契约边界与社会契约边界共同决定了企业的社会责任边界，企业履行社会责任的内容应该包括由契约的法理属性所决定的基本的社会责任以及由契约的法理属性所衍生的较高层次的社会责任。然而由于不同类型企业其契约边界存在一定的差异，因而其社会责任边界也不完全相同，企业契约的边界、层次和范围同时也决定了企业社会责任的边界、层次和范围。当企业的契约主体发生变化后，企业的交易边界和社会边界随之发生变化，相应地，由企业交易边界和社会边界所决定的企业社会责任的对象和边界也随之发生变化。企业社会责任的对象和边界随着企业边界的变化而呈现出动态变化的特征。

3.3.2　企业社会责任的内涵

自 1924 年英国学者 Shelton 首次提出企业社会责任的概念之后，不同国家的学者及国际机构围绕企业社会责任概念展开了大量研究，从不同的理论视角提出了一系列有代表性的观点。法律责任论认为，企业社会责任具有法律的规定性，企业作为法人组织既有从市场获取利益的权利，也有承担社会责任的义务，两者具有同等的法律效力；社会契约论认为，企业自成立起便与社会之间形成了契约，以此来规范双方的权利和义务，社会对企业拥有契约要求权，这一契约包含着一个社会固有的假定和期望，即企业应该承担对社会的责任；伦理学论认为，企业社会责任是指企业行为中应该遵循的基本市场秩序、公序良俗的道理和准则，企业将社会共同遵守的法则、规律变成自己的内在要求，这种责任关系是企业与外部世界的客观事实，是基本的道德；利益相关者论认为，企业社会责任是指企业在为股东创造利润的同时，还应当承担起对劳动者、消费者、环境、社区等利益相关者的责任。关于企业社会责任的内涵比较有代表性的观点是 Carroll（1991）提出的企业社会责任金字塔模型，该模型将企业社会责任分为经济责任、法律责任、伦理责任和慈善责任 4 个维度。企业社会责任金字塔模型至今在企业社会责任研究领域依然占据着主导地位。国际标准化组织（2010）将社会责任定义为“组织通过透明和道德的行为对其决策及活动给社会和环境带来的影响承担的责任”。中国也围绕企业社会责任的内涵提出了不同的观点。《中国工业企业及工业协会社会责任指南》（2010）将企业社会责任定义为企业在其决策中综合考虑经济、社会和环境因素，并对其决策和活动所造成的经济、社会和环境的影响承担责任，通过构建与利益相关方的和谐互动关系，促进自身和社会共同可持续发展。中国企业评价协会和清华大学社会科学学院（2014）在其联合发布的《中国企业社会责任评价准则》中将企业社会责任定义为“企业通过透明的有道德的行为对其决策及活动对社会、环境所负的责任，包括与可持续发展和社会福祉相一致、考虑利益相关方的期望、符合相关法律并与国际行为准则相一致、融入整个社会组织活动等”。上述观点都具有一定的合理性，分别从不同的角度阐述了企业社会责任的内涵，国际标准化组织的定义成为目前被国际社会广泛接受的社会责任定义。

可持续发展观认为，企业不仅是一个经济主体，而且是一个存在于社会和自然环境中的复合主体，企业的生存和发展需要各要素主体投入一定的资源，这些要素投入既包括影响企业和被企业生产经营影响的各种显性要素资源，即传统的财务资本、人力资本等显性生产要素，也包括各种隐性的要素资源，即政策、法律、知识、技术、顾客资源等隐性要素，还包括各种潜在的要素资源，如社区环境、自然环境、生态物种等各种类型的潜在生产要素。由于各种要素主体都以不同的形式在企业投入了一定的资源，在一定范围内享有对企业的要求权，因而企业理应对所有的利益相关者承担责任（刘建秋、宋献中，2011）。然而本书认为，对企业社会责任的定义不能泛化，如果对“社会”的概念不加以合理的限定，企业的行为就会失去边界约束，从而使社会责任被无限放大，给企业带来沉重的负担，同时也使企业社会责任管理变得十分复杂。企业社会责任概念泛化的一个典型表现是当前一部分学者将企业对股东的经济责任纳入企业社会责任的范畴，认为企业为股东创造财富就是在履行社会责任。通过本书对企业的形成逻辑和契约的法理属性分析可以看出，企业存在的目的就是为企业的组织型利益相关者——股东创造价值，股东作为企业资源的投入者和企业剩余分配的享有者，对企业具有法定的要求权，企业理应履行对组织型利益相关者的经济责任，这是企业存在的根本目的，也是企业的天然使命。因此，本书认为，企业履行社会责任的对象不应该包括股东等组织型利益相关者，相应的企业社会责任的内容也不应该包括对股东的经济责任。

基于上述理论分析与逻辑推导，本书将企业社会责任定义为

"企业应当承担的对参与交易契约选择和社会契约选择的外部利益相关者的责任"。该定义不仅明确了企业社会责任的对象，也指明了企业社会责任的范围与边界。参与交易契约选择的利益相关者包括员工、供应商、分销商、债权人和消费者等，他们通过第二层次的集体选择与企业签订了交易契约，享有对企业合法的要求权，因此，满足交易型利益相关者的利益诉求是企业应当承担的最基本的社会责任。参与社会契约选择的利益相关者包括政府、社区、自然环境、媒体和 NGO 等，与交易型利益相关者相比，社会型利益相关者与企业的关系较为松散，但他们却为企业提供了生存与发展所必需的社会资本和生态资本，并可以通过政策工具和舆论宣传等方式影响企业的发展，承担对社会型利益相关者的责任是企业的公民义务，有助于企业的生存与可持续发展。

3.3.3 企业社会责任的内容及边界

企业社会责任的内容和边界是随着对企业本质的认识而逐渐发展的，交易契约边界和社会契约边界共同决定了企业应当承担的社会责任内容和边界。科学界定企业社会责任的内容与边界是指导企业合理承担社会责任的前提，也是科学测度企业社会责任的基础。

(1) 企业社会责任的对象与范围

对企业社会责任本质的揭示为企业社会责任对象和范围的界定提供了理论依据。由于企业社会责任在本质上是企业对参与交易契约选择和社会契约选择的利益相关者利益诉求的回应，相应的企业社会责任就是指企业应当承担的对参与交易契约选择和社会契约选择的外部利益相关者的责任。因此，企业社会责任的对象既包括交易型利益相关者，也包括社会型利益相关者。根据前述对利益相关者的分析，企业的交易型利益相关者主要包括员工、供应商、分销商、债权人和消费者等，他们因与企业签订了交易契约而享有对企业合法的要求权，企业对内应履行对员工的责任，对外应履行对商业合作伙伴的责任。社会型利益相关者主要包括政府、社区、自然环境、媒体和 NGO 等，这类利益相关者虽然没有直接向企业投入资源，但却会通过舆论宣传、政策管制、社会压力等方式对企业产生一定的影响。由此推论，企业应当承担的社会责任范围应该包括 3 个方面，一是企业对交易型利益相关者的责任即员工责任和商业责任，二是企业对社会型利益相关者的责任即环境责任和公益责任，三是企业对所有利益相关者的责任即治理责任。其中，员工责任和商业责任是企业应当承担的对员工和商业合作伙伴（供应商、分销商、债权人和消费者）的责任，体现了企业对资本要素投入者的回报和贡献；环境责任和公益责任是企业应当承担的对社区、政府、自然环境、媒体、NGO 等社会型利益相关者的责任，体现了企业对环境和社会的贡献；治理责任反映了企业组织结构和决策机制的完善程度，体现了企业对利益相关者权益的保护程度。

综上所述，企业应当承担的社会责任的范围可以细分为以下 5 个方面：员工责任、商业责任、环境责任、治理责任和公益责任。以上 5 个方面的责任分别从不同的维度反映了企业对交易型利益相关者和社会型利益相关者应当承担的社会责任，反映了企业对外部利益相关者的综合贡献。在企业这个契约联结体中，各契约主体都在企业投入了不同形式的资本要素，然而不同的资本要素其资源禀赋和重要程度存在一定的差异，这种差异决定了要素投入主体对企业具有不同程度的要求权，也同时决定了企业对各契约主体应承担的社会责任的内容和层次。据此，本书构建了企业利益相关者与社会责任矩阵。如表 3－1 所示。

表 3－1　　利益相关者/社会责任矩阵

利益相关者 \ 社会责任	员工责任	商业责任	环境责任	治理责任	公益责任
员工	√			√	
供应商		√		√	
分销商		√		√	
消费者		√		√	
债权人		√		√	
政府				√	√
社区			√	√	√
自然环境			√	√	√
媒体				√	√
NGO				√	√

由表 3－1 可以看出企业对不同的利益相关者应该承担的社会责任内容和范围。员工、债权人、供应商、分销商、消费者等交易型利益相关者由于与企业直接签订了显性契约即交易契约，他们对企业拥有契约所赋予的要求权，企业有义务对交易型利益相关者投入的资源予以回报，承担对交易型利益相关者的责任是契约赋予企业的基本义务，因此，员工责任和商业责任是企业应当承担的基本社会责任。此外，自然环境作为一个特殊的利益相关者虽然没有与企业直接签订显性契约，但是企业的存在与发展离不开所处的自然环境，同时企业自身的经营活动也会对周围的自然环境产生一定的影响，因此，企业理应承担起对自然环境的责任。然而由于企业与自然环境之间缺乏显性契约的约束，企业承担环境责任的多少一方面依赖于制度约束，另一方面依赖于企业公民意识的强弱。治理责任是企业对所有利益相关者都应该承担的责任，它不仅为企业承担其他层次的社会责任提供组织和制

度保障，而且治理责任的履行程度体现了企业对利益相关者权益的保护程度。由此可见，相对于员工责任和商业责任而言，环境责任和治理责任属于企业的中级社会责任，其履行程度取决于制度和伦理道德的双重约束。公益责任是企业在履行了基本社会责任和中级社会责任之后，在有能力的情况下根据自身的伦理道德水平可以选择自愿承担的社会责任，是企业的高级社会责任。

（2）企业社会责任的内容及边界

企业的契约边界决定了企业的责任边界，交易契约边界决定了企业应当承担的对交易型利益相关者的责任，即员工责任和商业责任的边界；社会契约边界决定了企业应当承担的对社会型利益相关者的责任，即环境责任和公益责任的边界；而治理责任的边界则由企业交易契约边界和社会契约边界共同决定。对企业社会责任的内容和边界进行合理的界定是企业履行社会责任的前提。企业履行社会责任不足，可能违反显性契约而挫伤交易型利益相关者与企业合作的积极性，企业违反隐性契约则会遭到社会型利益相关者的惩罚和抵制。反之，如果企业承担过多的社会责任，则会引起不同契约主体之间利益分配的不均而引发利益相关者之间的矛盾与冲突，从而阻碍企业的可持续发展。因此，企业承担社会责任的内容应有合理的范围和边界。本书从利益相关者的视角，将企业社会责任的内容界定为员工责任、商业责任、环境责任、治理责任和公益责任5个方面。

①员工责任

员工是企业重要的利益相关者，是企业从事经营活动的重要资源，企业与员工的关系是建立在交易契约基础上的。员工通过向企业投入人力资本而成为企业的利益相关者，享有对企业的要求权。员工是除了股东之外的与企业关系最密切的利益相关者，是企业技术创新的源泉与持续发展的动力，企业承担对员工的责任是应该履行的基本社会责任。为员工提供良好的工作条件、保护员工权益是企业履行社会责任的重要内容。由于近年来人权意识的提高，员工在企业契约中的地位得到了前所未有的重视，员工权益成为企业社会责任的重要内容。企业应尊重员工，维护员工权益，保障人权，为员工提供平等的雇佣机会和良好的工作条件，推进员工民主管理，保证员工职业健康与安全，积极改善员工福利待遇，建立员工职业发展与教育培训制度，保障员工晋升机会的公平和晋升通道的畅通。

②商业责任

商业责任是企业应该承担的对商业合作伙伴（供应商、分销商、债权人和消费者）的责任。企业的商业合作伙伴通过采购、销售、信贷等不同方式与企业签订了交易契约，对企业拥有契约所赋予的要求权，但与股东相比，他们又具有先天的信息不对称劣势，其合法的利益诉求既需要企业契约法理上的保护又需要企业自身伦理道德的约束。企业应当履行对商业合作伙伴的责任，为消费者提供安全的产品和优质的服务，为供应链合作伙伴提供公平的竞争平台，信守合同，诚信经营，保持良好的商业信用。

③环境责任

环境责任是指企业应该承担的保护环境、减少资源浪费、维护生态系统平衡及物种多样性的责任。企业的生存与发展离不开其所处的自然环境，但同时企业的生产经营活动也会对自然环境造成一定的破坏和影响，当企业对环境的负外部性达到一定程度的时候，就会招来政府为了保护公众利益而出台更加严厉的管制政策，从而限制企业的发展。当前，企业的生产经营活动造成的资源浪费、环境污染、生态破坏等问题已经引起了国际社会的高度重视。为了企业的可持续发展，企业应当积极承担起对环境的责任，努力将自身活动对环境造成的负面影响降低至力所能及的水平。企业应加大环保技术投资力度，加强绿色产品的研发和技术创新，倡导使用可再生能源，实行绿色办公，节约能源，减少排放，提高工业废物的综合利用率，积极进行厂区及周边生态环境治理，保护非人类物种，维护生态系统的平衡。同时，企业应建立完善的环境管理体系和环境事故应急机制，保证环境信息披露公开透明。

④治理责任

治理责任是企业应当承担的公司治理和商业腐败治理责任。有效的公司治理是保障企业履行对各利益相关者的责任的基础，也是提升企业社会责任绩效的关键。公司治理责任要求企业不断完善公司治理结构，建立科学的决策机制和公开、透明的信息披露制度，搭建企业与利益相关者沟通的平台，保证沟通渠道的有效和畅通，建立公平合理的企业价值分享机制。此外，由中国政府主导的反腐败行动已经深刻影响到中国企业的经济活动，中国工业经济联合会首次将腐败风险引入企业社会责任评价机制，因此，本书认为，应该将商业腐败治理责任纳入企业应当承担的社会责任范围，作为企业治理责任的一个重要组成部分。商业腐败治理责任要求企业建立公开、透明的采购制度和招标、投标制度，公平竞争，公开交易，为商业合作伙伴营造公平、公正的商业氛围，杜绝任何形式的商业贿赂和其他商业腐败行为。同时，在公司内部建立商业腐败审查机制，加强对商业腐败行为的监督，培养员工的反腐败意识，建立企业反腐败教育的长效机制。

⑤公益责任

公益责任是企业应当承担的对政府、社区、自然环境、媒体、NGO 等社会型利益相关者的责任，是企业自愿承担的高层次社会责任。虽然社会型利益相关者并未与企业签订显性契约，但他们为企业提供了赖以生存与发展的社会环境与自然环境，企业的生存与发展离不开来自政府、社区、媒体、自然环境等社会型利益相关者的支持，同时企业也要承受来自政府、媒体、NGO等社会型利益相关者的压力。因此，企业应当主动履行对社会型利益相关者的责任，保持纳税增长，促进就业，支持社区发展和NGO活动，并在力所能及的情况下积极参与社会公益事业，设立慈善基金救助社会弱势群体，为公共教育提供发展基金，支持公共设施建设，促进经济繁荣，消除贫困。积极支持社会公益事业，是企业对社会的返利与回报，可以增加社会公众对企业的信任感和美誉度，提升企业的社会形象。

与当前大多数研究对企业社会责任内容的界定不同，本书未将企业对股东的经济责任以及法律责任纳入企业社会责任的内容范畴。因为根据前述对企业的形成逻辑以及企业社会责任本质的分析可知，股东是企业资源投入的主体，也是企业资源控制与分配的主体，企业进行生产经营活动的目的就是实现其自身资本的价值增值，因此履行对股东的经济责任是企业的基本义务，也是企业存在的根本目的。而法律责任与社会责任是两个不同层次的概念，遵纪守法是企业作为一个社会公民必须遵守的责任底线，社会责任则是超越企业责任底线之外的较高层次的责任。由此可见，经济责任和法律责任是企业作为一个经济主体必须履行的基本义务，不履行上述任何一种责任都会导致企业作为一个经济主体而无法存续。社会责任则不同，企业履行社会责任的层次和水平主要由企业的价值观和伦理道德决定，企业在履行社会责任时具有一定程度的自由选择空间。将经济责任、法律责任与社会责任区分开，合理界定企业社会责任的内容与边界，有助于科学指导企业履行社会责任，避免社会责任泛化给企业带来的困扰。

3.4 企业社会责任概念模型

国内外学者和研究机构分别从不同的角度提出了一系列社会责任概念模型。CED（1971）提出“三个同心圆模型”，将社会责任分为内圈责任、中圈责任和外圈责任。Carroll（1991）提出著名的“金字塔模型”，将企业社会责任分为经济责任、法律责任、伦理责任和慈善责任。“金字塔模型”被视为最经典的社会责任概念模型，虽然后来学者们又相继提出了“三重底线”模型（将企业社会责任分为经济责任、社会责任和环境责任）、“维恩图”模型（将企业社会责任分为经济责任、法律责任和道德责任）、“3+2”模型（将企业社会责任分为强制性社会责任和自愿性社会责任），但始终没有超越Carroll的“金字塔”模型的内容范围。以彭华岗（2009）、彭建国（2010）、郭洪涛（2011）等为代表的中国学者分别提出了“四位一体”的企业社会责任概念模型、企业社会责任“三色论”模型和以法律约束力为基础的创新型社会责任模型，都从不同角度反映了企业应该承担的社会责任内容和层次，为企业社会责任理论创新做出了不同程度的贡献。

综观近年来国内外相关研究领域的社会责任概念模型，多数模型都建立在Carroll“金字塔模型”的基础之上，未跳出以“经济责任”为基础构建企业社会责任概念模型的思维局限。根据本书对企业社会责任本质与内涵的解读，企业社会责任应该是企业在履行了法律责任和对股东的经济责任等基本义务之外的责任，因此，应该从企业社会责任本质研究的原点出发，围绕企业应该承担的社会责任内容和层次边界构建企业社会责任概念模型。基于上述理论分析，本书以责任边界为横轴，以契约边界为纵轴，构建以“治理责任”为中心，以员工责任、商业责任、环境责任和公益责任为主体的企业社会责任概念模型，如图3-2所示。

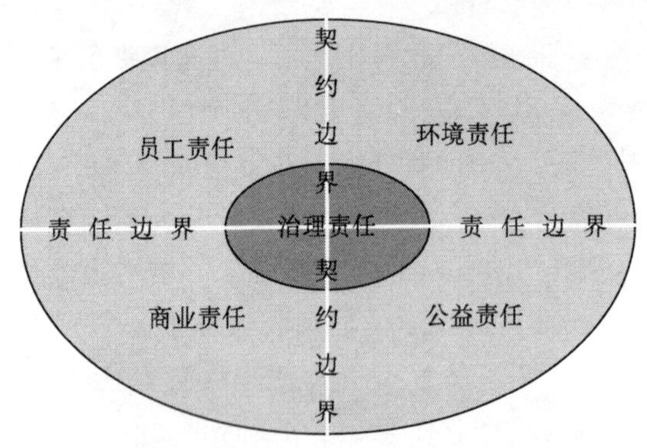

图3-2　企业社会责任概念模型

由图3-2可以看出，企业社会责任概念模型以契约（交易契约和社会契约）为边界，纵轴左边表示企业应该承担的对交易型利益相关者的责任，由员工责任和商业责任构成；纵轴右边表示企业应该承担的对社会型利益相关者的责任，由环境责任和公益责任构成。治理责任则位于圆的中心，横跨交易契约和社会契约的边界，构成了整个企业社会责任概念模型的中心，体现了企业对所有利益相关者的责任。在企业社会责任概念模型中，不管是左半圆中的员工责任和商业责任，还是右半圆中的环境责任和公益责任，都需要企业通过履行治理责任为其提供组织和制度保障。综观企业社会责任概念模型，治理责任构成了企业社会责任概念模型的中心，其他责任都以契约为边界，围绕在治理责任中心之外，形成了以“治理责任”为统领，各责任既泾渭分明又协调统一的企业社会责任概念模型，全方位体现了企业应该承担的社会责任内容与层次边界。

3.5　本章小结

本章内容基于契约理论、利益相关者理论和集体选择理论，对企业的本质与形成逻辑进行解读，对企业利益相关者进行界定与分类，在此基础上揭示企业社会责任的本质与内涵，界定企业社会责任的内容及边界，构建企业社会责任概念模型，从利益相关者的视角建立一个解读企业社会责任的新的理论框架。首先，从利益相关者集体选择的视角将企业本质解读为“参与组织契约选择的利益相关者与参与交易契约和社会契约选择的利益相关者的集体选择达成的一个均衡的契约联合体”，将企业社会责任本质揭示为“企业对参与交易契约选择和社会契约选择的利益相关者利益诉求的回应”，据此提出企业社会责任的定义，即“企业应当承担的对参与交易契约选择和社会契约选择的外部利益相关者的责任”，从理论上解决了企业社会责任对象及范围的模糊性问题。然后，从利益相关者的视角将企业社会责任的内容界定为员工责任、商业责任、环境责任、治理责任和公益责任，并创新性的将商业腐败治理责任纳入企业社会责任内容框架，提出“经济责任与法律责任是企业应承担的基本义务而非社会责任”的观点，解决了企业社会责任在内容与边界界定上的模糊性问题。最后，从对企业社会责任本质研究的原点出发，分别从员工责任、商业责任、环境责任、公益责任和治理责任 5 个方面，构建以“治理责任”为中心的企业社会责任概念模型，解决企业承担社会责任的内容与层次边界问题，为本书的后续研究奠定理论基础。

第4章 企业社会责任驱动机理

在企业社会责任研究领域，围绕企业社会责任与企业财务绩效、企业竞争力的关系等问题展开了大量研究，一些学者认为企业社会责任与财务绩效正相关，企业履行社会责任可以提升企业的竞争力和财务绩效，然而另一些学者发现企业社会责任与财务绩效负相关，还有学者发现企业社会责任与财务绩效及竞争能力之间不存在明显的因果关系。虽然企业履行社会责任能否提高公司的财务绩效和竞争能力到目前为止尚无定论，而且企业承担社会责任毫无疑问会给企业带来成本的增加，然而却有越来越多的企业选择主动承担社会责任，甚至一些中小企业也积极承担社会责任。作为理性的经济人，企业在面临经济目标与伦理和社会目标的冲突时，选择承担社会责任究竟是出于自愿行为还是为了迎合外部压力，亦或其他目的？驱动企业履行社会责任的动因究竟是什么？哪些是企业社会责任行为的关键驱动因素？这些因素是如何驱动企业社会责任行为的？这些问题都需要通过实证研究进一步检验。分析企业履行社会责任的动因，识别企业社会责任行为背后的关键驱动因素，解析企业社会责任的驱动机理，是有效推动企业履行社会责任的关键，也是政府进行政策设计与有效监管的前提与基础。本研究致力于探寻企业社会责任行为背后的关键驱动因子，挖掘企业社会责任行为与经济、制度、法律、文化以及环境等之间的关系，揭示企业社会责任行为的决策过程与作用机理，以引导企业更加合理的履行社会责任，实现经济、社会、环境的协同发展。

4.1　企业社会责任驱动因子识别

4.1.1　企业社会责任驱动因子分析

影响企业履行社会责任的动因非常复杂，包括自利动机、被迫的利他主义或战略性考虑（Husted 和 Salazar，2006），其中，自利动机是企业履行社会责任的重要驱动力，而纯粹出于道德动机履行社会责任的企业并不多（杨春方，2009）。通常情况下，企业的社会责任行为会受到利润动机（保持利润以维持企业的生存）、竞争动机（通过社会责任行为获得企业竞争优势）、归属动机（获得行业协会和利益相关者的关注与认可）、地位实现动机（建立良好的企业形象，获得市场领导地位和市场份额）和自我实现动机（满足社会期望，实现企业自身的战略目标）等多种动机驱动（Tuzzolino 和 Armandi，1981），然而主导企业社会责任行为的动机往往只有一种，根据主导因素类型的不同，可以将企业社会责任行为分为经济动力主导型、制度动力主导型和道德动力主导型（Schwartz 和 Carroll，2003）。在完全垄断的市场中，企业的社会责任行为虽然受到制度动因和道德动因的驱动，但促使其承担社会责任的主要动因还是经济动因（鞠方辉、谢子远，2005）。雇用和激励高素质的员工是企业承担社会责任的另一重要驱动因素（Brekke 和 Nyborg，2005），如果负责的企业（绿色）与不负责的企业（棕色）均衡地存在的话，高道德动机的员工会自己选择进入绿色工厂，并最终导致每一家棕色企业退出市场。企业承担社会责任在一定程度上可以提升其组织文化和竞争能力，提高管理层与员工的凝聚力，提升管理质量，吸引和留住员工，同时也可以提升公司形象与声誉，提高顾客忠诚度，增加利润，进而改善商业环境及与政府的关系（Aya Pastrana 和 Sriramesh，2014）。外部制度环境在一定程度上也会影响企业履行社会责任，其中制度环境中的规制、规范和认知压力对企业社会战略反应和企业社会绩效存在正向影响（沈奇泰松，2013），而制度压力在不同时期可以通过道德合法性对企业的社会行动战略产生影响（Den Hong，2007）。

在激烈竞争的市场环境中，一些主要的利益相关者可以通过两个途径促进企业承担社会责任。一是通过政府，制定法律和法规，强制企业承担责任；二是通过市场，用货币选票，迫使企业承担责任。处于经济转轨时期的中国企业，政府是企业重要的利益相关者，关注政府事项及政策变化是企业有效经营的前提条件（田志龙、贺远琼，2005），来自制度环境的压力是促使企业承担社会责任的主要原因（余飞侠，2007），而社会环境压力、政治法律环境压力、自然环境压力和市场压力也在不同程度上影响企业的社会责任行为（Wang，2009）。政府管制为企业社会责任的发展奠定了政治和法制基础，但政府对企业社会责任的推动并不是孤立进行的，其他利益相关者通过社会舆论、行业规制和市场自身的调节也在推动企业社会责任的发展，政府的硬性约束与社会的软性压力共同促使企业从最初被动承担到最后主动承担社会责任。在自由市场经济中，消费者的“货币投票”对企业的社会责任行为具有终极影响力（郭红玲，2006）。这种货币选票来自于两个市场：资本市场和产品市场。对于一个规范的市场来说，企业的资本市场的表现往往又以产品市场为基础，而产品市场的收益主要来自于消费者的支持。有研究表明，企业承担社会责任是因为日益增强的关键利益相关者集团——消费者对承担社会责任的企业更多、更持续的支持所驱动（Li Chtenstein、Braig，2004；Bhattaeharya，2006；Baden，2009）。鞠方辉、谢子远（2005）在Schwartz（2003）研究的基础上，从消费者选择的角度，运用数学分析的方法，研究完全垄断市场中企业履行社会责任的动因。他们认为企业承担社会责任的因素虽然也包括制度和道德因素，但主要因素还是经济动因，不同的经营策略选择导致不同的社会责任标准，信息公开和政府的监管对企业社会责任的实现起着重要的作用。此外，来自公民社会的压力、社区期望、国家政策法规、全球公共法规、金融市场压力等也是影响企业社会责任行为的重要因素（Mzembe和Meaton，2014）。

实证研究发现，不同国家、不同所有制性质的企业，其承担社会责任的动因也存在一定的差异。美国人力资源管理协会（**SHRM**）在2006年对多个国家进行的一项企业调查表明，企业承担社会责任的首要动因是为社会做贡献，其次是将社会责任作为公共关系战略工具，但不同国家的企业履行社会责任的动因存在一定的差异，美国企业履行社会责任动因是激励员工，澳大利亚和印度企业履行社会责任动因是关注环境，中国企业履行社会责任则是为了增强企业的竞争优势。不同所有制性质的企业，其社会责任行为的驱动因素也存在一定的差异，外资企业主要着眼于公益策略，目的是获得政府、社会公众的认可；国有企业主要是为了向利益相关者展现企业良好的社会形象，创造有利的媒体舆论（王伟，2008）；私营企业则着眼于慈善策略，以争取更多的政策支持（田志龙、贺远琼，2005）。这进一步证明了制度背景、文化背景和所有制性质差异，都会在不同程度上影响企业的社会责任行为。美国 ECLAC（Economic Commission for Latin American and the Caribbean）（2008）对 5 个国家 365 家企业履行社会责任的动机进行了调查，发现制度压力（政府监管、公众、当地社区、行业协会）、公司形象、雇员满意度、竞争优势及社区承诺是企业履行社会责任的主要动机，其中 49% 的公司是为了提升公司形象，48% 的公司是为了提高雇员满意度，38% 的公司是为了增强竞争优势，由此可见，提升公司形象、增强竞争优势和提高雇员满意度是上述企业履行社会责任的主要动机。欧洲企业社会责任调查白皮书（2008）的调查结论显示，社会定位、市场定位、伦理义务、风险管理、创新、组织绩效、顾客需求、投资者需求和管理需求等是欧洲企业履行社会责任的主要动机。京都天华（Grant Thornton）2011 年的国际商业调查报告显示，公众舆论是企业承担社会责任的重要推动力，舆论压力对企业的品牌形象和在人力资源市场的价值会产生不可估量的影响。

上述研究表明，制度压力、政府监督和社会约束等外部力量在推动企业履行社会责任中发挥了重要作用，但要长期持续推动企业履行社会责任，必须从内部激发企业履行社会责任的主观能动性（刘娜，2010），使企业将社会责任与公司战略和运营活动相结合，将社会责任转化为企业价值创造的源泉，才能持续推动企业履行社会责任。因此，越来越多的学者开始从企业内部和外部两个方面研究企业社会责任的驱动因素。Schwartz 和 Carroll（2003）提出了社会责任三动力模型，即经济动力、制度动力、道德动力，并把内、外部动因整合于该模型中，同时根据不同动力驱动，将企业承担社会责任类型划分为经济动力主导型、制度动力主导型、道德动力主导型。Den Hong（2007）从企业合法性诉求视角在时间维度上对企业社会责任的外部制度力量进行了考察，指出制度压力在不同时期可以通过道德合法性对企业社会行动战略产生影响。Andrew（2008）研究发现，企业社会责任行为主要受到法律约束、政府规制、风险管理、获得运营执照、投资者压力、环境和社会及治理因素、行业标准、声誉管理、伦理消费主义、NGO行动和雇员压力等因素驱动。杨春方（2009）将企业社会责任驱动机制分为内部驱动机制和外部驱动机制，其中内部驱动机制包括经济驱动和道德驱动，外部驱动机制包括政府管制和社会压力，并将政府管制与社会压力进一步细分为员工压力、社区压力、非政府组织压力、采购商压力、消费者压力、市场竞争水平、政府干预、法制环境等8个因素。来自公民社会的压力、社区期望、国家政策法规、全球公共法规的影响、来自金融市场的压力等也是影响企业社会责任的重要因素（Mzembe和Meaton，2014）。Wang（2009）将企业社会责任的驱动压力指向了社会制度环境，分析了压力产生的制度环境建构力量，强调了社会环境压力、政治和法律环境压力、自然环境压力、市场压力和利益相关者压力对企业社会责任行为的影响。毛清华等（2011）将企业承担社会责任的驱动力分为内部驱动力和外部驱动力，通过对企业社会责任诸多因素的分析建立了驱动力变化的因果关系模型和系统动力学模型，对企业承担社会责任的主要驱动因素及其作用过程进行了分析，研究发现内部驱动力是企业承担社会责任的根本动力，外部驱动力能否向内部驱动力转化对企业积极履行社会责任起着关键性作用。

由此可见，影响企业社会责任行为的外部因素主要来自于经济环境、政治影响、社会约束等外生性压力（王海菲、曹晓雪，2012），内部因素主要来自于企业追求经济利益和社会认同等内生性动力，外部压力是迫使企业承担社会责任的手段，内部动力是促使企业承担社会责任的根本动力，企业的社会责任行为是内外部因素共同作用的结果，至于每一种因素影响力的强弱还需要通过实证研究进一步检验。

综上所述，关于企业社会责任的驱动因素可以归纳为以下4种观点：（1）企业社会责任行为受到法律制度、公民社会压力和环境压力等外部压力的驱动（Den Hond，2007；沈奇泰松，2013；Mzembe 和 Meaton，2014）；（2）企业社会责任行为受到增加利润、提升竞争能力、激励员工及提升公司形象等内部动机的驱动（Brekke 和 Nyborg，2005；ECLAC，2008；Aya Pastrana 和 Sriramesh，2014）；（3）企业社会责任行为受到企业内外部因素共同驱动（Andrew，2008；杨春方，2009；毛清华等，2011）；（4）企业社会责任驱动力因制度、文化环境的不同而存在差异（田志龙等，2005；Shrm，2006）。

4.1.2 企业社会责任驱动因子识别

通过对企业社会责任驱动因素的归纳与分析发现，企业履行社会责任是多方面因素共同作用的结果，其中既有经济因素与制度因素，也有伦理因素与文化因素。企业作为市场经济中的微观主体，追求利润是其生存与发展的根本目标，承担社会责任是其在追求利润过程中伴生的目标。如果没有内在动力和外在压力的共同驱动，企业很难主动承担社会责任。因此，本书认为，企业社会责任的驱动因素既包括内部因素，也包括外部因素。在国内外已有研究成果的基础上，结合专家意见，本书将影响企业社会责任行为的因素归纳为以下23个驱动因子：①提升公司形象与声誉；②获取竞争优势；③提高财务绩效；④风险管理的需要；⑤提高雇员满意度；⑥公司领导者的价值观；⑦改善与利益相关者的关系；⑧对可持续发展与环境问题的关注；⑨伦理与道德承诺；⑩组织文化认同；⑪法律与制度压力；⑫政府与行业监管压力；⑬国际采购商的压力；⑭劳动力市场和资本市场的声誉风险；⑮竞争对手的压力；⑯消费者、媒体等社会压力；⑰宗教影响；⑱社会责任国际规范；⑲增加成本；⑳公司领导人不支持；㉑缺少政府政策引导与支持；㉒缺少企业社会责任文化；㉓缺少人力资源。

上述 23 个企业社会责任驱动因子系统、全面地概括了影响企业社会责任行为的各种因素，既包含经济因素，也包含伦理和文化因素，同时还考虑了制度压力、市场压力和社会压力等外部因素。然而，究竟哪些影响因素是企业社会责任的关键驱动因子，还需要通过实证研究进一步检验。为了探寻企业社会责任行为背后的关键驱动力量，本研究对中国和美国 400 多名企业中高层管理人员展开问卷调查，根据问卷调查的数据结果确定企业社会责任的关键驱动因子，进而构建企业社会责任驱动机制模型，揭示企业社会责任行为决策的过程与作用机理，以引导企业更加合理的履行社会责任。

4.2　问卷设计与数据调查

4.2.1　问卷设计

本研究在对国内外相关文献进行系统梳理和分析的基础上，识别企业社会责任行为的驱动因子，选取研究变量，设计调查问卷。本研究的问卷设计主要分为以下三个阶段：

第一阶段，变量选取与问卷设计。对国内外企业社会责任影响因素研究的相关文献进行系统梳理与归纳，识别企业社会责任行为的驱动因子，初步形成企业社会责任驱动因子调查问卷的23个初始变量。根据本书的研究目的，参考国外的研究量表，初步确定构成问卷调查的44个测量题项，设计企业社会责任驱动因素调查问卷。

第二阶段，专家访谈。邀请4位美国社会责任研究领域的教授和3位美国企业高层管理人员（分别为CEO、CFO和CHO）进行访谈。本次专家访谈的目的有两个：一是对本研究所选取的23个初始变量和44个测量题项的合理性和重要性进行讨论，确定应纳入企业社会责任驱动因素调查问卷的变量和测量题项；二是对本研究所设计的初始问卷的内容进行讨论，以确定问卷对相关概念的界定是否准确、对问题的描述是否清晰易懂以及对相关信息的获取是否可行，进而评估问卷所涵盖的内容是否有助于实现调查目标，在此基础上请专家对问卷在整体设计上的全面性、科学性、合理性以及可理解性进行综合评价。专家访谈结果表明，本研究所选取的23个变量科学合理，全面涵盖了企业社会责任影响因素的各个主要方面，因此，上述23个初始变量应全部作为调查变量。同时，根据专家意见，对企业社会责任驱动因素调查问卷的内容进行了优化，增加和修改了部分测量题项，将问卷内容由原来的44个测量题项合并和精简为31个，以保证问卷在实现调查目的的前提下尽可能节约被调查对象的时间。

第三阶段，预调查。分别选取8家美国企业的高层管理人员和7家中国企业的高层管理人员进行问卷预调查，以测试问卷内容的可理解性和在线调查系统的稳定性。根据预调查结果，对问卷内容中涉及到的不容易理解或容易产生理解偏差的部分概念和测量题项进行了修改和重新设计，最终形成正式的调查问卷，如附录 1（中文问卷）和附录 2（英文问卷）所示。

企业社会责任驱动因素是本次问卷调查的重点内容。本研究从员工责任、商业责任、环境责任、治理责任和公益责任 5 个方面对被调查企业的社会责任情况进行问卷调查。正式的企业社会责任驱动因素调查问卷由 4 部分内容构成：第一部分，被调查对象基本信息；第二部分，被调查对象所属企业基本信息；第三部分，被调查对象所属企业的社会责任表现信息；第四部分，企业社会责任驱动因素信息。其中问卷中所涉及到的需要量化评估的测量题项，本研究均采用 Likert 5 级量表，1→5 表示被调查对象对该变量的认同度由弱→强，要求被调查对象根据自己所在企业的实际情况对各个测量变量的重要性进行排序，所选择的数字越大表示被调查对象对该变量的认同度越高。

4.2.2　样本选取与数据收集

由于目前社会公众尤其是发展中国家的社会公众对企业社会责任的认知还存在一定的局限性，只有企业中高层管理人员才可能对企业社会责任的了解有一定的广度和深度，因此，为保证调查数据的可靠性，本研究对调查对象进行了严格的控制和筛选。本研究主要针对中美两国企业的中高层管理人员展开问卷调查，调查对象主要为企业董事长、首席执行官、副总经理、董事和其他中高层管理人员（中美两国企业中高层管理人员的职务头衔名称可能会存在一定的差异）。为了保证调查数据的信度和效度，本研究以中国 9 所大学的 EMBA 和 MBA 学员和美国加州州立大学商学院的 EMBA 和 MBA 学员（包括在校生和历届毕业生）为主要调查对象，同时对美国加利福尼亚州和中国山东省的部分企业高层管理人员进行问卷调查和访谈。美国 ECLAC 的一项调查显示，关于企业社会责任决策，49%的企业由CEO制定，10%的企业由董事会制定，13%的企业由经理层制定，18%的企业由人力资源等部门制定。EMBA和MBA学员一般都来自企业中高层以上管理人员，是企业决策的主体，也是企业社会责任政策制定的主体。本研究所选取的10所大学的EMBA和MBA学员分别来自中国和美国的不同企业，在行业和区域分布上具有广泛的代表性。他们了解企业社会责任的实际情况，清楚企业社会责任决策的制定过程，对企业履行社会责任动因的理解和把握也更为精准和到位。因此，本研究选取EMBA和MBA学员为主要调查对象具有一定的科学性和合理性，可以保证所收集的数据真实、可靠。

本研究使用美国Qualtrics在线调查软件设计和发放调查问卷。考虑到不同国家的调查对象语言背景不同，本研究运用Qualtrics调查系统分别设计了中文和英文两种语言的调查问卷，以方便调查对象根据自己所使用的语言顺利完成问卷调查。本研究使用Qualtrics软件在线发放问卷，选择目标调查对象后，将问卷链接通过Qualtrics软件中的“Distribute Survey”功能以E-mail的形式发送给每一位调查对象。通过Qualtrics软件的调查系统，可以随时监测调查问卷的进展和完成情况，并对调查对象进行即时提醒、跟踪和联系。中国方面的问卷调查自2015年6月10日开始至2015年6月30日结束；美国方面的问卷调查自2015年7月1日开始至2015年7月20日结束。中美两国的问卷调查历时40天。本研究在中美两个国家一共发出调查问卷2700份，回收465份，回收率为17%。对回收的问卷进行筛选，剔除无效问卷（数据缺失、数据极端化或规律化）57份，最终得到有效问卷408份，问卷有效率为88%。

4.3　数据分析与结论

4.3.1　样本描述性统计

（1）样本行业分布

调查结果显示，本研究的样本行业分布比较广泛，涉及 17 个以上行业[①]。根据统计，39.51% 的样本分布在制造业（18.75%）、财务/金融/证券/保险业（10.76%）和能源采掘业（10%）。样本行业分布统计结果如图 4－1 所示。

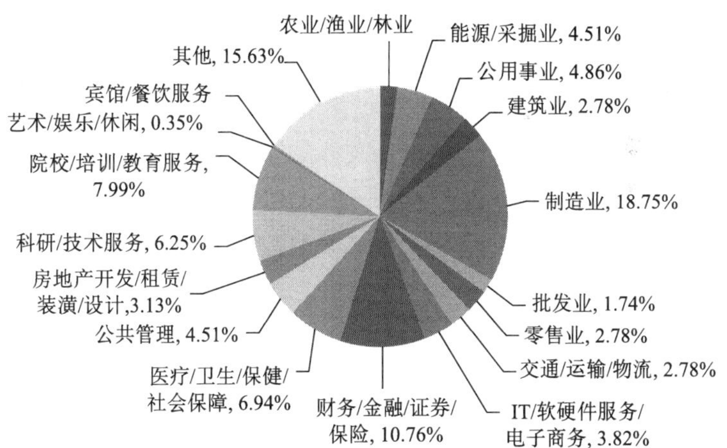

图 4－1　样本行业分布图

（2）样本所有制性质分布

① 行业分类标准采用北美行业分类系统（North American Industry Classification System，NAICS）。

调查结果显示，样本企业在所有制性质分布上具有广泛的代表性，分别代表了各种经济成分，其中私营企业占样本量的38.75%，国有企业占样本量的26.99%。样本所有制性质分布统计结果如图4－2所示。

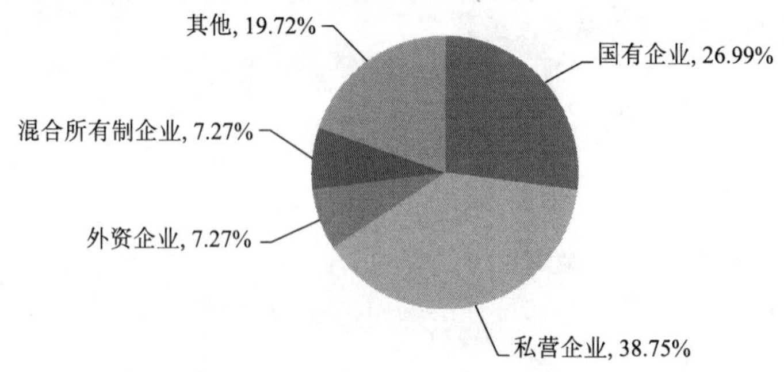

图4－2　样本所有制性质分布图

（3）调查对象个体特征

本研究问卷调查的对象主要是中国和美国企业的中高层管理人员，他们直接参与企业的管理活动和决策，对企业社会责任有更全面的了解，因此他们比其他人员更能真实了解企业社会责任行为背后的驱动因素。调查结果显示，在被调查对象的职位构成中，企业中高层管理人员占到了样本量的53.1%，其中部门经理或主管占37.24%，副总经理占4.48%，CEO或总经理占4.83%，董事占6.21%，董事长占0.34%；在被调查对象的学位构成中，3.8%的被调查对象具有博士学位，67.1%的被调查对象具有硕士学位，26.7%的被调查对象具有学士学位；在被调查对象的专业构成中，62.7%的被调查对象具有管理学学位。从被调查对象的个体特征来看，其良好的职业背景和教育背景可以保证本研究问卷调查的信度和效度。

（4）调查对象对企业社会责任的认知程度

数据统计结果显示，76.98% 的调查对象对企业社会责任的认知程度在中等水平之上，其中 45.36% 的调查对象对企业社会责任一般了解，27.15% 的调查对象对企业社会责任比较了解，4.47% 的调查对象对企业社会责任非常了解。这在一定程度上保证了调查数据的准确度和可信度。调查对象对企业社会责任认知的统计结果如图 4-3 所示。

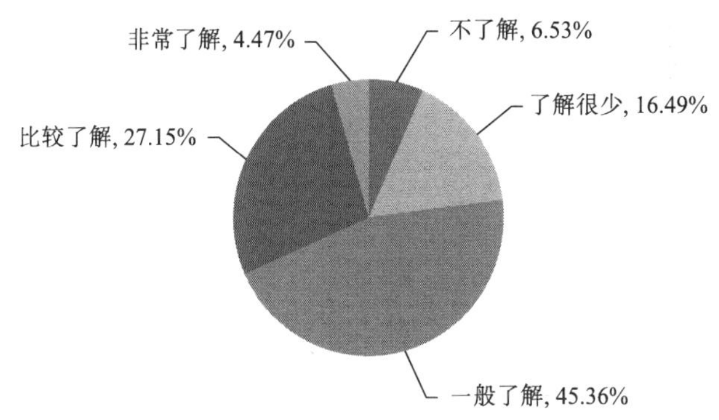

图 4-3　调查对象对企业社会责任认知图

4.3.2　信度检验

为了验证本研究调查问卷的可靠性，本书采用 Cronbach'sα 系数对调查问卷进行信度检验。通常认为，被测试问卷的 Cronbach'sα 系数大于 0.7 才可以被接受。本书运用 SPSS20.0 软件对调查问卷进行信度检验，获得的整体信度检验指标 Cronbach'sα 值为 0.960（如表 4-1 所示），大于可接受的 Cronbach'sα 系数 0.7，因此本研究的调查问卷具有较高的信度。

同时，运用 KMO 值检验调查问卷中所选取的测试变量是否适合做因子分析。通常 KMO 的值应该介于 0 和 1 之间，KMO 值越接近于 1，意味着变量间的相关性越强，变量越适合做因子分

表 4－1　　　　可靠性统计量

Cronbach's Alpha	项数
0.960	23

析。根据检验结果，本调查问卷的 KMO 值为 0.935（如表 4－2 所示），表明调查问卷中的测试变量非常适合做因子分析。

表 4－2　　　　KMO 和 Bartlett 检验

取样足够度的 Kaiser－Meyer－Olkin 度量		0.935
Bartlett 的球形度检验	近似卡方	16797.188
	df	253
	Sig.	.000

Cronbach'sα 系数和 KMO 值的分析结果表明，本研究的调查问卷整体具有良好的一致性和较高的信度，适合做因子分析。

4.3.3　效度检验

量表的效度检验包括内容效度、区别效度和聚合效度。本研究的调查问卷是在查阅国内外相关文献并征求社会责任领域专家意见的基础上，结合中国企业和美国企业的实际情况编制完成的。在正式发放调查问卷之前，本研究邀请了美国社会责任研究领域的专家和企业高层管理人员组成专家小组，对所有测量题项进行仔细推敲和反复修正，确保问题描述的科学性和准确性，因此可以认为本研究的调查问卷具有良好的内容效度。从表 4－3 的旋转成分矩阵可以看出，问项在各因子上没有交叉载荷，显示出良好的区别效度，并且各个问项在相关联的因子上的载荷均大于 0.5，说明具有良好的聚合效度。由此可以得出结论，本研究的调查问卷具有良好的效度。

4.3.4　因子分析

（1）主成分提取

由表 4－2 可以看出，Bartlett 的球形度检验结果显著为 0.000，KMO 值为 0.935，表明本研究所选取的变量非常适合做因子分析。因此，本研究运用 SPSS20.0 软件对调查问卷中的 23 个测量变量进行主成份分析。为了得到具有理论意义的因子结构，本研究对变量的筛选规定了严格的标准，必须同时符合以下三个条件才可以通过筛选：①变量在因子上的载荷最小值大于 0.5；②每一个变量的内涵必须与同一主成份下的其他变量的内涵具有高度的一致性；③变量之间不存在或只存在很低的交叉载荷。根据上述标准筛选出符合条件的变量，应用特征值大于 1 的最大方差法进行主成份分析。为了更好地对所选取的因子赋予合理的经济解释，本书通过因子旋转的方式使一个变量只在尽可能少的因子上具有较高的载荷。通过因子旋转，得到表 4－3 所示的解释的总方差。

因子旋转结果显示，本研究选取的所有测量变量均符合要求，各个测量变量可以合理的被 5 个因子解释，累积方差贡献率达到 93.592%（如表 4－3 所示），能够较为全面的反映出 23 个测量变量所包含的全部信息。方差贡献率反映了因子解释原始信息的能力，因子的方差贡献率越大，表明其解释原始信息的能力越强，也说明该因子相对越重要。根据表 4－3 的计算结果，因子 1、因子 2、因子 3、因子 4、因子 5 可以解释原始信息的能力分别为 59.918%、13.038%、8.991%、7.032% 和 4.613%，涵盖了 23 个测量变量几乎全部的信息。因此，本研究所提取的 5 个公因子可以较好的解释变量所包含的几乎全部信息。

表 4－3　　　　　　　　解释的总方差

成分	初始特征值			提取平方和载入			旋转平方和载入		
	合计	方差的%	累积%	合计	方差的%	累积%	合计	方差的%	累积%
1	13.781	59.918	59.918	13.781	59.918	59.918	6.580	28.611	28.611
2	2.999	13.038	72.955	2.999	13.038	72.955	5.273	22.925	51.536
3	2.068	8.991	81.947	2.068	8.991	81.947	4.910	21.348	72.884
4	1.617	7.032	88.979	1.617	7.032	88.979	2.908	12.645	85.529
5	1.061	4.613	93.592	1.061	4.613	93.592	1.855	8.063	93.592
6	0.461	2.002	95.594						
7	0.268	1.167	96.761						
8	0.237	1.030	97.792						
9	0.180	0.782	98.574						
10	0.139	0.604	99.178						
11	0.040	0.173	99.351						
12	0.027	0.116	99.466						
13	0.021	0.090	99.557						
14	0.017	0.072	99.629						
15	0.015	0.066	99.695						
16	0.013	0.058	99.753						
17	0.011	0.047	99.800						
18	0.011	0.046	99.845						
19	0.009	0.040	99.885						
20	0.008	0.034	99.919						
21	0.007	0.031	99.950						
22	0.006	0.026	99.975						
23	0.006	0.025	100.000						

提取方法：主成分分析。

公共因子与原始变量之间的关联程度由因子负荷矩阵来体

现，为了使各公共因子的载荷系数更接近于1或0，得到比较容易解释的因子，本书采用方差最大正交旋转，得到表4-4所示的旋转成份矩阵。由旋转成份矩阵可以看出，因子1在提升公司形象与声誉、获取竞争优势、提高财务绩效、风险管理的需要、提高雇员满意度、公司领导者的价值观、改善与利益相关者的关系、国际采购商的压力等8个变量上的载荷值较大，高于通常可接受的变量最小载荷值0.5的标准。因此，上述8个变量对因子1来说相对重要。因子2在劳动力市场和资本市场的声誉风险、竞争对手的压力、消费者与媒体等社会压力、宗教影响和社会责任国际规范等5个变量上的载荷值较大，高于通常可接受的变量最小载荷值0.5的标准。因此，上述5个变量对因子2来说相对重要。因子3在增加成本、公司领导人不支持、缺少政府政策引导与支持、缺少企业社会责任文化、缺少人力资源等5个变量上的载荷值较大，高于通常可接受的变量最小载荷值0.5的标准。因此，上述5个变量对因子3来说相对重要。因子4在对可持续发展与环境问题的关注、伦理与道德承诺、组织文化认同等3个变量上的载荷值较大，高于通常可接受的变量最小载荷值0.5的标准。因此，上述3个变量对因子4来说相对重要。因子5在法律与制度压力、政府与行业监管压力2个变量上的载荷值较大，高于通常可接受的变量最小载荷值0.5的标准。因此，上述2个变量对因子5来说相对重要。在对各个因子下的变量所包含的信息进行分析的基础上，征询专家意见，对各个因子进行命名，如表4-5所示。

（2）因子命名及分析

因子1中的8个变量所包含的信息反映了企业的商业理念与目的，因此可以将因子1命名为商业动机。因子2中的5个变量所包含的信息反映了来自竞争市场和社会因素对企业社会责任行

表 4-4　　　　旋转成份矩阵[a]

变量	成份				
	因子 1	因子 2	因子 3	因子 4	因子 5
提升公司形象与声誉	0.818	0.377	0.286	0.274	0.057
获取竞争优势	0.814	0.372	0.280	0.301	0.028
提高财务绩效	0.823	0.366	0.277	0.285	0.036
风险管理的需要	0.815	0.369	0.283	0.297	0.071
提高雇员满意度	0.833	0.336	0.285	0.291	0.015
公司领导者的价值观	0.829	0.363	0.282	0.282	0.031
改善与利益相关者的关系	0.831	0.362	0.277	0.284	0.051
对可持续发展与环境问题的关注	0.420	0.211	0.162	0.838	-0.007
伦理与道德承诺	0.273	0.176	0.132	0.851	0.008
组织文化认同	0.418	0.220	0.160	0.839	-0.025
法律与制度压力	0.009	0.104	0.021	-0.019	0.950
政府与行业监管压力	0.067	0.071	0.019	0.008	0.952
国际采购商的压力	0.728	0.210	0.165	0.108	-0.005
劳动力市场和资本市场的声誉风险	0.344	0.902	0.167	0.162	0.080
竞争对手的压力	0.351	0.902	0.159	0.158	0.066
消费者与媒体等社会压力	0.349	0.899	0.166	0.151	0.087
宗教影响	0.348	0.902	0.146	0.163	0.040
社会责任国际规范	0.347	0.902	0.161	0.161	0.068
增加成本	0.193	0.131	0.869	0.092	0.073
公司领导人不支持	0.252	0.153	0.936	0.111	-0.005
缺少政府政策引导与支持	0.248	0.155	0.935	0.114	-0.006
缺少企业社会责任文化	0.205	0.125	0.866	0.102	0.020
缺少人力资源	0.256	0.138	0.935	0.116	-0.012

提取方法：主成份。旋转法：具有 Kaiser 标准化的正交旋转法。a. 旋转在 6 次迭代后收敛。

为的影响，因此可以将因子 2 命名为市场与社会压力。因子 3 中的 5 个变量所包含的信息反映了来自企业内外部的约束与限制因素对企业社会责任行为的影响，因此可以将因子 3 命名为内外部阻力。因子 4 中的 3 个变量所包含的信息反映了伦理与道德因素对企业社会责任行为的影响，因此可以将因子 4 命名为伦理动机。因子 5 中的 2 个变量所包含的信息反映了法律、制度、监管等因素对企业社会责任行为的影响，因此可以将因子 5 命名为制度与监管压力。其中商业动机、伦理动机、制度与监管压力、市场与社会压力，是企业履行社会责任的正向驱动力；内外部阻力是企业履行社会责任的负向驱动力，企业社会责任行为是两者共同作用的结果。根据数据处理结果进行因子分析，因子分析结果如表 4 -5 所示。

表 4 -5　　因子分析结果

因子名称	变量名称	因子载荷量	特征值	累积方差贡献率
商业动机	提升公司形象与声誉	0.818	13.78	59.918
	获取竞争优势	0.814		
	提高财务绩效	0.823		
	风险管理的需要	0.815		
	提高雇员满意度	0.833		
	公司领导者的价值观	0.829		
	改善与利益相关者的关系	0.831		
	国际采购商的压力	0.728		
市场与社会压力	劳动力市场和资本市场的声誉风险	0.902	2.999	72.955
	竞争对手的压力	0.902		
	消费者与媒体等社会压力	0.899		
	宗教影响	0.902		
	社会责任国际规范	0.902		

续表

因子名称	变量名称	因子载荷量	特征值	累积方差贡献率
内外部阻力	增加成本	0.869	2.068	81.947
	公司领导人不支持	0.936		
	缺少政府政策引导与支持	0.935		
	缺少企业社会责任文化	0.866		
	缺少人力资源	0.935		
伦理动机	对可持续发展与环境问题的关注	0.838	1.617	88.979
	伦理与道德承诺	0.851		
	组织文化认同	0.839		
制度与监管压力	法律与制度压力	0.95	1.061	93.592
	政府与行业监管压力	0.952		

(3) 因子影响结果分析

根据表 4-5 的数据处理结果，5 个因子的累计方差贡献率达到了 93.592%，这说明所提取的 5 个因子保持了原来 23 个变量绝大部分的信息。其中，商业动机因子的方差贡献率为 59.918%，市场与社会压力因子的方差贡献率为 13.038%，内外部阻力因子的方差贡献率为 8.991%，伦理动机因子的方差贡献率为 7.032%，制度与监管压力因子的方差贡献率为 4.613%。方差贡献率是衡量因子相对重要程度的指标，方差贡献率越大表明该因子解释原始信息的能力越强或该因子相对越重要，在这里也说明其对企业社会责任行为产生的影响越大，该因子在驱动企业履行社会责任中的作用也越重要。因此，表 4-5 中各因子的方差贡献率说明，因子 1 即商业动机因子可以解释原始信息的能力最强，对企业社会责任行为产生的影响最大，其余 4 个因子对企业社会责任行为的影响力逐渐减弱。根据表 4-5 的计算结果，本书分别对5个因子对企业社会责任行为的驱动作用进行具体分析。

商业动机。商业动机因子的方差贡献率为59.918%，在所有的因子中居首位，说明商业动机因子对企业社会责任行为产生的影响最大，是最重要的社会责任驱动因子。通常来说，变量在因子上的载荷最小值应大于0.5。根据旋转后的因子载荷矩阵，因子载荷值大于0.5的变量一共有8个，分别为：提升公司形象与声誉、获取竞争优势、提高财务绩效、风险管理的需要、提高雇员满意度、公司领导者的价值观、改善与利益相关者的关系、国际采购商的压力。因此，上述8个变量共同构成商业动机因子的影响变量。其中，因子载荷值较高的变量依次为提高雇员满意度（0.833）、改善与利益相关者的关系（0.831）、公司领导者的价值观（0.829）。这说明企业履行社会责任的商业动机主要受到人（雇员、利益相关者、领导者等）的因素影响，其次才是非物质因素（财务绩效、公司声誉等）影响。

市场与社会压力。市场与社会压力因子的方差贡献率为13.038%，在所有的因子中居第二位，说明市场与社会压力因子对企业社会责任行为也具有重要影响，其对企业社会责任行为的驱动作用仅次于商业动机因子。根据旋转后的因子载荷矩阵，因子载荷值大于0.5的变量一共有5个，分别为：劳动力市场和资本市场的声誉风险、竞争对手的压力、消费者与媒体等社会压力、宗教影响和社会责任国际规范。因此，上述5个变量共同构成市场与社会压力因子的影响变量。其中，劳动力市场和资本市场的声誉风险、竞争对手的压力、宗教影响和社会责任国际规范4个变量具有相同的因子载荷值（0.902）。这说明上述4个变量是影响企业社会责任行为的主要市场和社会压力，而消费者与媒体等社会压力并不是主要的压力因素。

内外部阻力。内外部阻力因子的方差贡献率为8.991%，在所有的因子中居第三位，说明内外部阻力因子对企业社会责任行为的影响力处于中等水平。根据旋转后的因子载荷矩阵，因子载荷值大于0.5的变量一共有5个，分别为：增加成本、公司领导人不支持、缺少政府政策引导与支持、缺少企业社会责任文化、缺少人力资源。因此，上述5个变量共同构成企业履行社会责任的内外部阻力。其中，因子载荷值较高的变量依次为公司领导人不支持（0.936）、缺少政府政策引导与支持（0.935）和缺少人力资源（0.935）。这说明企业履行社会责任的主要阻力来自于人的因素（领导者、人力资源和政府）而非成本费用因素。

伦理动机。伦理动机因子的方差贡献率为7.032%，在所有的因子中居第四位，说明伦理动机因子对企业社会责任行为的影响力较弱。根据旋转后的因子载荷矩阵，因子载荷值大于0.5的变量一共有3个，分别为：对可持续发展与环境问题的关注、伦理与道德承诺、组织文化认同。因此，上述3个变量共同构成伦理动机因子的影响变量。其中，伦理与道德承诺的因子载荷值（0.851）最高，而对可持续发展与环境问题的关注的因子载荷值（0.838）最低，这说明企业履行社会责任的伦理动机主要受到伦理道德影响而非关注可持续发展与环境问题。

制度与监管压力。制度与监管压力因子的方差贡献率为4.613%，在所有的因子中居最末位，说明制度与监管压力因子对企业社会责任行为的影响最弱。根据旋转后的因子载荷矩阵，因子载荷值大于0.5的变量一共有2个，分别为：法律与制度压力、政府与行业监管压力。上述2个变量的因子载荷值相近，这说明法律制度与政府监管在形成企业履行社会责任的制度与监管压力中发挥了同等重要的作用。

4.3.5　研究结论

实证研究的结果表明，企业的社会责任行为主要受到商业动机、市场与社会压力、内外部阻力、伦理动机、制度与监管压力 5 个关键因子的驱动。商业动机是驱动企业承担社会责任的最重要因子，在 5 个因子中居首位；市场与社会压力对企业承担社会责任也具有显著影响，其中宗教影响在其中发挥了重要作用，这可能与美国社会的宗教环境有关。这进一步证明了不管在发达的西方国家还是在发展中国家，企业履行社会责任的主要目的都是出于商业利益与市场压力考虑，商业动机在促进全球企业履行社会责任中都发挥了重要作用。内外部阻力对企业社会责任的影响处于中等水平，这说明内外部条件的限制并不是企业承担社会责任或者拒绝承担社会责任的主要原因。在上述 5 个影响因子中，伦理动机和制度与监管压力因子对企业社会责任行为的影响较弱，在所有的因子中居末 2 位，这说明依靠企业自觉的伦理道德觉悟难以有效推动企业履行社会责任，强制性的政府行为在促进企业履行社会责任中的作用也非常有限。

本研究的发现揭开了企业社会责任驱动因素的新面纱，进一步证明了企业是理性的“经济人”的假设，商业动机是企业社会责任行为的最重要驱动因素，而伦理动机、制度与监管压力等因子对企业社会责任行为的驱动作用并不显著。这一研究发现对企业社会责任管理具有重要指导意义。

4.4 企业社会责任驱动机理分析与模型构建

根据本研究实证分析的结果，企业社会责任行为的驱动力来源于内部动力、外部压力和内外部阻力。其中，内部动力和外部压力构成企业社会责任行为的正向驱动力，内外部阻力构成企业社会责任行为的负向驱动力。在企业社会责任的正向驱动力中，伦理动机是驱动企业主动履行社会责任的内生性力量，制度与监管压力是驱动企业被动承担社会责任的外生性力量。如果没有制度与监管的外在压力而仅仅依赖企业的伦理道德自觉承担社会责任，就会导致企业承担社会责任的行为在内外部阻力这一负向驱动力的作用下逐渐弱化直至消失。同样，如果没有伦理道德等内在动力的驱动而仅仅依靠制度与监管等外在压力促使企业承担社会责任，企业的社会责任行为也难以长久。综上所述，企业的社会责任行为是内部动力和外部压力共同作用的结果，在内外部阻力的作用下表现为最终的企业社会责任绩效。根据上述理论分析和实证研究的结果，本书构建如图 4 -4 所示的企业社会责任驱动机制模型。

由图 4 -4 可以看出，内部动力是驱动企业主动承担社会责任的根本原因，外部压力是推动企业被动承担社会责任的重要力量，两者的合力形成企业社会责任的正向驱动力，共同推动企业履行社会责任。同时，资源限制、成本增加、政策引导与市场激励机制的缺失等内外部阻力又形成了企业社会责任的负向驱动力，不仅制约企业的社会责任行为，也在不同程度上阻碍了企业社会责任内部动力发挥作用的空间与范围。企业最终表现出来的社会责任绩效是内部动力、外部压力和内外部阻力共同作用的结

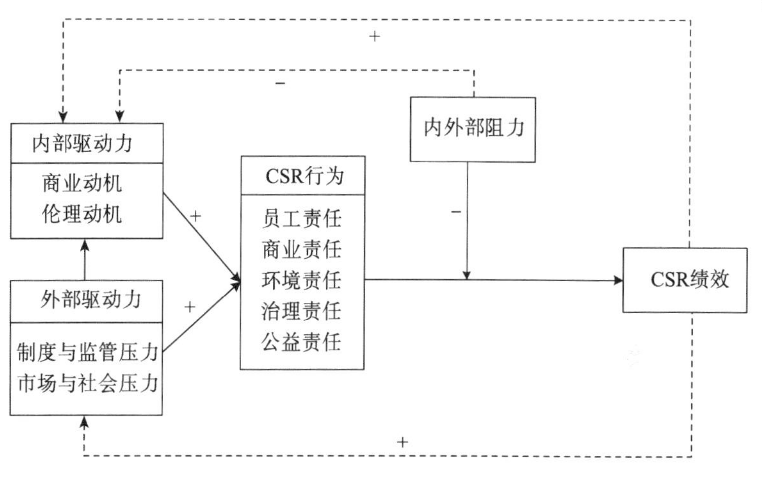

图 4－4　企业社会责任驱动机制模型

果，该结果在利益相关者的推动作用下会进一步转化为企业履行社会责任的新的动力或压力。一方面，良好的社会责任绩效会转化为企业履行社会责任的新的内部动力，进一步促使企业更加积极的履行社会责任，形成企业社会责任活动的良性循环；另一方面，差的社会责任绩效会引起利益相关各方的关注，招致更加严厉的行业管制行为或更加严格的市场监督，甚至引发政府出台相关政策限制企业的经营活动，从而形成企业承担社会责任行为的新一轮的外部压力，迫使企业进一步承担社会责任。由此可见，正是在内部动力、外部压力和内外部阻力的协同作用下，企业不断调整和修正自己的社会责任行为，实现企业社会责任的良性循环和发展。

4.5 本章小结

本章内容旨在探寻企业社会责任行为背后的驱动力量。首先，在对企业社会责任驱动因素进行理论分析的基础上，识别企业社会责任的驱动因子，并设计调查问卷对企业社会责任的驱动因子进行实证检验；然后，通过对中国和美国 400 多家企业的调查研究，找到企业社会责任行为的关键驱动因子，并将其概括为 5 类因子，即商业动机、市场与社会压力、内外部阻力、伦理动机、制度与监管压力；进一步通过数据处理与分析，检验各类驱动因子对企业社会责任行为的影响力强弱，得出本章的研究结论：商业动机和市场与社会压力是驱动企业承担社会责任的最重要因素，伦理动机和制度与监管压力对企业社会责任行为的影响较弱，这说明追求商业利益是企业履行社会责任的主要动机，来自政府的制度与监管压力对企业社会责任行为的约束作用非常有限；最后，根据企业社会责任驱动因子分析和实证检验的结果，构建企业社会责任驱动机制模型，深入剖析企业社会责任的驱动机理，为对企业社会责任实现机制的研究奠定基础。

第5章

企业社会责任实现机制

通过对企业社会责任驱动因素的实证研究发现，企业社会责任行为不是由企业的伦理道德等单方面因素决定的，而是与企业所处的外部环境如法律制度、市场环境、政府监管等密切相关，商业合作伙伴、媒体、政府等的态度和行为在一定程度上影响着企业承担社会责任的积极性。对商业利益的追求和伦理道德承诺是企业履行社会责任的持续性动力，政府监管、法律制度规范等社会压力是企业承担社会责任的外部推动力，成本约束等则是企业履行社会责任的负向驱动力，企业社会责任行为是内部动力和外部压力共同驱动的结果。如何使动力转化为企业履行社会责任的自律机制和激励机制，使压力转化为企业履行社会责任的约束机制，架起企业社会责任驱动力与企业社会责任行为之间的桥梁，有效的驱动企业承担社会责任，是当前企业社会责任治理亟需解决的一个问题。如何构建利益相关者相互协作和相互制衡的企业社会责任实现机制，对于促进企业履行社会责任，提升企业社会责任绩效具有重要意义。本书在对企业社会责任的内部实现机制和外部实现机制进行分析的基础上，探索利益相关者协同治理的企业社会责任实现路径，构建“政府—企业—市场—社会”联动的企业社会责任实现机制，为企业实现社会责任提供理论与方法指导。

5.1 基于内部治理的企业社会责任实现机制

企业作为社会公民，既具有追求利润的经济人属性，又具有服务社会的社会人属性，因此，企业在经营中除了要承担起对股东的经济责任外，还应承担起对其他利益相关者的社会责任。本研究对中美企业中高层管理人员的问卷调查结果表明，89%的被调查对象对企业社会责任有一定的了解，85%的被调查对象支持企业承担社会责任。由此可见，企业管理层已经具备基本的社会责任理念，意识到企业的可持续发展有赖于利益相关各方的支持，承担社会责任是企业满足利益相关各方诉求的一种方式。本研究针对“不同利益相关者在推动企业社会责任中的重要性”的问题进行了问卷调查，结果表明，公司领导者是推动企业承担社会责任的最重要利益相关者，在企业实现社会责任中发挥了不可替代的作用。因此，以管理层为代表的组织内部利益相关者是推动企业承担社会责任的重要力量。如何通过公司治理结构设计将社会责任嵌入公司治理架构，并与公司商业模式和公司战略相结合，促使企业在经营活动中进行责任治理、责任运营和责任沟通，是企业实现社会责任的重要路径。

5.1.1 责任治理

从管理学理论来讲，公司治理是解决企业管理问题的最基本和最有效的手段，同样，企业社会责任内部治理也是推进企业实现社会责任的最基本和最有效的手段。企业社会责任内部治理的关键在于建立一套有利于社会责任承担的组织机构和决策机制，保障企业社会责任制度化、体系化和长期化。近年来，企业承担社会责任的意识虽然逐渐增强，但企业社会责任活动尚缺乏组织与制度支撑。本研究对中美企业社会责任管理情况的调查结果显示，63%的公司未设置企业社会责任管理机构，61%的公司未建立企业社会责任管理制度，56%的公司董事会或管理层中没有安排负责社会责任事务的人员。由此可见，不管是在发展中国家还是在西方发达国家，企业社会责任活动都缺乏合理的组织与制度保障。有效的责任治理可以使企业社会责任制度化、规范化和体系化，为企业实现社会责任提供组织和制度保障。从内部治理的角度研究将社会责任嵌入公司的治理架构和决策机制，完善企业社会责任决策机制，建立有效的企业社会责任管理制度，有助于促进企业顺利实现社会责任。

(1) 将社会责任嵌入公司治理结构，为企业实现社会责任提供组织保障

企业社会责任是企业对参与交易契约选择和社会契约选择的利益相关者的利益诉求的回应，而公司治理是通过制度安排来协调企业与利益相关者的关系。企业社会责任与公司治理通过利益相关者紧密相连，公司治理通过制度安排来协调企业与利益相关者的关系，而企业社会责任则是企业做出的一种对利益相关者的诉求予以积极回应的行为。当承担社会责任已成为企业的一项无法回避的公民义务时，如何把社会责任纳入公司治理架构，实现

企业社会责任行为的制度化和组织化，已成为企业管理层在组织治理中面临的新挑战。企业社会责任要落到实处，就必须将其纳入公司治理环节中。有效的公司治理结构应该包含企业社会责任决策机构，以保证企业的决策行为符合利益相关者价值最大化原则。相对于传统的以股东为主导的单边治理模式而言，嵌入社会责任理念的公司治理模式强调利益相关者共同治理，追求企业经济价值与社会价值的统一。从企业的长远发展来看，企业社会责任属于企业战略的范畴，企业社会责任通过企业战略的制定，深刻影响组织结构的设计理念和企业治理层次与治理机制的安排。因此，公司领导层必须重视社会责任在公司治理中的积极作用，通过制度设计保障企业社会责任的实现。而如何将社会责任嵌入公司治理架构，通过制度设计保障企业社会责任的实现，是当前企业管理层在组织治理中面临的一个新挑战。

一方面，企业应该完善董事会制度。本研究对中美企业的调查结果显示，56%的公司在董事会或管理层中没有设置负责社会责任事务的人员。因此，加强董事会制度建设是企业社会责任管理的一项重要任务。由于企业社会责任是企业应当承担的对股东之外的其他利益相关者的责任，为了保障其他利益相关者的权益，应该在公司董事会中引入股东之外的其他利益相关方代表，规范其他利益相关者董事的产生和运作程序，保证其他利益相关者董事的独立性，建立包含政府、职工、社区、NGO等代表的董事制度，提升利益相关者参与公司决策的水平，使各方利益代表可以通过公司制度安排共同参与公司治理。为了增强董事会成员的社会责任意识，在董事会职能中应明确规定董事会对企业的社会责任行为应当承担的责任，以激发董事会监督公司的社会责任行为及相关决策的积极性和主动性，为企业实现社会责任提供组织保障。

另一方面，企业应该建立社会责任委员会。本研究的调查结果显示，63% 的公司未设置企业社会责任管理机构，因此，应借鉴目前在实践中较为成熟的审计委员会和内部控制委员会的做法，在公司治理结构中增设企业社会责任管理委员会，负责全面领导与推进企业的社会责任工作，从制度层面保障企业社会责任的实现。企业社会责任委员会的成立有助于公司更加专业地管理社会责任相关事务，优化社会责任决策流程。为了保证企业社会责任委员会的独立性和权威性，公司在制度设计上应将社会责任委员会置于董事会的直接领导之下，社会责任委员会对董事会负责并直接向其报告工作，与审计委员会、薪酬委员会和内部控制委员会等机构处于平级地位，以保证企业社会责任委员会独立的开展工作。在企业社会责任委员会下可以设置企业社会责任管理机构、企业社会责任推进机构和企业社会责任考评机构等具体职能部门。其中，企业社会责任管理机构主要负责制定公司的社会责任政策，进行公共政策评估和利益相关方沟通，帮助公司进行战略规划等宏观管理工作；企业社会责任推进机构负责将公司的社会责任政策落实到公司日常运营与管理活动的各个环节，协助公司各个职能部门落实与推进社会责任工作，保障公司社会责任工作的全面开展与有序推进；企业社会责任考评机构负责建立企业社会责任考核与评价制度，对公司各职能部门的企业社会责任履行情况进行定期考核，并对公司整体的社会责任履行绩效进行综合评价，客观评估公司社会责任履行的效率与效果，并对公司在履行社会责任中存在的问题提出整改建议。此外，公司的组织结构、管理幅度以及职责划分等都应体现社会责任理念，通过制度设计使企业社会责任理念融入公司治理的各个环节，形成浓厚的企业社会责任文化，保障公司内部信息畅通、员工之间无障碍沟通，使不同层级的员工在公司统一的愿景下协调一致的工作。

（2）建立企业社会责任管理制度，为企业实现社会责任提供制度保障

利益相关者理论指出，任何一个企业的发展都离不开利益相关者的资源投入与支持，当利益相关者的诉求转化为控制企业经营活动外部性的联合行动，并能通过法律和市场的力量得以表达，就会对企业形成实质性压力。而有效的企业社会责任管理制度能够在企业与利益相关者之间架起沟通的桥梁，保障利益相关各方的诉求都能通过畅通的渠道得以表达和满足。因此，有效的社会责任管理制度是保障企业社会责任得以落实的基础，也是提升企业社会责任绩效的最有效手段。然而，本研究对中美企业社会责任管理状况的调查结果表明，61%的公司未建立企业社会责任管理制度。中国除了国家电网、中国石化和交通银行等为数不多的上市公司建立了社会责任管理制度外，多数企业并未将社会责任管理纳入组织治理的范围。由此可见，当前国际范围内企业的社会责任管理情况并不乐观，多数企业都亟需加强企业社会责任管理制度建设。

综观国内外社会责任发展指数较高的企业，其无一例外都建立有相对完善的社会责任管理制度。具有良好社会责任声誉的BP公司、壳牌公司等都有健全的社会责任管理制度，详细规定了公司在公共政策、产品安全、环境污染等社会责任相关问题方面的评估、预警及危机处理办法。实践表明，有效的制度设计是保障企业顺利实现社会责任的基础，企业应加强责任治理，建立完善的企业社会责任管理制度，为企业实现社会责任提供制度保障。一方面，企业应通过建立健全社会责任管理制度约束公司内部各个部门的社会责任行为，促使公司各级部门上下一致推动社会责任工作，协同实现社会责任；另一方面，企业应通过制度明确规定各级社会责任管理机构的工作职责和岗位分工，推动公司

内部的社会责任管理人员加强企业社会责任日常事务管理，协助公司管理层制定社会责任战略和政策，对公司在安全、环境等方面的政策与风险进行科学的评估，客观评价公司对法律法规及道德守则的遵守情况以及潜在的风险，协助公司开展利益相关者沟通工作。为了降低社会责任管理成本，企业在社会责任制度建设中可以根据公司实际情况开发和使用企业社会责任管理软件，使企业社会责任管理工作规范化、程序化、系统化，提高公司的社会责任管理绩效。

(3) 将企业社会责任纳入公司决策机制，从程序上保障企业实现社会责任

将企业社会责任纳入公司决策机制，确保企业在做出重大决策时考虑其他利益相关者的利益。在决策机制设计上，可以借鉴西方发达国家的公司治理经验，建立"董事会负责，管理层决策"的企业社会责任治理模式。在该模式下，董事会将企业社会责任的管理权和决策权授予公司管理层，董事会负责监督公司的社会责任活动，并对公司的社会责任行为及后果承担责任；公司管理层负责企业社会责任事务的日常决策和管理，并定期向董事会汇报公司的社会责任工作，接受董事会的监督。以公司管理层为决策主体的社会责任治理模式从制度上保证了企业社会责任决策的有效性和及时性。因为管理层作为企业运营活动的管理者和社会责任政策的制定者，其了解企业各项重大社会责任决策对利益相关各方的影响，因此能够在企业面临重大社会责任决策或突发社会责任事件时，综合权衡利益相关各方的需求，及时做出符合利益相关者价值最大化原则的决策。而董事会作为企业社会责任活动的监督者，其对公司的社会责任行为及其后果承担最终的责任，因此董事会有较强的动机去监督管理层的决策与行为，有义务审查管理层的各项决策是否符合公司的社会责任理念以及

利益相关者价值最大化原则。

将社会责任纳入公司的决策机制，可以充分保证公司在各项运营决策中全面考虑利益相关各方的需求，在考虑股东利益的同时兼顾员工、商业合作伙伴、政府、社区、自然环境等其他利益相关者的利益，提高决策的科学性和前瞻性。特别是企业在进行重大项目投资决策时，应将社会责任理念嵌入公司决策机制，充分评估项目潜在的社会责任风险，使企业在决策时能够充分考虑除股东之外的其他利益相关者的诉求，确保相关决策能够给公司带来经济价值和社会价值的协同增长。

5.1.2 责任运营

在新的国际竞争环境下，责任竞争力已成为企业一项新的优势资源。企业要想在激烈的市场竞争中获得独特的竞争优势，必须把社会责任与公司运营活动结合起来，找准企业运营活动与社会责任的交汇点，将社会责任理念融入公司战略规划、商业模式以及内部控制系统，培育企业的责任竞争力，以推动企业可持续发展。

(1) 将社会责任纳入企业战略规划，提升企业的责任竞争力

责任竞争力是指企业在运营活动中创造经济价值的同时为社会发展、环境改善等做出贡献而形成的独特竞争优势。根据资源基础理论，企业社会责任行为可以看作是企业实施的一项差异化竞争战略，将企业自身与社会责任表现较差的企业区别开来，以改善与利益相关者的关系，赢得政府、投资者以及消费者等重要利益相关者的关注，进而获取优势资源，形成独特的竞争优势。企业承担社会责任可以从多个方面影响企业的竞争优势。本研究对中美企业履行社会责任的驱动因素调查表明，企业从承担社会

责任中可以获得以下益处：提高公司形象与声誉、增强竞争优势、提高顾客忠诚度、促进可持续发展、培育良好的组织文化、改善利益相关者关系、吸引和留住员工、降低公司运营风险等，这些益处在无形中形成了企业独特的资源——责任竞争力。此外，企业履行社会责任可以帮助企业在人力资本市场获得竞争优势，吸引优秀的员工（Turban 和 Greening，1997），降低企业资本成本（Dhaliwal 等，2011）和各种非系统性风险（Sun 和 Cui，2014），而且企业在承担社会责任的过程中可以创造共享价值，促进经济与社会的共同发展（Porter 和 Kramer，2011）。由此可见，社会责任并不简单意味着成本、约束或者慈善活动，而是企业创新和获取竞争优势的潜在机会（Michael E. Porter，2003）。

实践也表明，企业通过节能减排、发展循环经济等措施，在解决社会问题的同时也降低了企业自身的运营成本，使企业在市场竞争中获得成本领先优势，增强市场竞争能力。国内外的一些实证研究表明，企业履行社会责任可以培育企业新的竞争优势，跨国公司在薪酬福利、工作环境、培训机会、人权保护等方面的政策及社会责任活动，吸引了不少优秀的人才加盟，同时也提高了公司内部员工的忠诚度，增强其凝聚力，不仅使公司积累了丰富的人力资源，降低了运营成本，而且提高了公司的经营效率，增强了企业的竞争能力。因此，企业社会责任应该被提升到公司战略层面，纳入公司的总体战略规划。在企业中长期战略规划中，应该使绿色战略和可持续发展战略成为公司总体战略的一部分，促进企业转变生产方式和价值观念。同时，企业应该将社会责任理念融入企业供应链的各个环节，监督供应链各个节点企业的社会责任履行情况，形成企业的整体绿色战略，推动企业由内到外全面实现社会责任。一旦社会责任成为企业文化和品牌形象的核心内涵，企业的产品和服务就附加了一定的社会责任属性，企业在产品市场上就容易形成差异化竞争优势，从而增强企业产品和服务在市场上的竞争能力。

企业通过将社会责任纳入公司的战略规划来实现与利益相关者的对话与合作，满足影响企业竞争环境的社会需求，从而获取更多的资源支持，形成差异化竞争优势，实现企业价值的持续增值。毕马威国际会计师事务所在其企业社会责任调查报告中指出，企业社会责任越来越被看作企业核心价值和战略中不可分割的一部分，而不是组织内部应对负面新闻时才赋予的一种临时功能。一旦社会责任成为企业文化和品牌形象的核心内涵，企业的产品和服务就附加了一定的社会责任属性，就可以与竞争者的产品与服务有效的区分开来，形成差异化竞争战略，在获取价格溢价的同时，也增强了企业产品和服务的市场竞争力。这样既满足了利益相关者的需要，又实现了企业的经济目标。因此，企业社会责任应该融入公司战略，社会责任思想应融入公司的经营理念，渗透自身持续发展过程之中，体现在管理目标的制定上，而公司的社会责任政策必须由公司战略所引导（黄溶冰、王跃堂，2009）。将社会责任纳入企业战略，要求企业将社会责任纳入企业的中长期战略规划，制定公司社会责任发展的长期目标和年度目标，并将企业对员工、消费者、债权人、供应商、分销商、政府、社区、环境等利益相关者的责任内容纳入公司战略规划中，在公司资源分配计划中安排社会责任预算支出，使绿色战略和可持续发展成为公司总体战略的一部分，促进企业转变生产方式和价值观念。此外，企业应将社会责任理念融入公司供应链的各个环节，监督供应链各个节点的社会责任履行情况，形成企业的整体绿色战略，使企业在履行社会责任的同时带动商业合作伙伴社会责任的协同发展，从而降低来自商业合作伙伴的社会责任负面事件在供应链上的传递风险。

公司领导者在制定公司战略规划中发挥着决定性作用，因此，将社会责任纳入公司战略规划的前提是培养公司领导者的社会责任理念。本研究对中美企业中高层管理人员的调查表明，公司领导者是推动企业履行社会责任的重要力量，领导者的价值观是驱动企业承担社会责任的重要因素，企业履行社会责任的水平与公司领导者的价值观密切相关。因此，应引导企业管理者树立正确的社会责任观念，培养领导者自觉履行社会责任意识。要让企业家明确认识到，履行社会责任虽然需要企业支付一定的成本，在短期内可能会对企业发展造成财务负担和消极影响，但是从长远发展的角度看，这种成本支出将会获得更大的经济收益和社会收益。一些跨国公司的实践表明，通过积极承担生态保护、公益慈善等方面的社会责任，会在全球范围内塑造良好的企业形象，有利于获得公司声誉资本，提高其市场价值。在社会责任发展较快的美国，许多企业家已经敏锐的意识到，企业承担社会责任不是一种资源浪费，而是为了未来在国内和国际市场获取竞争优势和更多的社会资本。一些跨国公司的实践也表明，积极承担社会责任有助于企业在全球范围内塑造良好的公司形象，获得声誉资本，提高其市场价值。此外，股东也是一股推动企业社会责任发展的重要力量，股东的社会责任观念会直接影响企业的社会责任行为。在西方发达国家，一些大公司的股东主动参与公司的社会责任活动，积极推动公司履行社会责任，避免公司出现负面社会责任事件而损害公司声誉。在企业社会责任运动中，只有自上而下的推动，才能促进社会责任与公司战略相融合，使社会责任成为企业文化的一部分，全面提升公司的责任竞争力。

（2）将社会责任植入企业商业模式，形成差异化竞争优势

商业模式创新是后危机时代企业存续和可持续发展的制胜法宝，而社会责任则既是现代企业价值创造新的源泉，又是其可持

续发展的基础。如何找到企业承担社会责任与获取利润的结合点，使社会责任从一项成本转化为企业的一种差异化竞争优势，是企业实现社会责任的重要路径。在新的国际竞争规则下，社会责任已经逐渐成为企业获得国际市场准入资格的通行证，许多国际采购商和机构投资者都将社会责任作为选择合作伙伴的一个基本标准，这促使企业必须将社会责任融入公司的日常运营，实现商业模式创新。本研究对中美企业社会责任驱动因素的调查结果显示，85%的企业管理者认为提高公司声誉和获取竞争优势是企业履行社会责任的主要原因，但调查结果也表明，76%的企业管理者认为承担社会责任会增加企业的成本，影响企业的经济效益。虽然本研究的调查表明，85%的企业管理者对“企业是否应该承担社会责任”的回答持支持的态度，然而出于对企业运营成本的考虑，一些企业并未积极履行社会责任。多数实证研究证明，企业承担社会责任虽然在短期内会增加成本，但从长期来看，企业社会责任与其经济绩效呈正相关关系。为了有效促进企业履行社会责任，必须设法降低企业履行社会责任的成本。将社会责任植入企业的商业模式，通过商业模式创新降低企业的社会责任成本，是促进企业实现社会责任的一条可行路径。

将企业社会责任提升到公司战略层面，纳入企业的总体战略规划，并与企业的商业模式相结合，是企业形成差异化竞争优势的关键。企业社会责任是企业“经济利益与社会利益”“短期利益与长期利益”“自身利益与相关者利益”“企业价值观与社会价值观”“自身能力与社会要求”之间的多重价值博弈均衡解（易开刚，2011），企业社会责任并不简单意味着成本、约束或者慈善活动，而是企业创新和提高竞争优势的潜在机会（Porter，2003）。因此，将社会责任植入企业的商业模式，找到企业承担社会责任与价值创造的契合点，不仅可以使社会责任成为企业孕育商业机会和获取竞争优势的源泉，而且可以通过商业模式创新持续推动企业社会责任的发展，实现企业经济价值与社会价值的协同发展。一方面，企业应找到社会责任活动与价值创造的契合点，将社会责任融入企业的价值创造过程，使企业提供的产品和服务附带相应的社会责任属性，形成差异化竞争优势；另一方面，通过商业模式创新持续推动企业社会责任的发展，使企业商业模式创新与社会责任活动之间形成良性的互动与循环，将社会责任变为孕育企业商业机会和获取竞争优势的源泉，推动企业社会责任与商业模式创新的协同发展。

首先，企业应根据自身业务特点挖掘社会责任活动与企业价值创造活动之间的内在联系，找到企业社会责任与利润的结合点，进而将社会责任嵌入公司经营战略和业务活动的各个环节。通过责任生产，获得投资者的信任，在资本市场上争取更多的社会责任投资，降低融资成本；通过责任采购，赢得供应商的信任，降低采购成本；通过责任销售，保护消费者的合法权益，形成消费者导向的销售理念，提升顾客忠诚度。通过定期披露社会责任报告，向外界传递公司对经济、社会和环境的综合贡献信息，以获取政府和社会公众对公司的信任，提升公司品牌形象，使社会责任真正转化为企业获得外部资源和竞争优势的动力源泉，进而形成企业发展的新型核心竞争力与突出优势，实现企业社会责任活动与价值创造活动的协同发展。

其次，企业应通过利益相关者管理与企业流程再造，建立企业与利益相关者协同创造价值与分享价值的新机制，使利益相关各方都积极参与到企业价值创造与分享过程中来，以激发和凝聚利益相关各方创造经济价值与社会价值的潜力与合力。将社会责任融入企业的商业模式，要求公司从产品到服务实现全流程责任管理，企业产品的设计、制造与流通环节都应该体现出“责任”，具体包含产品设计和生产、原材料采购、技术创新、员工使用、合理纳税等过程应符合社会责任标准，使企业生产和服务的每一个环节都符合企业社会责任的理念和标准，杜绝不具有社会责任属性的产品和服务流出企业。企业应将社会责任理念融入生产经营的各个环节，在产品设计的过程中，从设计方案的绿色环保性到原材料的选购再到废弃物的处理要体现出节约资源和废物再利用的原则，要考虑产品在不同生命周期中的责任影响度、未来投放到市场中的产品对环境的污染程度、对企业形象的影响程度；在原材料的采购和运输环节，体现出产品生产企业与原材料供应企业之间的诚信合作，应选择企业信誉好，原料质量有保证且绿色环保的责任型企业，从源头上保证原材料的质量；在产品生产过程中，企业应采用先进的工艺技术以提高资源的使用效率，降低生产成本，保证生产场地的安全，降低员工的劳动强度以及合理支付员工报酬，降低产品生产过程对包括员工在内的利益相关者的危害。通过利益相关者共同治理，将外部资源转化为企业的社会资本等无形资源，再用无形资源去整合外部资源，形成企业商业模式创新的优势资源，并进一步将优势资源转化为企业差异化的业务流程，获得差异化竞争优势。

最后，企业应将可持续发展理念植入公司商业模式，在决策中充分考虑资源的有限性和环境的承载能力，在生产中采用新技术或通过技术改造提高可再生能源使用率，加强对资源的循环利用，重视对自然环境与生态多样性的保护，对企业周边环境积极进行环境治理与生态修复，防止因资源枯竭或环境破坏而影响企业未来的可持续发展。

（3）将社会责任导入企业内部控制系统，降低企业风险

COSO（The Committee of Sponsoring Organizations of the Treadway Commission）在其发布的内部控制框架中将内部控制对象扩

大到了外部利益相关者，要求组织向外部利益相关者提供可持续发展报告，并就影响公司内部控制发挥作用的事宜与外部利益相关方沟通。这无疑传达了一种全新的内部控制理念，即融入社会责任理念的企业内部控制。

将社会责任理念融入公司内部控制系统，一方面要求企业将对外部利益相关者的风险评估纳入公司内部控制系统，建立外部利益相关者风险评估与控制程序，合理评估不同类型的外部利益相关者对公司内部控制的影响及潜在的风险等级，加强对供应商、分销商及终端消费者在内的价值链管理，防止供应商、分销商等商业合作伙伴因自身出现产品安全、环境污染、损害员工权益等负面社会责任事件而通过价值链的传导机制将风险传导至公司内部，从而间接导致公司内部控制失效或发生风险事件；另一方面，将社会责任作为一种企业文化融入公司的内部控制系统，在内部控制流程设计、风险评估、评价、监督等各个环节嵌入社会责任理念，使社会责任通过内部控制系统内化为企业全体员工的一项自觉行为，这样不仅有助于公司顺利推进全面责任管理，而且可以通过内部控制系统及时发现公司潜在的各类社会责任风险事件，避免公司因社会责任履行不足或发生恶性社会责任事件而遭受法律处罚或公司品牌形象受损。

由此可见，企业社会责任与内部控制相互影响、相互促进，积极、全面的社会责任管理能够降低企业的内部控制风险，而有效的内部控制系统能够为企业履行社会责任提供制度保证，有助于将企业社会责任内化为公司全体员工的一项自觉行为，提升企业的社会责任绩效。

5.1.3　责任沟通

企业的社会责任活动涉及众多的利益相关者，每一个利益相关者都期望企业公开、透明的披露社会责任信息，以全面了解企业社会责任的履行情况，客观评价企业满足利益相关者利益诉求的程度。建立企业社会责任信息公开机制和社会责任绩效考评系统，不仅有助于利益相关各方有效监督企业社会责任的履行情况，而且能够及时调整和矫正企业的社会责任行为，促进企业社会责任的良性发展。

(1) 建立企业社会责任信息披露制度，促进利益相关者沟通

公开、透明的信息披露是市场机制正常发挥作用的基础。为了使利益相关者了解公司在资源配置、环境保护、社会贡献及可持续发展等方面的情况，降低因信息不对称而产生的信息搜寻成本，企业应建立社会责任信息公开机制。社会责任报告（或可持续发展报告）是企业向利益相关者传递其社会责任理念、社会责任履行方式及履行效果的重要信息载体，也是继财务报告之后被投资者、债权人等利益相关者作为解读企业市场价值和投资风险的一个重要工具。一份高质量的企业社会责任报告，不仅能使利益相关各方对企业的经营、产品、服务、市场价值与未来投资风险做出正确的评估，而且有助于企业树立良好的品牌形象，形成独特的竞争优势，有利于企业未来的可持续发展。通过社会责任报告，企业向利益相关者传递公司人权状况、环境保护、社区关系、公益投入等社会责任信息，使利益相关者了解公司资源配置、价值分配情况及未来可持续发展能力，客观评价企业对经济、社会和环境发展所做出的贡献，降低企业与外部利益相关者的信息沟通成本。持续定期发布企业社会责任报告，不仅有助于利益相关者监督企业的社会责任履行情况，而且有助于提高公司社会责任信息的透明度和公信力，消除由于信息不对称而产生的“柠檬市场”效应。

以法国为代表的欧洲国家的企业普遍具有较强的社会责任意识，在很多程度上应归功于其健全的企业社会责任信息披露制度。法国政府早在 2001 年就颁布了《诺威尔经济管制条例》，要求所有在第一股票市场上市的公司从 2002 年开始，必须在年度报告中披露劳工、健康与安全、环境、人权、社区参与等社会责任信息。中国目前除了国资委明确要求中央企业必须公开发布社会责任报告外，对其他企业的社会责任信息披露并未提出强制性的要求，而且中国目前尚未出台统一的企业社会责任报告编报标准，导致企业在编制企业社会责任报告时无据可依、形式各异，这不但加大了公众了解企业社会责任履行情况的难度，也降低了企业社会责任报告的可比性与可信度。根据本研究对中美企业社会责任报告的调查结果显示，中国只有 30% 的企业公开发布社会责任报告（或可持续发展报告），美国则有 39% 的企业公开发布社会责任报告（或可持续发展报告）。由此可见，不管在以美国为代表的西方发达国家，还是在以中国为代表的发展中国家，当前公开发布企业社会责任报告的企业数量都不多。就已经公开披露的社会责任报告来看，不同企业的社会责任报告无论在内容上、形式上还是质量上都存在不同程度的差异，而且多数企业的社会责任报告缺乏第三方审验机制，社会责任报告的公信力明显不足。这也在一定程度上说明了当前企业社会责任信息缺乏价值相关性，不能有效引导资源配置的主要原因。企业在建立社会责任信息披露机制的同时，应主动引入社会责任报告第三方审验机制，聘请会计师事务所对其社会责任报告出具审验报告，以提高企业社会责任报告的公信力。

企业应当建立社会责任信息披露制度，明确企业社会责任报告的责任主体与监督主体，制定企业社会责任信息披露标准和流程，规定企业社会责任信息披露的原则、内容和形式，以提高企业社会责任信息披露质量。为了提高社会责任信息披露的效率，企业应建立一套先进的社会责任信息收集与处理系统，及时更新企业社会责任信息，使利益相关各方可以及时了解企业社会责任的履行情况。同时，企业应建立社会责任信息反馈机制，定期与利益相关者沟通，收集各利益相关方对企业社会责任履行情况的意见与建议，以改善公司的社会责任行为，确定公司下一步的社会责任目标与规划。此外，企业应拓宽社会责任报告的发布渠道，除了公开纸质的企业社会责任报告外，还可以通过网络、媒体等渠道发布公司的社会责任报告。透明的信息披露机制有助于企业降低信息沟通成本，避免由于信息不对称而导致外部利益相关者发生逆向选择行为，同时可以吸引更多的社会责任投资基金，引导优质资源流向社会责任表现较好的企业。

（2）将社会责任纳入企业绩效考评系统，引导企业重视公司的社会价值

受“股东财富最大化”财务管理目标的影响，长期以来，企业的绩效考评以财务指标为主，重视经济绩效而忽略社会绩效与环境绩效，导致企业与外部利益相关者之间的矛盾日益加剧，媒体频频曝光企业价格垄断、环境污染、产品安全等社会责任负面事件，既影响了企业的品牌形象又降低了企业的市场价值，不利于企业与社会、环境的和谐发展。将社会责任纳入企业绩效考评系统，建立一套能反映企业对经济、社会、环境综合贡献的评价指标体系，有助于引导企业的社会责任行为，实现企业经济价值与社会价值的协同增长。

将社会责任纳入企业绩效考评系统，要求企业在绩效评价中摒弃单一的经济目标，充分考虑企业对经济、社会和环境的综合贡献。评价指标应涉及经济责任、员工责任、商业责任、环境责任、治理责任和公益责任等多个方面，综合反映企业对各个利益

相关者的责任和贡献。通过权重设计来区分各项评价指标的重要程度，以体现绩效评价的价值导向性，引导资源配置到更需要的地方。对于高能耗高污染的企业，可以考虑在其绩效评价系统中提高生态环境治理指标的权重，以促使其加大节能环保投入，提高生态环保责任意识；对于国有企业，由于其特殊的企业身份，比一般企业肩负了更多的社会使命，而且更容易滋生腐败，因此在其绩效评价系统中应强化治理责任和公益责任，赋予商业腐败治理指标和社会公益指标更高的权重，以鼓励全体员工积极投身社会公益活动和反腐败运动。将社会责任纳入企业绩效评价系统有助于引导企业在追求经济利益的同时，积极承担起对社会和环境的责任，实现企业经济价值、社会价值和环境价值的协同发展，提升企业的综合绩效和可持续发展能力。

5.2　基于外部治理的企业社会责任实现机制

从经济学角度看，企业社会责任具有明显的“外部性”特征。只有通过有效治理将这种“外部性”在组织里实现“内部化”，才能真正解决企业社会责任实现的长效机制问题。政府、商业合作伙伴、媒体等外部利益相关者在促进企业社会责任由“外部性”向“内部化”转变方面发挥着重要作用，因此，建立政府引导、市场激励和社会推动的外部治理机制是企业实现社会责任的一条重要路径。

5.2.1　政府引导

企业社会责任的实现机制有赖于政府、市场和社会的共同推进，政府在企业社会责任运动中通常扮演着规制者、推进者和监督者的角色。即使在社会责任发展较为成熟的西方国家，企业社会责任也不是完全靠企业家自身的觉醒形成的，而是靠政府的引导和市民社会推动发展起来的。在发展中国家，企业社会责任发展既缺少市民社会的基础又缺乏社会运动的推动，并不是所有的企业都能够自觉的去履行社会责任，在这样的条件下，政府对企业社会责任的推动就显得尤为重要。中国特殊的国情决定了政府在企业众多的利益相关者中具有最强势的地位，因而它具有推动企业实现社会责任的先天优势。本研究对中美企业社会责任驱动因素的调查结果显示，“制度与监管压力”是企业社会责任行为的关键驱动因素之一。政府独有的法律规制、政策激励、信息公开等多元化的治理方式，在推进企业实现社会责任中发挥了无可替代的作用。

（1）通过法律规制，约束企业承担基本社会责任

欧美发达国家的企业社会责任实践证明，有效的法律约束是推进企业履行社会责任的基础，也是长效推进企业社会责任发展的关键。政府可以通过社会责任立法将企业应该承担的基本社会责任以法律条文形式固定下来，形成具有刚性约束力的企业社会责任行为规范，使企业在依法照章运营的同时也实现基本的社会责任。从欧美各国推进企业社会责任的实践可以看出，充分发挥政府的规制者角色是持续推进企业实现社会责任的基础。本研究对中美企业社会责任的问卷调查结果表明，“制度与监管压力”是驱动企业承担社会责任的关键因素之一。由此可见，政府的法律规制在一定程度上可以约束企业的社会责任行为。英国《公司法》强制规定公司必须对道德、社会和环境事务进行报告；美国 30 多个州相继在《公司法》中明确规定企业必须承担社会责任，而且规定了企业应该承担的社会责任的主要内容，要求公司经营不仅为股东服务，也要为利益相关者服务。中国在《公

司法》中虽然提到公司在经营活动中必须诚实守信、守法合规，接受政府和社会公众的监督，承担社会责任，但并未对企业社会责任的内容做出详尽的规定。《劳动法》《职业病防护法》《消费者权益保护法》《环境保护法》等法律条文中也有涉及社会责任的条款，但内容较为分散且缺乏系统性，难以对企业社会责任行为形成有效的约束。由此可见，中国在企业社会责任方面的立法目前尚属空白。

为了推动企业社会责任的发展，政府必须尽快着手修改《公司法》或颁布《社会责任法》，使企业承担社会责任的行为有法可依。一方面，政府应完善《公司法》，明确规定企业必须承担的基本社会责任，使企业社会责任步入法制化轨道；同时，以现行的《公司法》为中心，完善《劳动法》《职业病防护法》《消费者权益保护法》《环境保护法》等相关法律法规，逐步在制度上构建一套完整的企业社会责任法律框架，并加大宣传和实施相关法律法规的力度，促进企业承担社会责任。另一方面，政府应着手制定《社会责任法》，建立以基础性、纲领性的《社会责任法》为核心，其他相关法律法规为补充的社会责任法律体系，从法律层面保障企业履行社会责任。政府只有从制度层面和法律层面保障企业履行社会责任"有法可依"，才能推动企业积极履行社会责任，促进经济效益、社会效益和环境效益的协同发展。

(2) 通过政策激励，引导企业积极承担高层次的社会责任

企业履行社会责任既需要法律的规制，也需要政府的政策激励。企业逐利性的本质决定了理性的企业在进行社会责任决策时都会考虑成本效益问题，当企业履行社会责任的成本大于收益时，企业就会缺乏履行社会责任的内在动力；反之，当企业履行社会责任所获得的期望收益大于成本时，企业就会主动承担社会

责任。政府应该发挥其“有形的手”在市场中的宏观调控作用，出台相关政策鼓励企业履行社会责任，同时，政府应建立社会责任奖惩制度，激发企业履行社会责任的积极性。财税政策作为一种激励企业承担社会责任的工具，可以在一定程度上促进企业的经济价值曲线向社会价值曲线靠拢，激发企业承担社会责任的内在动力。因此，政府可以通过财税政策给予那些积极履行社会责任的企业一定的税收优惠、财政补贴或融资支持，以减少企业社会责任履行的边际成本。

政府掌握着众多的社会资源和自然资源，政府可以在责任采购、责任投资、责任消费、责任信贷、财政补贴、项目立项等诸多方面向履行社会责任较好的企业倾斜。一方面，政府应建立责任采购制度，对供应商在经济、社会、环境方面的表现进行综合评价，建立供应商数据库，将社会责任表现较好的企业纳入政府采购名单，在政府采购时优先支持，从制度层面支持具有社会责任属性的产品和服务的生产与使用，推动企业实施绿色可持续发展战略。同时，将不履行社会责任或社会责任表现较差的企业列入政府采购黑名单，拒绝购买该类企业生产的产品，从而促进供应商改善其社会责任行为；另一方面，政府应积极推动责任投资和责任信贷的发展，在政府投资政策上向社会责任履行效果较好的企业倾斜，在信贷政策上鼓励银行将资金优先投放给社会责任表现较好的企业，引导投资机构在投资决策时综合考虑企业的社会绩效和环境绩效，进行责任投资。此外，政府应推行社会责任产品标识认证，倡导市民在消费时优先选择带有社会责任标识的产品，引导全社会的责任消费意识，提升社会和公众对企业社会责任行为的关注度，逐渐培育一个成熟的公民社会。同时，政府还可以通过财政补贴的方式对那些积极履行社会责任的企业给予一定的经济补助，在项目招投标中应重点支持有助于改善民生、节约能源、改善环境的项目。通过政府的宏观调控政策，激励以追逐经济利益为目标的企业主动承担社会责任。

（3）建立信息公开制度，增强企业社会责任信息的信号传递作用

从国际发展趋势来看，企业社会责任信息披露正由自愿性披露向强制性披露过渡。对企业社会责任认知度最高、社会责任信息披露最为成熟的欧洲国家，其政府多以立法的形式要求企业披露社会责任信息。当前被国际社会公认社会责任信息披露水平最高的国家——法国，也是世界上第一个对企业社会责任会计与报告进行法律规范的国家，美国、新加坡等国家也强制要求企业披露社会责任信息，印度等一些国家也在积极向社会责任信息强制性披露的方向改革。因此，政府应当建立企业社会责任信息公开机制，为企业搭建网络社会责任信息公开平台，使市场上与企业发生交易的利益相关各方能够及时了解企业的社会责任信息，以便做出准确的投资判断或消费选择决策。公开、透明的信息披露制度有助于发挥社会责任信息在市场中的信号传递作用，产生优胜劣汰的市场化选择结果，将社会责任表现较差的企业淘汰出局，而建立在信息公开基础之上的市场主体的自主选择必然促使企业基于成本效益的考虑而选择主动承担社会责任。由此可见，公开的社会责任信息披露机制能够有效避免市场上出现“劣币驱良币”的现象，促使企业积极履行社会责任。

企业社会责任信息披露模式与其所处的经济、社会环境是紧密联系的，目前主流的企业社会责任信息披露模式有三种，即非营利组织主导型的美国模式、非政府机构主导型的英德模式和政府主导型的法国模式。政府主导型的法国模式则强调政府在企业社会责任信息披露中的主导作用，政府通过制定法律法规的方式推动企业社会责任信息披露的发展。而法国被公认为是企业社会

责任信息披露水平最高的国家。中国政府在规范企业社会责任信息披露方面可以借鉴法国模式，建立政府主导型的企业社会责任信息披露模式，使政府成为推动企业社会责任信息披露的主要力量。

中央政府、证监会和财政部都应积极发挥各自在推动企业社会责任信息披露方面的作用。中央政府应加快推进企业社会责任信息披露的立法工作，在对目前散见于各种法律文本中的有关社会责任信息披露的法律条文进行系统整理和完善的基础上，制定全面的企业社会责任信息披露法律规范，形成系统、完整的社会责任信息披露法律体系，从法律的高度强制约束企业的社会责任信息披露行为。证监会应重点推进上市公司的社会责任信息披露，在法律框架内由证监会牵头制定完善《上市公司社会责任信息披露细则》，规定上市公司社会责任信息披露的内容、方式和程序等，统一规范上市公司的社会责任信息披露，同时证监会应加强对上市公司重大社会责任事件的披露管理，规定重大社会责任事件的认定标准、披露内容和披露程序等，对不按照规定披露重大社会责任事件信息的上市公司，要加大处罚力度。财政部应以制定会计准则的方式介入企业社会责任信息披露，出台《企业社会责任会计准则》，规定企业社会责任成本与收益的核算方法，指导企业将社会责任信息进行定量化处理，使企业社会责任报告从当前的以定性信息为主逐渐转变为以定量信息为主，提高企业社会责任信息披露质量。同时，财政部应制定企业社会责任信息披露细则，在参考 G4 或 ISO26000 等社会责任国际标准的基础上，制定适合中国企业社会责任发展水平的企业社会责任信息披露标准，统一规定企业社会责任信息披露的列报原则、内容、方式以及质量特征，规范企业社会责任报告编报，以增强不同企业间社会责任报告的可比性，使中国企业社会责任信息披露从自愿走向强制、从无序走向有序，推动中国企业社会责任的发展。

5.2.2　市场激励

根据经济学的基本原理，任何理性的企业在进行决策时都会在可供选择的方案之间进行成本与效益的比较和权衡，当且仅当一种行为的边际收益大于边际成本时，一个理性的决策者才会采取行动。对于以营利为目的的企业而言，恰当的市场价值激励措施比行政处罚更能促使其主动承担社会责任。因为激励措施所获得的收益及由此所节省的成本，企业很容易计算；而行政处罚则处于不确定状态，因为并非所有的违法行为都能被及时发现，对于抱有侥幸心理的企业来说，行政处罚的震慑力难以有效发挥。而科学合理的市场激励机制可以促使企业将社会责任内化为企业的自觉行为，激发企业承担社会责任热情，使企业的社会责任行为可以通过市场化的途径实现，克服了政府监管失灵所带来的弊端，同时节约了政府的违法治理成本。根据本研究对中美企业社会责任驱动因素的调查结果，“市场与社会压力”在企业社会责任驱动因素中位居第二位，这说明来自市场的压力是驱动企业承担社会责任的重要因素。由此可见，企业内在逐利性的本质和优胜劣汰的市场法则，使得市场激励机制成为促进企业实现社会责任的一条重要路径。

（1）培养供应链合作伙伴的社会责任意识，推动企业履行社会责任

供应链合作伙伴（包括采购商、供应商和分销商等）是企业社会责任市场激励机制的主体，其社会责任意识强弱是影响企业承担社会责任的主要因素。（王清刚、李琼，2015）基于供应链视角，以证监会行业分类下制造业企业 2009—2012 年的报表

数据为样本，运用 **OLS** 回归模型，研究了在供应链中企业履行社会责任与公司价值的相关性，发现公司价值与企业履行对供应商、客户等供应链合作伙伴的责任显著正相关，企业履行对债权人、社区的责任与公司价值显著负相关，企业履行对员工的责任与公司价值关系不明确。结论表明，企业在供应链中对大部分利益相关者履行社会责任会促进公司价值的提升。本研究通过对中美 400 多名企业中高层管理人员进行问卷调查后发现，来自劳动力市场和资本市场的声誉风险以及国际采购商的压力是驱动企业承担社会责任的重要外部力量。无独有偶的是，日本的一项调查也显示，日本高校毕业生越来越多的将企业社会责任的履行情况作为其选择就业单位考虑的因素之一，社会责任绩效成为日本企业吸引职业经理人加入的一个重要砝码。因此，建立供应链市场激励机制是驱动企业实现社会责任的一个可行路径。

供应链可以为企业承担社会责任带来持续的内在商业动机激励，通过遵守供应链上核心企业的社会责任规范，中小企业可以维持和扩大与核心企业的合作关系，从而嵌入一个稳定的供应链，获得稳定、持续的客户与经营环境。对供应链上的企业而言，积极履行社会责任会获得供应链合作伙伴更多的订单，而不承担社会责任则可能面临被剔除出供应链链条的风险，这种激励和约束机制的存在促使理性的企业选择主动承担社会责任。在全球化市场条件下，许多跨国公司在其采购政策中都规定一定的社会责任标准或环境认证标准，要求供应商必须在劳动条件、人权状况、环境保护等方面符合一定的标准才可以被纳入采购名单，这使得企业只有严格遵守相应的社会责任标准才能获得采购商的订单，而不承担社会责任的企业将会被供应链市场淘汰出局。供应链中的社会责任治理应当在所有节点企业的共同参与下，通过谈判和对话确立各方责任问题，进行公平定价，并对利益和责任的不对称问题给予合理的补偿，以促进社会责任的履行。同时，核心企业还应当支持其他企业履行社会责任，鼓励其他利益相关者积极参与社会责任活动。处于全球供应链中的每个企业作为全球化的“企业公民”，都应该承担起不同国家和地区法律、商业道德、传统文化、可持续发展等方面的社会责任，从而增强整个产业的竞争能力。通过供应链市场推进企业实现社会责任的方式主要是进行企业社会责任认证，通过跨国公司最终传递给加工生产企业和供应商，强制其履行社会责任。供应链中的社会责任具有一定的传递性，社会责任风险会在供应链中各节点企业之间相互传导相互转化。2014 年，麦当劳和肯德基卷入过期肉事件就是由于原料供应商的社会责任负面事件通过供应链风险传导机制传递给麦当劳和肯德基，使其被动卷入社会责任危机事件。为了避免供应链企业集体卷入社会责任丑闻，供应链核心企业应联合供应链上下游企业共同建立供应链企业社会责任行为守则，制定统一的供应链企业社会责任标准，使供应链中的所有企业共同遵守统一的社会责任规则，否则就会面临惩罚或被剔除出供应链的风险。

目前在中国，企业社会责任主要是通过跨国公司的审核和评估机制在供应商中推进。随着全球化进程的不断加快，企业社会责任已经成为跨国公司在国际采购中设置的新型贸易壁垒，发展中国家的企业在争取国际订单时不得不考虑国际社会责任标准，从而被动承担社会责任。为了有效发挥供应链市场在推动企业实现社会责任中的作用，应将社会责任理念植入全球供应链市场，建立供应链合作伙伴间的社会责任对话平台，培养各节点企业树立共同的社会责任理念，通过供应链合作伙伴的责任采购与责任消费行为，带动供应链上下游企业积极承担社会责任。这不仅有利于形成各节点企业长期的战略合作伙伴关系，而且有助于降低整个供应链的社会责任风险。由此可见，通过供应链市场来约束和激励供应链各节点企业的社会责任行为，无疑为企业实现社会责任找到了一个切实可行的着力点，可以达到“牵一发而动全身”的效果，实现企业社会责任治理成本的最小化。

（2）培育消费者的责任消费意识，激励企业承担社会责任

随着市场由卖方市场向买方市场的转变，社会责任成为继“价格”和“质量”之后的第三个影响消费者购买决策的关键因素。消费者是企业生存和发展的命脉，在公民意识日益觉醒的当今社会，消费者不仅仅看重企业的质量和服务，更看重企业的声誉和可信度。具有责任消费理念的消费者，通常会选择拒绝购买缺乏社会责任感的企业生产的产品或提供的服务，这无疑对企业履行社会责任形成了巨大的外在压力。本研究在对中美企业“从履行社会责任中获得的益处”问卷调查中发现，提高公司声誉、获得竞争优势、提高顾客忠诚度分别排在前三位，这说明消费者在推进企业实现社会责任中发挥了不可或缺的作用。由此可见，以消费者为代表的社会公众对具有社会责任属性的产品和服务的需求，是促使企业承担社会责任的重要外部推动力量。实证研究表明，消费者对企业的社会责任行为具有一定的敏感性，一个具有良好社会责任形象的企业更容易让顾客产生价值认同，从而给企业带来难以定量描述的潜在价值（Lois A. Mohr，2005）。消费者是企业生存发展的命脉，在日益发展的当今社会，消费者不仅仅看重企业的优质产品和服务，更看重的是企业的声誉和可信度。具有责任消费意识的消费者，其宁愿支付较高的价格选择具有社会责任属性的产品或服务，以从责任消费中获得心理和情感上的“特殊效用”。随着公民责任消费意识的提高，市场机制会促使企业在生产和决策时更多的考虑社会和环境利益，进而做出对利益相关者负责任的决策。

目前，发达国家的消费者通常具有较高的责任消费意识，在做出购买决策时会考虑产品制造商在人权、环境保护等方面的社会责任表现，据此做出负责任的购买决策。据调查，在欧洲70%的消费者表示在进行消费决策时会考虑企业的社会责任表现，20%的消费者表示在同等条件下，愿意为社会责任表现较好的企业生产的商品支付较高的价格（王海菲、曹晓雪，2012）。这进一步证明了企业的社会责任表现直接影响消费者的购买行为与消费取向。而对于在社会责任方面表现不良的企业，消费者往往会抵制其产品和服务。消费者社会责任意识的提高，以及消费者所代表的社会公众对具有社会责任属性的产品和服务的需求增长，是促使企业主动承担社会责任的重要推动力。作为理性的经济人，企业为了吸引消费者对其产品的信任和支持，就会积极去履行社会责任，从而使其生产出来的产品或提供的服务带有一定的社会责任属性，满足消费者的特殊消费需求，增加其销售额。在发展中国家，消费者的责任消费意识较弱，因此还不足以对公司的社会责任决策形成压力。发展中国家的消费者虽然也具有一定的社会责任意识，在口头上支持企业履行社会责任，但在真正面临责任消费决策时，多数消费者往往在自利性动机的驱使下选择质优价廉的商品而不关注产品生产商是否履行社会责任。因此，培育发展中国家消费者的社会责任意识，引导其将责任消费意识转化为责任消费行动，是有效促进企业实现社会责任的关键。

（3）发展社会责任投资基金，通过资源配置促进企业实现社会责任

企业履行社会责任成本与收益的失衡是导致企业承担社会责任动力不足的主要原因。本研究的调查结论也进一步证实了企业履行社会责任的关键障碍是增加成本，企业承担社会责任获得的

益处中最不被调查对象认同的就是提高财务绩效。因此，企业实现社会责任首先应解决成本与收益失衡问题。解决企业社会责任成本与收益失衡问题、一方面需要发挥政府“有形的手”的政策调控作用，另一方面需要借助市场这只“无形的手”引导资源配置，将稀缺的资源配置到社会责任表现较好的企业。社会责任投资（Social Responsibility Investment，SRI）作为一种全新的投资理念，是将投资决策与经济、社会、环境相统一的一种投资模式，要求投资者在投资时不应单纯的对经济回报感兴趣，还应考虑社会公义、经济发展、世界和平与环境保护等，以推动经济的可持续发展。社会责任投资在进行投资决策时，社会责任投资者不仅关注企业在财务方面的业绩表现，同时还关注企业利润的可持续性、人权状况、消费者问题、社区贡献、环境保护、社会道德以及公共利益等社会伦理标准。与以往只关注财务绩效的传统投资模式不同，社会责任投资在传统的选股模式上增加了企业环境保护、社会道德以及公共利益等方面的评估标准，是一种更全面的考察企业的可持续发展能力的投资方式。

社会责任投资是以一种更全面的方式考察企业的可持续发展能力的新型投资方式，更加关注企业的长期价值，要求企业在节约资源、不破坏环境的前提下发展经济以获取长期持续的收益，其全新的投资理念引起了资本市场投资者的密切关注，在美国、英国等发达国家的资本市场得到快速发展。美国是社会责任投资最大的市场，吸引了大量的社会责任投资者，社会责任投资占全部投资基金的比例逐年增长。英国的《退休金法》鼓励企业把退休基金投向社会责任领域，日本也鼓励社会责任投资。有研究表明，机构投资者将企业的社会表现作为其投资决策的依据，企业良好的社会表现容易吸引来大量拥有特定资源的机构投资者。社会责任投资追求经济盈余、社会盈余和生态盈余的协调发展，引导资金配置到企业与社会、环境和谐发展的产业上，使每个企业都关注社会责任、履行社会责任信息。正是社会责任投资的经济、社会、环境属性，使得这项新型投资产品在资本市场得到了投资者的青睐和持续关注，成为全世界基金管理界不可忽视的一支新兴投资力量。然而中国的社会责任投资尚处于初步发展阶段，需要利益相关各方与资本市场联手培育和发展社会责任投资，通过发挥资本市场对资源配置的信号作用，激励企业积极履行社会责任。通过大力发展社会责任投资基金，引导资源流向社会责任履行较好的企业，进而促进企业积极承担社会责任并高质量的披露社会责任信息。

社会责任投资作为一种为了适应可持续发展而产生的金融衍生产品，其有效的将投资目的与社会、环境及伦理问题融合到一起，寻求将资金投放到对社会负责任的企业，通过投资的形式为那些承担社会责任的企业提供资金支持。社会责任投资将财务绩效、地区发展、社会贡献、环境保护、生态治理等多项指标整合到投资评价中，要求企业在节约资源、不破坏环境的前提下发展经济，保证投资所用的资本总量在不被用完的前提下长期持续获取收益。由于企业社会责任投资的投资决策依据不再是单一的财务指标，企业为了在社会绩效和环境绩效上加分，以获取资本市场有限的资源，就会积极承担社会责任，同时会积极披露社会责任信息，以避免由于信息不对称而导致投资者发生逆向选择行为。在市场这只“无形的手”的作用下，资源会自动流向社会责任履行情况较好的企业，补偿了企业因履行社会责任而发生的成本；同时，机敏的投资人也会将资本从社会责任表现较差的企业撤出，市场自动惩罚了社会责任履行情况较差的企业。通过社会责任投资的资源配置激励和“惩罚性选择”，使经济绩效和社会责任绩效同时突出的企业在资本市场中脱颖而出，获得资源优先配置的奖励，从而促使企业管理层关注社会责任问题，在追求经济目标中合理关注环境和与社会问题，实现经济、社会和环境的协调可持续发展。通过资源配置的调节作用，市场自动实现了企业社会责任成本与收益的均衡。

5.2.3 社会推进

由于企业社会责任具有契约属性，是企业对签订交易契约和社会契约的利益相关者应该承担的责任，因此，企业社会责任的实现是国家、社会和企业三方博弈的结果。即使在社会责任发展较为成熟的西方国家，企业社会责任并不是完全靠企业家的自我觉醒实现的，而是在以公民社会为基础的各种社会运动的推动下发展起来的。社会力量虽然不能对企业承担社会责任形成强制性约束，但可以凭借其参与主体的多样性和参与方式的灵活性等优势对企业的社会责任行为形成无形的约束。因此，依靠社会力量推进企业实现社会责任是一条有效的路径。社会治理模式强调通过社会公众的压力将企业的社会责任问题内化于企业的市场交易行为之中，既避免了自由市场下企业追求经济价值最大化导致的社会责任缺失问题，也避免了政府治理模式下高昂的治理成本，因此，社会治理是未来企业社会责任治理的发展方向（杨春方，2012）。

（1）通过媒体的舆论宣传，营造企业履行社会责任的氛围

以媒体为代表的社会型利益相关者是推进企业社会责任的一股重要力量。本研究对中美企业中高层管理人员的调查结果表明，在企业社会责任监督力量中，媒体的重要性排第一位。因此，在推动企业实现社会责任的过程中，必须充分发挥媒体的舆论宣传导向作用。一方面，以社会舆论为代表的新闻媒体，对企业非道德行为的报道和社会责任的宣传引导，反映了社会群体对

社会责任的认识及企业应该如何响应外界需求的要求；另一方面，媒体产生的社会舆论监督压力和声誉机制，可促进企业将自身行为逐渐修正、调整为社会所认可的行为规范。媒体的宣传报道能够引领舆论导向，塑造社会公众的责任消费意识，对企业履行社会责任形成外在的压力。媒体对企业财务欺诈、侵害劳工权益、污染环境等社会责任负面事件的报道能够产生强大的社会舆论压力，促进企业修正自身的社会责任行为，同时对其他企业起到警示作用。媒体对社会责任表现良好的企业进行正面报道，宣传其积极参与环境保护、社会公益、捐赠捐赠等社会责任活动，一方面能够提升这些企业的社会形象和声誉，进一步激发其承担社会责任的积极性；另一方面也会产生一定的模仿效应，带动其他企业积极承担社会责任。此外，媒体对企业社会责任行为的宣传报道能够在一定程度上消除信息不对称现象，降低利益相关者对企业社会责任行为的监管成本。因此，发挥媒体的舆论宣传和导向作用，以正确的价值观来影响企业的社会责任行为，培育良好的社会责任氛围，有助于潜移默化的影响企业的社会责任行为。

（2）通过学术界的理论研究，为企业履行社会责任提供理论与方法指导

通过对中国多家企业发布的社会责任报告进行分析后发现，当前中国企业社会责任报告不管在内容上还是形式上都缺乏客观性和可比性，社会责任报告的内容多以文字描述的形式呈现，缺乏量化的数据分析，可验证性较差，导致信息使用者无法对企业的社会责任履行情况做出客观、准确的判断，同时也导致企业之间的社会责任报告缺乏可比性。学术界作为企业社会责任研究的主要力量，应该担负起中国企业社会责任理论体系建设的重任，协助政府部门制定《企业社会责任会计准则》《企业社会责任信息编报标准》《企业社会责任评价准则》等相关文件，为企业履

行社会责任提供理论指导和行为规范。

学术界应该发挥其资源与技术优势，依托高校或研究机构，汇聚权威专家和知名学者的力量，打造权威的企业社会责任评价中心，定期发布企业社会责任评价指数。该评价中心必须独立于任何企业，以保证评价数据的公允性和评价结果的公信力。作为中国的企业社会责任评价中心，一定要植根于中国的市场环境和所处的社会责任发展阶段，不能照搬国际标准。评价中心可以在参考社会责任国际标准的基础上建立适合中国国情的企业社会责任评价体系，出台中国企业社会责任评价指数，并公开发布中国企业社会责任指数排行榜，对中国企业的社会责任履行水平进行定期评价，使利益相关各方了解企业社会责任的履行情况，以促进市场根据“优胜劣汰”法则淘汰社会责任表现较差的企业，从而间接推动企业实现社会责任。

（3）培育成熟的市民社会，为企业履行社会责任奠定社会基础

一个成熟的市民社会是推动企业社会责任发展的社会基础。因为只有发育充分的市民社会才能承载各式各样的民众团体和组织，从而发起广泛而持久的社会责任运动，推动企业实现社会责任。西方国家的社会责任运动发展经验证明，市民社会中的劳工组织、宗教团体、女性组织以及其他非政府组织的积极参与是推动企业履行社会责任的不可缺少的力量。中国目前尚缺乏一个成熟的市民社会，宗教团体、非政府组织等社会团体对企业的影响力相对微弱。本研究对中国企业社会责任驱动因素的问卷调查表明，在驱动企业承担社会责任的外部压力中，宗教影响排在最后一位；而在推动企业承担社会责任的利益相关者中，NGO 排在最后一位。这充分说明中国企业社会责任运动不能照搬西方发达国家的经验，必须在充分发挥政府、市场和媒体等推进力量的作

用的前提下，精心培育中国的市民社会，只有广大社会公众普遍提高了社会责任意识，成为成熟的消费者群体，能够运用自己的货币投票实现其责任消费诉求，同时中国的非政府组织能够担负起领导行业标准制定的重任时，才能真正形成推动企业社会责任发展的外部压力，促进中国企业全面履行社会责任。

5.3　基于利益相关者协同治理的企业社会责任实现机制

5.3.1　利益相关者协同治理模式下企业实现社会责任的可行性分析

企业社会责任发生效用需要经过漫长的过程，虽然从长期看，企业履行社会责任对其自身利益的增长是有利的，但无法回避的事实是，从短期来看，履行社会责任会造成企业成本的增加，从而与企业的短期利益目标发生冲突。在企业管理层的“近视效应”下，企业会丧失主动履行社会责任的内在动力，企业社会责任的自我实现机制就会失效，此时就需要政府这只“有形的手”发挥政策引导与激励作用。根据利益相关者理论，不同类型的利益相关者与企业签订的契约类型不同，其对企业的利益诉求也存在一定的差异。建立高效的利益相关者对话机制，有助于提高利益相关者参与推动企业履行社会责任的积极性（何德旭、张雪兰，2009）。股东作为组织型利益相关者的身份决定了其逐利性的天然目标，因此股东在推动企业履行社会责任时必然会在成本与收益之间进行权衡，只有履行社会责任的收益大于成本时，股东才有动力去积极推动企业承担社会责任。而交易型利益相关者和社会型利益相关者具有推动企业承担社会责任的天然动机和偏好，因为企业履行社会责任的过程也是满足其利益诉求的过程，企业社会责任实现的效果决定了其利益满足的程度。但是在交易型利益相关者和社会型利益相关者内部，不同的利益相关者也具有不同的动机，对企业社会责任的推动作用也不同。据现实情况来看，从任何一类利益相关者的角度构建企业社会责任实现机制都存在一定的缺陷。

实证研究表明，企业社会责任的政府治理模式由于信息不对称及官僚主义，容易带来高昂的治理成本和“天花板效应”，误导企业将政府标准当成承担社会责任的最高标准，抑制企业社会责任水平的充分发挥（杨春方，2012），而媒体的舆论宣传和报道可以营造企业履行社会责任的氛围，在一定程度上可以弱化政府治理产生的“天花板效应”。企业社会责任的内部实现机制虽然能充分调动企业承担社会责任的积极性和主动性，但如果没有社会责任外部治理机制的激励和制约，企业逐利性的本质就会使其逐渐偏离“社会目标”的轨道而重新回到“经济目标”的轨道，从而使企业失去履行社会责任的自觉性和积极性。企业社会责任外部实现机制可以在一定程度上矫正企业的社会责任行为。当企业偏离“社会目标”时，政府可以通过政策规制强制性将企业拉回实现“社会目标”的轨道，市场也可以通过资本市场的资源配置或者供应链市场的“优胜劣汰”法则引导企业将“经济目标”与“社会目标”并轨，通过市场激励机制的作用使企业在做正确的事情的同时实现经济效益和社会效益的协同增长，而社会力量也会通过强大的舆论压力将偏离社会目标太远的企业重新挤回正确的轨道，促使其履行社会责任。本研究对中美企业中高层管理人员的调查结果也表明，公司领导者、政府与行业监管者、媒体、股东和商业合作伙伴是推动企业社会责任发展的重要利益相关者。从长远来看，应该建立“政府—企业—市场—社会”协同治理的企业社会责任实现机制，通过多方利益相关者的有效合作与良性互动实现企业社会责任的可持续发展。

5.3.2　基于利益相关者协同治理的企业社会责任实现机制设计

基于上述理论分析，本书从“政府—企业”“企业—市场”“企业—社会”三个方面构建利益相关者协同治理的企业社会责任实现机制，以充分发挥不同利益相关者在企业社会责任治理中的作用，持续推动企业履行社会责任。

首先，建立“政府—企业”协同治理的企业社会责任实现机制。政府应该通过社会责任立法，为企业提供基本的社会责任行为规范，引导企业履行基本的社会责任，并通过政策倾斜、财政补贴等政策杠杆的调节作用，激励企业主动承担更高层次的社会责任。企业通过承担社会责任，树立良好的社会形象，从而获得政府更多的政策支持、税收优惠或者政府采购订单，促进企业提高经济效益的同时进一步激励企业承担更高层次的社会责任，从而形成政府与企业良性互动的社会责任发展局面，使企业在和谐的政企关系中顺利实现社会责任。

其次，建立“企业—市场”协同治理的企业社会责任实现机制。企业通过履行社会责任向市场提供具有社会责任属性的产品，赢得良好的公司声誉，从而吸引更多的订单，增加公司的市场价值和社会价值。而兼具市场价值和社会价值的企业会吸引社会责任投资者的关注，赢得更多的投资机会，吸引更多的优质资源流向企业，在促进企业可持续发展的同时也使企业有能力承担更多的社会责任。这种企业与市场相互影响相互促进的社会责任治理模式，增强了市场的信号传递作用，在促进企业实现社会责任的同时也使市场变得更加完备。

再次，建立“企业—社会”协同治理的企业社会责任实现机制。通过媒体的舆论宣传、学术界的理论指导和市民社会的推动为企业履行社会责任创造氛围和条件，使企业在社会责任运动的大背景下不得不融入社会责任意识的主流，以免被社会边缘化而失去竞争优势。社会责任表现较好的企业会受到媒体的正面宣传而受到市民社会的关注，赢得良好的社会声誉，获取其他企业无法比拟的社会资本，进而激发企业继续承担社会责任的热情。出现社会责任丑闻的企业会受到媒体的负面报道，这样的企业要么被成熟的市民社会剔除出市场，要么主动承担社会责任以弥补声誉损失，以良好的社会责任形象重新赢得市场。由于企业的生存与发展离不开其所处的社会环境，企业与社会协同治理的模式是企业社会责任长期发展的基础和保障。

不管是政府与企业的协同治理模式，还是市场与企业、社会与企业的协同治理模式，都不是孤立存在的，而是相互影响相互促进的，任何一种治理模式的缺位都会阻碍企业社会责任的正常发展。因此，本书从利益相关者协同治理的视角，构建多元主体协同治理的企业社会责任实现机制，如图 5 - 1 所示。

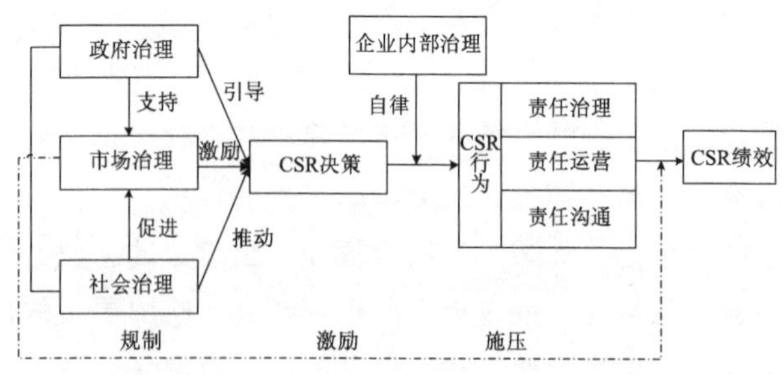

图 5 - 1　企业社会责任实现机制

从图 5－1 可以看出，政府治理、市场治理和社会治理作为企业社会责任的外部治理模式，分别在企业社会责任实现机制中扮演着引导者、激励者和推动者的角色，共同影响着企业社会责任的发展。通过企业内部治理的自律作用，将企业的社会责任决策转化为实际的社会责任行动，通过企业的责任治理、责任运营和责任沟通将企业的社会责任表现呈现在利益相关者面前，各个利益相关者根据企业的社会责任表现做出进一步的反应，政府、商业合作伙伴、媒体等可以选择对企业进行进一步的政策规制、市场激励或者施加压力，促使企业继续保持或调整当前的社会责任行为，最终实现企业的社会责任绩效。“政府—企业—市场—社会”协同治理的企业社会责任实现机制如同在不同的社会责任治理模式之间架起了一座桥梁，使各种社会责任治理模式之间相互支撑相互补充，政府治理、市场治理和社会治理都必须通过企业内部治理才能发挥外部治理应有的作用，而企业内部治理必须在外部治理的推动下才能避免“经济人”天生的自利性和行为惰性而积极承担社会责任。同时，政府治理、市场治理和社会治理之间也不是孤立的，政府治理可以为市场治理提供制度保证和政策支持，使市场治理能有效的发挥对企业社会责任的激励作用；而社会治理所营造的社会责任氛围可以为市场治理扫清意识障碍，促进责任采购、责任消费和责任投资的顺利发展。基于利益相关者协同治理的企业社会责任实现机制弥补了单一治理模式的不足，使各种治理模式的优势在利益相关者共同治理的框架内发挥协同效应，共同促进企业社会责任的长期稳定发展。

在一个公民社会，企业不能只追求单一的经济责任，必须承担起环境保护、社区发展、消除贫困等多元责任，致力于企业经济效益、社会效益和环境效益的协同发展。一个没有社会责任意识的企业不可能实现可持续发展，而一个缺少具有社会责任感的企业的社会，也不可能实现和谐发展。惟有全社会共同创造条件推动企业社会责任发展，使企业将社会责任的外在压力转化为内在动力，才能从根本上推动企业社会责任的发展，形成企业与社会、环境的良性互动，使企业社会责任进入良性循环的格局，真正实现社会的和谐和可持续发展。

5.4 本章小结

本章内容首先构建基于责任治理、责任运营和责任沟通的企业社会责任内部实现机制和基于政府引导、市场激励和社会推进的企业社会责任外部实现机制，进而提出多元主体协同治理的企业社会责任实现路径。在对利益相关者协同治理模式下企业社会责任实现路径的可行性进行分析的基础上，构建基于利益相关者协同治理的企业社会责任实现机制，最终完成对企业社会责任实现路径的探索。

第6章

企业社会责任评价体系

随着全球气候环境的变化，社会责任问题引起国际社会的高度重视，不仅发达国家重视社会责任，发展中国家也开始关注社会责任问题。许多跨国公司已经将社会责任作为选择商业合作伙伴的一个基本条件和履约标准。社会责任评价作为测度企业社会责任履行效果的重要工具，受到了国际社会的广泛关注。综观国际社会责任运动的发展，外部评价一直是促进企业社会责任发展的重要因素。国际社会相继开发出了 KLD 指数、道琼斯可持续发展指数（The Dow Jones Sustainability Indexes，DJSI）SA8000、ISO26000 等一系列社会责任标准。中国工业经济联合会、中国企业评价协会也分别于 2010 年、2014 年制定了《中国工业企业及工业协会社会责任指南》（GSRI – CHINA2. 0）、《中国企业社会责任评价准则》等标准。本书在对国内外相关评价标准进行系统梳理和分析的基础上，基于对企业社会责任本质的揭示及对企业社会责任内容与边界的界定，从利益相关者的视角构建多维度多层次的企业社会责任评价体系，以期为利益相关各方评价企业社会责任履行情况提供参考标准与方法。

6.1 企业社会责任评价标准相关研究

为了推动社会责任运动的发展，各国政府、企业、研究机构以及国际组织等相继推出了一系列社会责任标准。梳理相关文献后发现，目前企业社会责任评价标准主要有三类：（1）由媒体推出的企业社会责任评价标准，如美国《财富》杂志的“最受尊敬企业调查”，这类评价标准通常主观性较强，偏重于反映各类媒体自身的价值取向；（2）由社会责任研究领域专家和学者提出的企业社会责任评价标准，这类评价标准比较重视指标的理论价值，但不足之处是存在很多难以量化的指标，在实践中很难直接应用；（3）由国际机构、行业协会或知名投资公司提出的评价标准，如SA8000、KLD指数等。其中，第三类评价标准影响较大且应用范围较为广泛，本书以该类标准为基础对国内外影响较大的社会责任评价标准进行系统梳理。

6.1.1 企业社会责任评价国际标准

国际劳工组织（ILO）在1948—1999年间相继提出了一系列核心公约①，为全球各国企业在雇佣、培训、工作条件、劳资

① 国际劳工组织8项公约的基本内容为：（1）结社自由和保护组织权利公约（第87号公约，1948年）；（2）组织和集体谈判权利公约（第98号公约，1949年）；（3）强迫劳动公约（第29号公约，1930年）；（4）废除强迫劳动公约（第105号公约，1957年）；（5）就业和职业歧视公约（第111号公约，1958年）；（6）同工同酬公约（第100号公约，1951年）；（7）最低就业年龄公约（第138号公约，1973年）；（8）最恶劣形式童工劳动公约（第182号公约，1999年）。

关系等方面的活动确立基本的行为准则。核心公约中关于结社自由、就业歧视、职业安全、工作时间、劳动报酬等方面的规定，成为各国企业履行社会责任的行为标准。

KLD 指数是由美国波士顿的 **KLD** 公司于 1988 年推出的一套用于评价公司对利益相关者承担责任与否的评级标准。该标准采用八个与企业社会责任绩效相关的变量评价企业对其利益相关者应承担的责任。这八个变量分别是产品安全、社区关系、环境保护、妇女及少数民族问题、员工关系、核能、军事消减和南非问题等，分别代表了企业对员工、顾客、环境、社区和整个社会的责任。在所选范围内评估每个公司的环境，社会和治理的绩效，并使用一个共同的全球评价和分析系统然后根据企业绩效评价结果，分行业排名。为了让行业排名更可比，**KLD** 定义关键绩效指标（环境、社会、治理）和相应的权重。**KLD** 指数的特点在于能够反映了整个社会的投资者所关注的普遍问题，因此 **KLD** 指数被看作是“最完整的全球权益指标”，被投资者广泛应用于投资项目评价。

社会责任国际（SAI）（1997）制定了全球首个可用于第三方认证的社会责任标准，即 SA8000。该标准的宗旨是“赋予市场经济以人道主义”，从童工、歧视、强迫性劳动、职业健康与安全、工会自由与集体谈判、惩罚措施、工作时间、工资福利等 9 个方面规定了企业应该承担的基本社会责任，旨在保护员工的基本权益。

道琼斯公司和瑞士苏黎世的可持续资产管理公司（1999）联合推出了道琼斯可持续发展指数（The Dow Jones Sustainability Indexes，DJSI），从经济、社会和环境 3 个方面对公司经济、环境、社会因素产生的机会和风险进行评估，从投资的角度对企业的可持续发展能力进行评价。DJSI 标准分为两类：通用标准和与特定产业相关的标准。通用标准适用于所有产业，其选定基于对产业可持续发展所面临的一般性挑战的判断，包括公司管理、环境管理和绩效、人权、供应链管理、风险危机管理和人力资源管理等；与特定产业相关的标准主要考虑特定行业所面临的挑战和未来发展趋势，两类指标权重各占 50%。道琼斯可持续指数承认不同行业所履行的社会责任也不同，因此在其评估体系中也加入行业因素，权重也因行业而定。经济、环境、社会 3 个维度的重要性与影响程度也不相同，其中经济维度所占的权重最高，第二是社会，第三是环境。

联合国（2007）启动一份战略性政策倡议书，即《全球契约》（The Global Compact），内容涉及人权、劳工标准、环境保护、反腐败等 10 项基本原则，要求企业在各自的影响范围内遵守、支持并实施这些基本原则，以更好的参与全球经济与社会事务。

国际标准化组织（ISO）（2010）发布《社会责任指南》（ISO26000），确定社会责任的 7 个核心议题，即组织治理、人权、劳工实践、环境、公平运营实践、消费者问题、社区参与和发展。ISO26000 是全球第一个全面涉及政治、经济和伦理道德的社会责任国际标准，适用于全球所有类型的组织，它的影响力将比以往的社会责任标准更强、更广，被誉为社会责任发展的里程碑。ISO26000 属于行动指南，其明确指出“它不试图用于或不适用于认证目的，或者法规或合同用途。”ISO26000 的主要目的在于为组织提供社会责任指导，而非认证标准。

2013 年，全球报告倡议组织（GRI）发布可持续发展报告指南（G4），旨在为组织编制可持续发展报告提供标准和指南。G4 规定了特定标准揭露应包含的指标，即经济、环境和社会，其中社会指标又细分为劳工、人权、社会和产品责任。

此外，公平劳动协会（FLA）[①]、道德贸易倡议（ETI）[②] 和赤道原则[③]等分别从工作环境、劳工权益、项目融资的社会与环境风险等方面倡议组织应该承担的主要社会责任。这些倡议和原则逐渐成为跨国公司履行社会责任的行动指南或参考标准。

6.1.2　中国企业社会责任评价标准

除了社会责任国际标准，中国政府相关部门、企业、行业协会、研究机构等也相继制定了一系列适用于不同行业、不同所有制性质企业的社会责任标准。

2005 年，中国纺织工业协会制定了《中国纺织企业社会责任管理体系》（CSC9000T），这是国内第一个行业企业社会责任管理体系，其采用的指标体系包括管理体系、劳动合同、童工、强迫或强制劳动、工作时间、薪酬福利、工会和集体协商、歧视、性骚扰与虐待、职业健康与安全共 10 个方面的一级指标和下设的具体的 42 项二级指标。

2006 年 9 月，深圳证券交易所发布了《深证证券交易所上市公司社会责任指引》，由此成为世界上第三个发布同类倡议的证券交易所。该指引从股东和债权人、职工、供应商、客户和消费者、环境与可持续发展、公共关系和社会公益事业、制度建设和信息披露等多角度设立社会责任评价指标，要求上市公司定期评估社会责任履行情况并发布自愿性报告。

---

① 公平劳动协会是由负责任的公司和公民社会组织等联合成立的合作机构，宗旨是改善全球工人的工作条件。详细信息参见：www. fairlabor. org。

② 道德贸易倡议是由公司、工会和自愿组织结成的联盟，旨在提高全球消费品产业工人的工作条件。详细信息参见：www. ethicaltrade. org。

③ 赤道原则是全球金融行业融资的基准原则，用于在项目融资中确定、评估和管理社会及环境风险。详细信息参见：www. equator - principles. com。

浙江华盟文化传播有限公司（2007）推出《HM3000 中国企业社会责任标准体系》，从股东、员工、客户、商业文明、生态环境、社会事业等 6 个方面评价企业社会责任，这是中国首个较系统的企业社会责任标准体系。

中国可持续发展工商委员会（2007）制定《中国企业社会责任推荐标准和实施范例》，分别从人权、员工权益、竞争与合作、产品与服务、资源节约和生态保护、文化多样性、公共关系、社区建设、公益事业等方面设置包含员工、产品、环境和社会在内的 4 个一级指标及 9 个二级指标，用于对企业的社会责任行为进行评价。

2008 年初，国务院国资委制定并发布了《关于中央企业履行社会责任的指导意见》，将中央企业应当履行的社会责任划分为经济责任、环境责任、社会责任三个方面，在三个一级指标下设立 8 个主要的二级指标。

2008 年，中国国际贸易经济合作研究所起草了《外商投资企业履行企业社会责任指引》。该指引提出了政府对于企业遵守社会责任的期望，以及有关责任和义务的建议。

上海证券交易所在 2009 年发布了“社会责任指数”，该指数由上交所 100 只社会责任表现良好的股票组成。

2010 年 12 月，在中国对外承包工程商会第六次会员代表大会上，首个中国企业海外社会责任建设的自愿性标准——《中国对外承包工程行业社会责任指引》正式发布。该《指引》旨在为中国对外承包工程企业树立社会责任建设的标尺，推动企业树立全球责任观念，以更加负责任的方式开展对外承包工程业务。

杭州市政府（2010）发布《杭州市企业社会责任评价体系》，成为中国地市级以上城市政府出台的第一份企业社会责任标准。该指标体系分别从市场责任、环境责任、用工责任、公益责任和社会评价 5 个方面设置 50 项评价指标，由第三方机构依据该评价标准对杭州市企业的社会责任履行情况进行评价。

中国工业经济联合会（2013）发布《中国工业企业社会责任评价指标体系》，规定了企业社会责任评价的基本原则、评价指标及其应用。该指标体系分别从社会责任价值观与战略、社会责任推进管理、经济影响、社会影响、环境影响等 5 个方面构建包含 5 项一级指标、22 项二级指标和 98 项三级指标的评价体系，用以评价中国工业企业的运营活动对利益相关方及自然环境等的影响。

中国社会科学院企业社会责任研究中心（2014）从责任管理、市场绩效、社会绩效和环境绩效 4 个方面，建立企业社会责任通用指标体系和分行业指标体系，对国有企业、民营企业和外资企业的社会责任履行情况进行评价，并定期发布中国 100 强企业社会责任发展指数。

中国企业评价协会和清华大学社会科学学院（2014）联合发布《中国企业社会责任评价准则》，该准则分别从法律道德、质量安全、科技创新、诚实守信、消费者权益、股东权益、员工权益、和谐社区、能源环境、责任管理等 10 个维度设置企业社会责任评价指标，用以评价企业的社会责任履行效率和效果。

对国内外企业社会责任评价标准梳理后发现，国外的企业社会责任评价标准多由专业的评估机构制定，且有一套相对成熟的理论和方法，然而由于制度背景和文化背景的差异，国外的企业社会责任评价标准与方法很难直接适用于中国企业。中国目前虽然存在较多的企业社会责任评价标准，但都有各自的适用局限性，缺乏统一的社会责任数据平台支撑，权威性和影响力不足。无论是利益相关各方对企业社会责任履行绩效评价的需要，还是企业内部加强社会责任管理的需要，中国都亟需加强对企业社会责任评价标准的研究。

6.2 企业社会责任评价体系设计

企业社会责任评价体系是一个复杂的系统，其涵盖了企业应当承担的对员工、商业合作伙伴、顾客、政府、社区、自然环境等利益相关者的责任的各个主要方面。企业社会责任评价体系设计适当与否，直接关系到评价结果的质量与价值导向。因此，评价体系设计是企业社会责任评价的关键环节。

6.2.1 企业社会责任评价的维度

企业社会责任评价的内容涵盖企业对利益相关者应承担的社会责任的各个主要方面。根据前述理论分析，企业应承担的社会责任包括企业对交易型利益相关者的责任和对社会型利益相关者的责任，具体内容包括员工责任、商业责任、环境责任、治理责任和公益责任。因此，本书从员工责任、商业责任、环境责任、治理责任和公益责任 5 个维度对企业的社会责任履行情况进行评价，以全面反映企业对利益相关者的综合贡献。

（1）员工责任

员工以其智力资本投入企业而成为企业重要的利益相关者，是企业技术创新的源泉与持续发展的动力，因此，员工责任是企业应当承担的最基本的社会责任。根据前文对员工责任的分析可知，企业应该承担的员工责任内容包括为员工提供平等的雇佣机会，健康的工作环境，维护员工合法权益，改善员工福利待遇，为员工提供职业发展与教育的机会及职业生涯规划指导等。据此，本书将员工责任评价的内容界定为人权、职业健康与安全、职业教育与发展、薪酬与福利 4 个方面，分别从这 4 个维度设置员工责任评价指标。

（2）商业责任

商业责任是企业应当承担的对商业合作伙伴的责任，具体内容包括企业对供应链伙伴的责任，即诚信经营、信守合同、公平交易；对债权人的责任，即保持良好的商业信用，按期偿还贷款和利息，维护债权人权益；对消费者的责任，即保证产品质量与安全、合理定价、保护消费者隐私及提供优质的售后服务等。据此，本书将商业责任评价的内容界定为责任运营、产品质量与安全、商业信用、客户关系 4 个方面，分别从这 4 个维度设置商业责任评价指标。

（3）环境责任

环境责任是指企业应当承担的保护环境、节约能源及维护生态平衡的责任。企业应承担的环境责任的内容包括建立企业环境管理体系，加大环保投资，节约能源，减少碳排放，提高工业“三废”综合利用率，加强对绿色产品研发与技术创新，治理厂区周边的生态环境，保护非人类物种等。据此，本书将环境责任评价的内容界定为节能减排、生态保护、环境管理 3 个方面，分别从这 3 个维度设置环境责任评价指标。

（4）治理责任

治理责任要求企业建立完善的公司治理结构，科学的决策机制，透明的采购制度及招投标制度，公开、透明的信息披露政策，并坚决杜绝商业贿赂及腐败行为，为商业合作伙伴营造公平、公正的商业氛围。据此，本书将治理责任评价的内容界定为公司治理和商业腐败治理 2 个方面，分别从这 2 个维度设置治理责任评价指标。

（5）公益责任

公益责任是指企业应当承担的对政府、社区、媒体、自然环境、NGO 等社会型利益相关者的责任，属于企业自愿承担的最高层次的社会责任。根据前文的分析可知，社会型利益相关者虽然未与企业签订显性契约，但他们为企业提供了赖以生存与发展的政治、经济和社会环境，企业应当自觉承担对社会型利益相关者的责任。企业承担公益责任的主要内容包括保持纳税增长，促进就业，支持社区发展，为社区居民提供培训和就业机会，支援公共设施建设，参与社会公益事业，提供公共教育发展基金，帮助弱势群体，促进经济繁荣和消除贫困等。据此，本书将公益责任评价的内容界定为纳税与就业、社区发展、社会公益 3 个方面，分别从这 3 个维度设置公益责任评价指标。

6.2.2 企业社会责任评价指标选取的原则

企业社会责任评价体系是一个复杂的系统，其涵盖了企业应承担的对员工、商业合作伙伴、顾客、政府、社区、环境等利益相关者的责任的各个主要方面。社会责任评价指标选取适当与否，直接关系企业社会责任评价结果的质量与价值导向。为了使企业社会责任评价结果更加客观、真实，企业社会责任评价指标必须具备一定的质量特征，科学、合理的评价指标选取原则可以为企业社会责任评价提供质量保证。本书在评价指标的选取上充分考虑了以下原则：

（1）科学性原则

企业社会责任评价指标的选取必须经过严密的理论论证和充分的实践调研，确保评价指标的选取具有科学的理论依据，并使整套评价指标体系能够科学反映企业自身运营活动对利益相关者的影响和贡献。科学性原则要求企业社会责任评价指标应具有一定的层次性，同一级次之间的指标要具有一定的独立性，不同级次之间的指标要具有一定的逻辑性，以使评价指标之间既具有独立性又具有逻辑关联性，构成一个逻辑清晰、层次分明的整体。整套评价指标体系的设计要根据各项指标对实现社会责任评价目标的相对重要程度进行取舍，并通过评价指标权重的设置使整套评价指标体系既突出重点又兼顾相对均衡，实现企业社会责任评价系统的最优化。只有以科学性原则为指导，所选取的评价指标才具有客观性和可靠性，相应的企业社会责任评价结果才具有真实性和可信性，才能准确反映企业履行社会责任的效率和效果。

（2）全面性原则

全面性原则是指企业社会责任评价指标的选取应当以系统思维的方式和全局性的眼光考虑企业与利益相关者的关系，所选择的评价指标应该能够全面涵盖企业应承担的社会责任的各个主要方面，体现企业对交易型利益相关者和社会型利益相关者的履责承诺以及对经济发展、社会进步和环境保护的综合贡献。

（3）客观性原则

客观性原则是指评价指标的选取应该以客观事实为基础，采用科学的方法客观分析企业的经营活动及相关行为对利益相关各方的影响，选择能够真实反映企业社会责任行为的各个主要方面的评价指标，使整套评价指标能够客观反映企业社会责任的履行效率和效果，以增强评价结果的客观性和可验证性。

（4）导向性原则

企业社会责任评价指标的选取应该体现导向性原则，反映利益相关各方对企业的期望和要求以及社会的价值导向。企业社会责任评价指标体系的设计应以促进企业实现可持续发展为目标，促使企业关注自身经营活动对环境和社会的影响，并通过评价指标权重设计来体现企业社会责任评价的目标和价值导向，促进企业将环境目标和社会目标纳入企业的长期战略规划，以引导企业做出符合利益相关者期望的行为，促进经济、社会、环境效益的协同发展。

（5）可操作性原则

获取真实可靠的数据是对企业进行社会责任评价的前提和基础。在进行企业社会责任绩效评价各项指标的选取时，应考虑所选用指标在实践中是否便于获取、指标项目有关数据是否能够进行测算和统计，也就是要确保指标具有可行性和可度量性。为了保证数据的可获得性和获取成本的经济性，企业社会责任评价指标的选取应考虑可操作性原则，即所选取的评价指标的相关数据在实践中是否易于获取和测算，数据的获取成本是否符合成本效益原则，避免形成一个庞大复杂的指标群而增加企业社会责任评价成本。可操作性原则下，企业社会责任评价指标在设计时应考虑评价指标在数据获取上应该能够利用各种公开数据，尽可能从企业公开发布的财务报告或社会责任报告中选取评价指标，以保证评价数据的可靠性，同时降低数据采集成本。

此外，在企业社会责任评价指标的选取上，还应该考虑定量指标与定性指标相结合原则以及前瞻性原则。企业社会责任评价指标体系的构成应以定量指标为主，辅以少量定性指标，以评价无法量化的企业社会责任行为。同时，考虑到国际社会责任运动的发展趋势，企业社会责任评价指标体系的设计应该具有一定的前瞻性，体现企业社会责任的未来发展趋势。

6.2.3 企业社会责任评价指标选取的方法

评价指标是联系评价专家与评价对象的纽带，也是联系评价方法与评价对象的桥梁，评价指标选择的好坏对评价对象具有非常重要的作用。本书在对 SA8000、ISO26000、G4 等社会责任国际标准以及中国工业经济联合会发布的《中国工业企业及工业协会社会责任指南》、中国社科院企业社会责任研究中心发布的《中国企业社会责任发展指数报告》、中国企业评价协会制定的《中国企业社会责任评价准则》、中国国家电网推出的《企业社会责任指标体系》等国内外企业社会责任评价标准所列示的各项评价指标进行统计分析的基础上，从员工责任、商业责任、环境责任、治理责任和公益责任5个维度筛选出20项二级指标和64项三级指标，作为企业社会责任评价的初步指标。

考虑到评价指标的可操作性原则，这么多评价指标不宜都列入企业社会责任评价体系，而应该依据一定的标准对初步确定的评价指标进行筛选和优化。依据企业社会责任评价指标的选取原则，本研究运用专家意见法对初步确定的评价指标进行二次筛选，确定拟纳入企业社会责任评价体系的相关指标。首先，本研究邀请企业社会责任领域的理论专家和实践专家对初步确定的评价指标进行筛选，剔除缺乏客观性、数据获取难度大以及冗余的评价指标，根据专家综合意见确定拟纳入企业社会责任评价体系的备选指标；然后，由理论专家和实践专家根据其自身对企业社会责任的认知和企业所处的社会环境现状，对备选指标中所列示的各项评价指标进行评价，如果某项评价指标被超过50%的专家认为不重要，则该项指标将被从企业社会责任评价体系中剔除。根据数据统计结果，确定最终纳入企业社会责任评价体系的各项评价指标。

6.2.4 企业社会责任评价指标的构成

根据企业社会责任评价指标的选取原则和方法，本书采用专家意见法确定纳入企业社会责任评价体系的各项评价指标。首先，本研究邀请企业社会责任研究领域的5位美国教授和4位美国企业高管进行实地访谈，请专家对本研究初步筛选出的20项二级指标和64项三级指标在内容和层次上的合理性进行评价，确定应纳入企业社会责任评价体系的备选指标。根据专家评价结果，确定将18项二级指标和59项三级指标纳入企业社会责任评价体系的备选指标。其次，要求专家对企业社会责任二级指标的重要性进行排序，如果某项二级指标被超过50%的专家认为不重要，则该项二级指标以及其所属的三级指标均将从备选指标中剔除。根据数据统计结果，最终确定16项二级指标纳入企业社会责任评价体系。然后，要求专家对所筛选出的每项二级指标下的三级指标的重要性进行排序，如果某项三级指标被超过50%的专家认为不重要，则该项三级指标将从备选指标中剔除。根据数据统计结果，最终确定50项三级指标纳入企业社会责任评价体系。经过专家的层层筛选，本研究最终确定纳入企业社会责任评价体系的66项评价指标，其中二级指标16项，三级指标50项。

（1）人权

经合组织准则指出，尊重人权是企业的应有行为，与企业履行人权义务的能力和意愿无关，所有的企业，无论规模、行业、经营背景、所有权结构，都应当尊重人权。因此，人权是企业社会责任评价的基本内容。尊重人权包括禁止性别歧视、同工同酬、禁止强迫劳工和使用童工、保护隐私以及基本的社会保障权等。据此，本研究将劳动合同签订率、平等雇佣制度和集体谈判机制作为评价企业人权状况的标准。

（2）职业健康与安全

国际职业健康和安全标准（OHSAS18001）[①] 要求任何企业

① 详细内容参见 www. ohsas. org。

无论地域、规模、行业和性质，都应该认真对待员工的职业健康和安全，采取合理的预防和保护措施，确保员工在工作场所不受到伤害或健康危害，降低职业病发病率。本研究将安全事故死亡率、职业病发病率和安全生产管理体系作为评价企业职业健康与安全的标准。

（3）职业教育与发展

企业有义务为员工提供职业教育和发展的机会，定期对员工进行职业技能培训，为员工提供后续教育的机会，保障员工职业发展的需要。本研究将员工培训制度、员工职业生涯规划指导、员工职业发展与晋升通道作为评价企业的职业教育与发展状况的标准。

（4）薪酬与福利

为员工提供合理的薪酬与福利是企业对员工权益的重要保障。企业应执行最低工资标准制度，保障员工薪酬的合理增长，实行带薪休假制度。本研究设置工资年增长率、社会保险参保率、最低工资标准制度和带薪休假制度等 4 项指标，用于评价企业为员工提供的薪酬与福利情况。

（5）责任运营

责任运营指标反映了企业对供应链合作伙伴的责任。企业应当建立公开、透明的采购制度，为商业合作伙伴提供公平的竞争环境，杜绝欺诈和垄断，确保资金投向具有可持续性发展能力的项目。本研究设置责任采购、责任销售、责任投资和公平诚信等 4 个明细指标，用于评价企业的责任运营状况。

（6）产品质量与安全

产品质量与安全指标反映企业对消费者的责任。保证产品质量与安全是企业应当承担的基本社会责任，也是企业维持市场竞争力的关键。本研究设置产品合格率、产品安全事故发生率、产品质量管理体系等3个明细指标，用于评价企业的产品质量与安全状况。

（7）商业信用

商业信用指标反映企业对商业合作伙伴的责任。企业的商业合作伙伴包括债权人、供应商、分销商等，他们都通过与企业签订交易契约而获得了对企业合法的要求权，企业有义务对这些利益相关者信守合同，保障他们的合法权益不受侵害。本研究设置合同履约率、信用评估等级、利息保障倍数等3个明细指标，用于评价企业的商业信用情况。

（8）客户关系

客户关系指标反映企业对分销商及产品终端消费者的责任。客户是企业最重要的利益相关者，良好的客户关系是企业保有市场份额、获得持续性竞争能力的源泉。企业应加强客户关系管理，设法满足客户需求，从而获得商业竞争优势。本研究设置客户满意度、客户投诉处理率、客户关系管理制度等3个明细指标，用于评价企业的服务质量与客户关系管理水平。

（9）节能减排

节能减排指标反映企业在节约能源、保护环境方面的贡献。自然环境是企业赖以生存和发展的基础，节约能源、减少污染、保护自然环境是企业应该承担的基本社会责任。本研究设置单位产值能耗、工业废物综合利用率、二氧化碳排放强度等3个明细指标，用于评价企业对能源与环境的保护情况。

（10）生态保护

生态保护指标反映企业在生态保护与环境治理方面的贡献。企业应加大节能环保技术的投资力度，尽可能多的使用可再生能源，保护生态环境，维护生态系统平衡和物种多样性。企业对由于自身生产经营活动造成的对生态环境的破坏应主动承担起修复责任，恢复生态环境的原貌。本研究设置节能环保技术投资率、可再生能源使用率、厂区周边生态环境治理等 3 个明细指标，用于评价企业在生态保护方面的履责情况。

（11）环境管理

环境管理指标反映企业环境管理政策和制度的完善程度。企业环境管理制度的完善程度和执行效力对企业在节能减排和生态保护方面的贡献产生重要影响，其环境管理水平直接影响到企业环境责任的履行程度，因此，环境管理是评价企业环境责任的一个重要指标。本研究设置环境管理体系、环境事故应急机制、环境影响评价制度等 3 个明细指标，用于评价企业的环境管理水平。

（12）公司治理

公司治理指标反映企业在治理结构、决策机制等方面的完善程度。企业应建立科学的决策机制，完善的公司治理结构，畅通的利益相关者沟通渠道，保障信息披露的公开、透明。本研究设置治理结构、决策机制、信息披露等 3 个明细指标，用于评价企业的公司治理水平。

（13）商业腐败治理

商业腐败治理指标反映企业对商业道德、公平竞争等商业规则的遵守程度。企业应建立公开、透明的采购制度和招标投标制度，诚信经营，公平竞争，拒绝商业贿赂和腐败行为，为商业合作伙伴营造公平、公正的商业竞争氛围。本研究设置反商业贿赂制度、反商业贿赂培训、商业腐败审查机制等 3 个明细指标，用于评价企业的商业腐败治理水平。

（14）纳税与就业

纳税与就业指标反映企业对社会的经济贡献，是衡量企业对社会型利益相关者履责情况的重要指标。本研究设置纳税增长率、就业贡献率、残疾人雇佣率等 3 个明细指标，用于评价企业在促进经济发展与公平就业方面的贡献。

（15）社区发展

社区发展指标反映企业对社区的贡献，用于衡量企业对社区责任的履行情况。本研究设置社区雇员比率、社区发展经费支出比率、本地化采购政策等 3 个明细指标，用于评价企业在促进社区发展方面的贡献。

（16）社会公益

社会公益指标反映企业对促进社会发展和公共福利提高等所做出的贡献，用于衡量企业对公众这一社会型利益相关者应承担的社会责任的履行效果。本研究设置公益捐赠额占税前利润的比率、公益项目投入金额占利润总额的比率、员工志愿者活动制度等 3 个明细指标，用于评价企业对社会所做出的贡献。

上述企业社会责任评价指标涵盖了企业应承担的对员工、供应商、分销商、债权人、消费者、政府、社区、自然环境、媒体、NGO 等利益相关者的责任的各个主要方面，系统、全面的反映了企业对经济、社会和环境的综合贡献。

6.2.5 企业社会责任评价指标体系构建

依据企业社会责任评价指标的选取原则，本书从员工责任、商业责任、环境责任、治理责任、公益责任 5 个维度构建多层次的企业社会责任评价指标体系，以全面评价企业对利益相关者应承担的社会责任的履行情况。整套评价指标包括 5 项一级指标、16 项二级指标和 50 项三级指标，基本涵盖了企业应该承担的对外部利益相关者的社会责任的各个主要方面。根据企业社会责任评价指标的构建原则，设计企业社会责任评价指标体系，如表 6－1 所示。

表 6－1　企业社会责任评价指标体系

目标	一级指标	二级指标	三级指标
企业社会责任（A）	员工责任（A_1）	人权（A_{11}）	劳动合同签订率（A_{111}）
			平等雇佣制度（A_{112}）
			集体谈判机制（A_{113}）
		职业健康与安全（A_{12}）	安全事故死亡率（A_{121}）
			职业病发病率（A_{122}）
			安全生产管理体系（A_{123}）
		职业教育与发展（A_{13}）	员工培训制度（A_{131}）
			员工职业生涯规划指导（A_{132}）
			员工职业发展与晋升通道（A_{133}）
		薪酬与福利（A_{14}）	工资年增长率（A_{141}）
			社会保险参保率（A_{142}）
			最低工资标准制度（A_{143}）
			带薪休假制度（A_{144}）
	商业责任（A_2）	责任运营（A_{21}）	责任采购（A_{211}）
			责任销售（A_{212}）
			责任投资（A_{213}）
			公平诚信（A_{214}）
		产品质量与安全（A_{22}）	产品合格率（A_{221}）
			产品安全事故发生率（A_{222}）
			产品质量管理体系（A_{223}）
		商业信用（A_{23}）	合同履约率（A_{231}）
			信用评估等级（A_{232}）
			利息保障倍数（A_{233}）
		客户关系（A_{24}）	客户满意度（A_{241}）
			客户投诉处理率（A_{242}）
			客户关系管理制度（A_{243}）

续表

目标	一级指标	二级指标	三级指标
企业社会责任（A）	环境责任（A_3）	节能减排（A_{31}）	单位产值能耗（A_{311}）
			工业废物综合利用率（A_{312}）
			二氧化碳排放强度（A_{313}）
		生态保护（A_{32}）	节能环保技术投资率（A_{321}）
			可再生能源使用率（A_{322}）
			厂区周边生态环境治理（A_{323}）
		环境管理（A_{33}）	环境管理体系（A_{331}）
			环境事故应急机制（A_{332}）
			环境影响评价制度（A_{333}）
	治理责任（A_4）	公司治理（A_{41}）	治理结构（A_{411}）
			决策机制（A_{412}）
			信息披露（A_{413}）
		商业腐败治理（A_{42}）	反商业贿赂制度（A_{421}）
			反商业贿赂培训（A_{422}）
			商业腐败审查机制（A_{423}）
	公益责任（A_5）	纳税与就业（A_{51}）	纳税增长率（A_{511}）
			就业贡献率（A_{512}）
			残疾人雇佣率（A_{513}）
		社区发展（A_{52}）	社区雇员比率（A_{521}）
			社区发展经费支出比率（A_{522}）
			本地化采购政策（A_{523}）
		社会公益（A_{53}）	公益捐赠额占税前利润的比率（A_{531}）
			公益项目投入金额占利润总额的比率（A_{532}）
			员工志愿者活动制度（A_{533}）

从表 6－1 可以看出，企业社会责任评价指标体系分为目标层和指标层，目标层体现企业社会责任的综合表现，指标层反映

企业社会责任评价的维度和内容。其中指标层又分为 3 个层次，分别对应一级指标、二级指标和三级指标。同一级次的各项评价指标之间相互独立，不同级次的评价指标之间通过内在的逻辑关系相互关联，形成一个有机的整体，统一在一个体系之中。整套评价指标从不同的责任维度分别反映了企业应该承担的对员工、商业合作伙伴、政府、社区、自然环境、媒体、NGO 等利益相关者的责任的各个主要方面，体现了企业对社会的综合贡献，反映了企业的公民意识和未来可持续发展能力。

在企业社会责任评价指标体系中，既有定量指标，也有定性指标，两者分别从不同的角度反映企业社会责任的履行情况。为了保证定量指标计算的科学性和精确性，本书对定量指标的计算方法说明如下：

（1）劳动合同签订率 =（已签订劳动合同的员工/企业员工总人数）×100%。该指标反映企业对国家法律法规的遵守程度，指标值越高，说明企业对员工劳动权益的保障程度越高。

（2）安全事故死亡率 =（当年因公死亡的员工数/当年员工总人数）×100%。该指标反映企业安全生产情况，指标值越低，说明对员工的安全保护程度越高。

（3）职业病发病率 =（当年新患职业病的职工人数/职工总人数）×100%。该指标反映企业对员工职业健康的保护程度，指标值越高，说明企业的工作环境及对员工健康的保护程度越差。

（4）工资年增长率 =（当年人均年工资 - 上年人均年工资）/上年人均年工资 ×100%。该指标反映企业对员工责任的履行情况，指标值越大，说明员工的薪酬与福利状况越好。

（5）社会保险参保率 =（参与社会保险的职工人数/职工总人数）×100%。该指标反映企业对员工权益的保障程度，指标值越大，说明企业对员工权益的保障程度越高。

（6）产品合格率 =（合格产品数量/产品总数量）×100%。该指标是衡量企业产品质量的重要指标。该指标越高，说明企业对消费者权益的保障程度越好。

（7）合同履约率 =（已履行合同总量/应履行合同总量）×100%。该指标是衡量企业对供应链合作伙伴的诚信度的一个重要指标，指标越高，说明企业越诚实守信。

（8）利息保障倍数 =（企业息税前利润/利息费用）×100%。该指标用以衡量企业偿还到期借款利息的能力，指标值越高，说明企业偿还长期债务的能力越强，对债权人的保护程度越高。

（9）客户投诉处理率 =（已处理的客户投诉数量/客户投诉的总数量）×100%。该指标反映企业对客户诉求的回应程度，指标值越高，说明企业对客户权益的保护和服务水平越高。

（10）单位产值能耗 = 工业综合能耗/工业总产值 ×100%。该指标反映企业的能源消费水平及节能降耗情况，指标值越低，说明企业在节能降耗方面的表现越佳，企业对环境保护的贡献越大。

（11）工业废物综合利用率① = 工业废物综合利用量/工业废物产生量（包括综合利用往年贮存量）×100%。该指标反映企业对工业废物的合理利用程度，指标值越高，说明企业对废物的综合利用程度越高，在一定程度上也反映了企业的节能环保意识越强。

（12）二氧化碳排放强度 = 企业全年综合碳排放量/企业全

① 该指标的计算方法来源于中华人民共和国国家统计局。

年营业额[①]。该指标用于反映企业经济增长与碳排放量之间的关系。如果企业在经济增长的同时，所带来的二氧化碳排放量在下降，那么就说明企业实现了低碳发展模式。

（13）节能环保技术投资率 =（企业当年节能环保技术项目投资额/当年项目总投资额）×100%。该指标反映企业对节能环保的投资力度，指标值越大，说明企业对环境保护的重视程度越高。

（14）可再生能源使用率 =（企业可再生能源使用量/能源消耗总量）×100%。该指标反映企业对可持续发展的贡献。

（15）纳税增长率 =（企业当期纳税增长额/上期纳税总额）×100%。该指标反映了企业对国家财政收入的贡献，指标值越高，说明企业对经济增长的持续性贡献越大。

（16）就业贡献率 =（支付给职工以及为职工支付的现金/平均净资产）×100%。该指标用来衡量企业为社会提供就业的能力指标越高，说明企业对社会就业率的贡献越大。

（17）残疾人雇佣率 =（雇佣残疾人数量/企业职工总数）×100%。该指标用来衡量企业吸纳残疾人就业的情况，反映了企业对公平就业和社会福利的贡献。

（18）社区雇员比率 =（社区雇员数量/企业职工总数）×100%。该指标用来反映企业对社区的贡献，指标值越高，说明企业对社区居民就业所做出的贡献越大。

（19）社区发展经费支出比率 = 企业社区发展经费支出额/企业支出总额 ×100%。该指标体现了企业对社区发展的投入水

① 计算公式来源于由 WWF（世界自然基金会）碳减排先锋项目和胡润百富联合发布的“2013 年在华非化石能源企业碳强度排行榜”报告中公布的碳排放强度计算方法。

平，指标值越高，在一定程度上说明企业对社区的贡献越大。

上述指标的数据获取方法有两种，一种方法是从企业公开发布的企业社会责任报告（可持续发展报告）或环境报告中直接获取；另一种方法是从公司的财务报告或相关文件中间接获取。

6.3 企业社会责任评价方法与模型

评价方法是企业社会责任评价的重要工具，评价方法选取的适当与否直接影响到企业社会责任评价结果的质量。目前主流的评价方法有多种，如何根据企业社会责任评价的目标和特点，选取科学、合理的评价方法，构建具有一定科学性和可操作性的企业社会责任评价模型，是企业社会责任评价的关键。

6.3.1 企业社会责任评价方法

目前主流的评价方法有多种，每一种方法都有各自的优劣之处，适用于不同特点的评价对象。企业社会责任评价指标既涉及到定量指标，也涉及到定性指标，对企业承担社会责任的情况很难通过精确的数据计算进行评估，而且影响企业社会责任评价的许多因素都具有模糊性的特点，要想通过构建精确的数学模型对企业社会责任行为进行精准的计量是很困难的，而模糊综合评价法可以在模糊与精确之间架起一座桥梁，解决企业社会责任评价的模糊性问题。同时，企业社会责任评价指标又具有一定的层次性特征，在采用模糊综合评价法对企业的社会责任行为进行评价的同时，结合采用层次分析法进行评价，有助于使社会责任评价结果更加科学、客观和有效。

(1) 模糊综合评价法

模糊综合评价法是基于模糊数学的隶属度理论把定性评价转化为定量评价的一种方法，其诞生于 1965 年，由美国控制论专家 LA. Zadeh 在其发表的论文《Fuzzy Sets》中首次提出。在模糊综合评价法下，首先需要对多种定性因素所影响的事物或现象做出总的评价，根据所给出的评价尺度，为每个对象赋予一个 0—1 的实数；然后通过总分法和加权平均等计算方法得到综合评分；最后据此排序择优。该方法结果清晰、系统性强，可以把定性描述和定量分析紧密地结合起来，适用于解决模糊的、难以量化的评价问题。

企业社会责任评价是典型的多目标、多层次的综合评价问题，涉及较多因素，这些因素的相对重要性以及因素之间的相互关系存在较大的模糊性。采用模糊数学的理论与技术，可以在模糊与精确之间架起一座桥梁，较好地解决企业社会责任评价的模糊性问题。

(2) 层次分析法

层次分析法（Analytic Hierarchy Process，AHP）是 20 世纪 70 年代由美国运筹学家 T. L. Saaty 提出的一种层次权重决策分析方法。该方法是将一个复杂问题分解为多个层次，然后对同一层次的各个要素进行两两横向比较，再对不同层次间的要素进行纵向比较，最终确定不同要素的重要程度。层次分析法适用于具有分层交错评价指标的目标系统，而且目标值又难以定量描述的决策问题，能够满足评价系统既有定量指标又有定性指标的双重属性要求，被广泛应用于各类评价问题。

根据企业社会责任评价指标层次性的特点，运用层次分析法可以使企业社会责任评价结果更加客观和有效。运用层次分析法对企业社会责任履行情况进行评价的基本步骤如下：首先，整理和综合专家们的经验判断，将所要分析的问题层次化；其次，根据问题的性质和所要达到的总目标，将问题分解成不同的组成因素，由专家和决策者对所列指标通过两两比较的方式对层次中诸因素的重要程度进行评判评分；最后，归结为最低层（方案、措施、指标等）相对于最高层（总目标）相对重要程度的权值或相对优劣次序的问题，从而得到基层指标对总体目标或综合评价指标重要性的排列结果。这一过程是对各层次判断矩阵进行一致性检验的基础上，从高到低逐层进行的。因此，只要层次总排序满足一致性，就意味着所求得的权重均是可取的。

6.3.2 企业社会责任评价模型

构建模糊综合评价模型是对企业的社会责任履行情况进行评价的关键。根据企业社会责任模糊综合评价的特点，本书分六个步骤构建企业社会责任模糊综合评价模型。

（1）邀请有关方面专家组成评价小组

评价专家的选择和评价小组的建立对企业社会责任评价至关重要。为了保证评价小组的权威性和专业性，评价小组成员应该既有企业社会责任研究领域的学术专家，也有从事企业社会责任实务工作的实践专家。

（2）确定企业社会责任评价指标和评价标准

首先，确定企业社会责任评价因素集 U，$U=(u_1,u_2,\cdots,u_n)$；其次，确定评价尺度集 V，$V=(v_1,v_2,\cdots,v_m)$；最后，确定企业社会责任评价标准。

（3）确定评价指标的权重

通常采用专家评分法确定各项评价指标的权重。但在评判因素较多时，通过专家评分方法确定权重的误差较大时，可以采用层次分析法确定各项评价指标的权重。评价指标的权重为 W，

$W=(w_1, w_2, \cdots, w_m)$。

（4）确定评价矩阵 $\underset{\sim}{R}$

按照已确定的评价尺度 V，请评价小组的专家就各项评价因素相对于已确定的评价尺度给出相应的评价，并由此确定各隶属度矩阵 $\underset{\sim}{R}$。

$$\underset{\sim}{R}=\begin{bmatrix} R_1 \\ R_2 \\ \vdots \\ R_n \end{bmatrix}=\begin{bmatrix} r_{11} & r_{12} & \cdots & r_{1m} \\ r_{21} & r_{22} & \cdots & r_{2m} \\ \vdots & \vdots & \cdots & \vdots \\ r_{n1} & r_{n2} & \cdots & r_{nm} \end{bmatrix} \qquad \text{式 (6-1)}$$

式中 r_{ij}——U 中因素 u_i 对应 V 中等级 v_j 的隶属关系，即从因素 u_i 着眼被评价对象能被评为 v_j 等级的隶属关系，因而，r_{ij} 是第 i 个因素 u_i 对该事物的单因素评价，它构成了模糊综合评价的基础。

（5）一级评价

根据评价指标的权重和评价矩阵，可计算综合评定向量，计算公式如下：

$$\underset{\sim}{B_i}=W_i \circ \underset{\sim}{R_i} \qquad \text{式 (6-2)}$$

（6）多级模糊综合评价

根据已计算出的综合评价向量，计算最终的多级模糊综合评价值，计算公式如下：

$$P_i=\underset{\sim}{B_i} \circ V^T \qquad \text{式 (6-3)}$$

式中"∘"—合成算子，它可将权重向量 w_i 与模糊关系矩阵 R 合成，得到被评价事物与评语等级间的隶属关系向量，最终得到多级模糊综合评价值。

6.4 企业社会责任评价实证研究

为了验证本研究所建立的企业社会责任评价理论和方法的科学性、有效性与可操作性，本书以中国神华能源股份有限公司（简称“中国神华”）为样本，从其2014年度企业社会责任报告以及官方网站中搜集数据，运用本研究所建立的企业社会责任评价指标和模型，对中国神华的社会责任履行情况进行评价。

6.4.1 样本选择与数据收集

考虑到实证研究的样本应具有一定的代表性，本研究在选择样本时综合考虑了多个因素，最终入选的样本须同时符合以下三个条件：第一，样本从“2015 中国企业社会责任500强①”榜单中选取，因为该榜单中的企业其社会责任履行情况都具有一定的代表性且便于比较；第二，样本从大型能源企业中选取，因为能源行业作为基础性行业，对社会的影响最大，与生态环境的关系也最为密切，相应地其社会责任履行情况也倍受利益相关各方的关注；第三，样本从中央企业中选取，因为中央企业是中国企业履行社会责任的先锋军，其社会责任发展相对成熟，社会责任信息披露也较为充分，有利于实证研究数据的收集。中国神华既是2015 中国企业社会责任 500 强榜单中的企业，又是大型能源企业和中央企业，符合本研究所确定的样本选取的所有条件，因此被选取为本书实证研究的对象。

① “2015 中国企业社会责任 500 强”榜单于 2015 年 3 月在北京由中国企业评价协会与清华大学社会科学学院联合发布。

本研究关于中国神华的社会责任数据全部通过公开渠道获取。中国神华自2008年开始披露企业社会责任报告，并在其官方网站上公开披露其社会责任理念及社会责任活动。本研究的数据收集主要通过中国神华2014年度企业社会责任报告、公司年度报告以及中国神华官方网站中披露的企业社会责任相关数据。同时，为了保证数据收集的全面性，本研究还通过中国证券监督管理委员会指定的网络信息发布平台、社会责任评价机构、媒体公开报道、国家行政机构披露的信息以及中国企业评价协会等渠道收集与中国神华社会责任相关的数据。

6.4.2　评价过程

本研究邀请11位企业社会责任领域的专家组成评价小组，依据本研究所确定的评价标准，根据中国神华2014年度的社会责任报告和相关资料对其社会责任履行情况进行评价，具体评价过程可分为以下几个步骤：

（1）邀请专家成立评价小组，确定评价标准

本研究邀请中美企业社会责任研究领域的专家和企业CEO组成评价小组，其中来自中美社会责任研究领域的专家5名，美国企业高层管理人员6名。考虑到由于企业所在的行业性质不同，其社会责任行为也呈现出不同的特点，因而不宜对企业社会责任评价采用绝对的评分标准，而应该以同行业相对标准作为参照。根据表6－1所建立的企业社会责任评价指标，本研究在征询专家意见和企业高层管理人员意见的基础上，确定企业社会责任评价标准，如表6－2所示。本研究将企业社会责任评价尺度分为5个等级：优秀（0.9），良好（0.7），一般（0.5分），较差（0.3分），差（0.1分）。

（2）确定评价指标的权重W

在企业社会责任评价中，由于各项评价指标在企业社会责任评价体系中的重要程度不同，通过权重设计可以把各项评价指标的重要程度区分开，以保证评价结果的科学性及价值导向性。评价指标权重的确定方法有多种，而层次分析法是一种简单、实用，且有数学依据的方法。因此，本书综合运用专家评分法和层次分析法确定企业社会责任各项评价指标的权重。

本书运用层次分析法确定企业社会责任评价指标权重的具体步骤如下：

第一步，建立判断矩阵，对每一层次的各项指标进行两两比较，以确定矩阵的元素；

第二步，进行层次单排序，确定本层次各项指标以上一层次的某个指标为标准的重要次序的权值；

第三步，判断矩阵一致性检验，即对层次单排序的计算结果进行检验，以确定权重估计的合理性；

第四步，层次总排序，计算各层次指标对系统总目标的合成权重，确定总排序结果。

具体如表 6 - 2 所示。

本研究邀请中美企业社会责任研究领域的专家和企业高层管理人员组成评价小组，通过发放调查问卷的形式，邀请 11 位专家根据各项评价指标的相对重要性程度，对 5 项一级指标、16 项二级指标和 50 项三级指标进行打分。本研究对回收的 11 份调查问卷进行汇总和分析，运用层次分析法进行数据处理，计算各项评价指标的权重。

①根据 11 位专家对一级评价指标的打分情况，汇总成企业社会责任一级评价指标调查数据表，如表 6 - 3 所示。

表 6－2　企业社会责任评价标准表

企业社会责任评价指标			企业社会责任评价等级				
一级指标	二级指标	三级指标	优秀(0.9分)	良好(0.7分)	一般(0.5分)	较差(0.3分)	差(0.1分)
员工责任	人权	劳动合同签订率	处于行业领先水平	略高于行业平均水平	处于同行业平均水平	略低于行业平均水平	处于行业落后水平
		平等雇佣制度	非常完善	较为完善	基本完善	建立初步	未建立
		集体谈判机制	非常完善	较为完善	基本完善	建立初步	未建立
	职业健康与安全	安全事故死亡率	低于同行业平均水平	略低于行业平均水平	处于同行业平均水平	略高于行业平均水平	高于行业平均水平
		职业病发病率	低于同行业平均水平	略低于行业平均水平	处于同行业平均水平	略高于行业平均水平	高于行业平均水平
		安全生产管理体系	非常完善	较为完善	基本完善	初步建立	未建立
	职业教育与发展	员工培训制度	建立完善的培训制度	建立较为完善的培训制度	建立基本的员工培训制度	初步建立员工培训制度	未建立员工培训制度
		员工职业生涯规划指导	制定完善的员工职业生涯规划指导计划	制定较为完善的员工职业生涯规划指导计划	制定基本的员工职业生涯规划指导计划	很少对员工进行职业生涯规划指导	未对员工进行职业生涯规划指导
		员工职业发展与晋升通道	建立畅通的员工职业发展与晋升通道	建立较为畅通的员工职业发展与晋升通道	建立基本畅通的员工职业发展与晋升通道	初步建立员工职业发展与晋升通道	缺乏畅通的员工职业发展与晋升通道
	薪酬与福利	工资年增长率	处于行业领先水平	略高于行业平均水平	处于同行业平均水平	略低于行业平均水平	处于行业落后水平
		社会保险参保率	处于行业领先水平	略高于行业平均水平	处于同行业平均水平	略低于行业平均水平	处于行业落后水平
		最低工资标准制度	员工最低工资高于最低工资标准	员工最低工资略高于最低工资标准	员工最低工资与最低工资标准持平	员工最低工资略低于最低工资标准	员工最低工资低于最低工资标准
		带薪休假制度	建立并严格执行	建立并较好执行	建立并基本执行	建立但不执行	无带薪休假制度

续表

企业社会责任评价指标			企业社会责任评价等级				
一级指标	二级指标	三级指标	优秀(0.9分)	良好(0.7分)	一般(0.5分)	较差(0.3分)	差(0.1分)
商业责任	责任运营	责任采购	处于行业领先水平	略高于行业平均水平	处于行业平均水平	低于行业平均水平	未实行责任采购
		责任销售	处于行业领先水平	略高于行业平均水平	处于行业平均水平	低于行业平均水平	未实行责任销售
		责任投资	处于行业领先水平	略高于行业平均水平	处于行业平均水平	低于行业平均水平	未实行责任投资
		公平诚信	商业政策公平、透明	商业政策较为公平和透明	商业政策基本公平和透明	缺乏公平透明的商业政策	存在商业欺诈行为
	产品质量与安全	产品合格率	处于行业领先水平	略高于行业平均水平	处于同行业平均水平	略低于行业平均水平	处于行业落后水平
		产品安全事故率	低于行业平均水平	略低于行业平均水平	处于行业平均水平	略高于行业平均水平	高于行业平均水平
		产品质量管理体系	非常完善	较为完善	基本完善	初步建立	未建立
	商业信用	合同履约率	处于行业领先水平	略高于行业平均水平	处于行业平均水平	略低于行业平均水平	处于行业落后水平
		信用评估等级	处于行业领先水平	略高于行业平均水平	处于行业平均水平	略低于行业平均水平	处于行业落后水平
		利息保障倍数	处于行业领先水平	略高于行业平均水平	处于行业平均水平	略低于行业平均水平	处于行业落后水平
	客户关系	客户满意度	处于行业领先水平	略高于行业平均水平	处于行业平均水平	略低于行业平均水平	不满意
		客户投诉处理率	处于行业领先水平	略高于行业平均水平	处于行业平均水平	略低于行业平均水平	处于行业落后水平
		客户关系管理制度	非常完善	较为完善	基本完善	初步建立	未建立

续表

企业社会责任评价指标			企业社会责任评价等级				
一级指标	二级指标	三级指标	优秀(0.9分)	良好(0.7分)	一般(0.5分)	较差(0.3分)	差(0.1分)
环境责任	节能减排	单位产值能耗	低于行业平均水平	略低于行业平均水平	处于行业平均水平	略高于行业平均水平	高于行业平均水平
		工业废物综合利用率	处于行业领先水平	略高于行业平均水平	处于行业平均水平	略低于行业平均水平	处于行业落后水平
		二氧化碳排放强度	低于行业平均水平	略低于行业平均水平	处于行业平均水平	略高于行业平均水平	高于行业平均水平
	生态保护	节能环保技术投资率	处于行业领先水平	略高于行业平均水平	处于行业平均水平	略低于行业平均水平	处于行业落后水平
		可再生能源使用率	处于行业领先水平	略高于行业平均水平	处于行业平均水平	略低于行业平均水平	处于行业落后水平
		厂区周边生态环境治理	治理投入处于行业领先水平	治理投入略高于行业平均水平	治理投入处于行业平均水平	治理投入略低于行业平均水平	治理投入处于行业落后水平
	环境管理	环境管理体系	非常完善	较为完善	基本完善	初步建立	未建立
		环境事故应急机制	非常完善	较为完善	基本完善	初步建立	未建立
		环境影响评价制度	建立完善的环境影响评价制度并严格执行	建立较为完善的环境影响评价制度并较好的执行	建立基本的环境影响评价制度并基本执行	建立初步的环境影响评价制度	未建立环境影响评价制度
治理责任	公司治理	治理结构	非常完善	较为完善	基本完善	基本合理	不合理
		决策机制	决策机制透明合理	决策机制较为透明合理	决策机制基本透明合理	决策机制不太透明	决策机制不透明
		信息披露	公开发布社会责任报告并经第三方审计	公开发布社会责任报告但未经第三方审计	在其他报告中披露社会责任信息	很少披露社会责任信息	不披露社会责任信息
	商业腐败治理	反商业贿赂制度	建立完善的反商业贿赂制度并严格执行	建立较为完善的反商业贿赂制度并执行	建立基本的反商业贿赂制度并执行	建立初步的反商业贿赂制度但执行不力	未建立反商业贿赂制度
		反商业贿赂培训	反商业贿赂培训次数在同行业中处于领先水平	反商业贿赂培训次数略高于同行业平均水平	反商业贿赂培训次数处于同行业平均水平	反商业贿赂培训次数低于同行业平均水平	未对员工进行反商业贿赂培训
		商业腐败审查机制	非常完善	较为完善	基本完善	初步建立	未建立

续表

企业社会责任评价指标			企业社会责任评价等级				
一级指标	二级指标	三级指标	优秀(0.9分)	良好(0.7分)	一般(0.5分)	较差(0.3分)	差(0.1分)
公益责任	纳税与就业	纳税增长率	处于行业领先水平	略高于行业平均水平	处于行业平均水平	略低于行业平均水平	处于行业落后水平
		就业贡献率	处于行业领先水平	略高于行业平均水平	处于行业平均水平	略低于行业平均水平	处于行业落后水平
		残疾人雇佣率	处于行业领先水平	略高于行业平均水平	处于行业平均水平	略低于行业平均水平	处于行业落后水平
	社区发展	社区雇员比率	处于行业领先水平	略高于行业平均水平	处于行业平均水平	略低于行业平均水平	处于行业落后水平
		社区经费支出比率	处于行业领先水平	略高于行业平均水平	处于行业平均水平	略低于行业平均水平	处于行业落后水平
		本地化采购政策	本地化采购处于行业领先水平	本地化采购略高于行业平均水平	本地化采购处于行业平均水平	本地化采购低于行业平均水平	未实行本地化采购政策
	社会公益	公益捐赠额占税前利润比率	处于行业领先水平	略高于行业平均水平	处于行业平均水平	略低于行业平均水平	处于行业落后水平
		公益项目投入金额占利润总额的比率	处于行业领先水平	略高于行业平均水平	处于行业平均水平	略低于行业平均水平	处于行业落后水平
		员工志愿者活动制度	员工志愿者比例在同行业中处于领先水平	员工志愿者比例略高于同行业平均水平	员工志愿者比例处于同行业平均水平	员工志愿者比例低于同行业平均水平	未建立员工志愿者活动制度

表6-3　　企业社会责任一级评价指标调查数据表

#	Question	1	2	3	4	5	Total Responses	Mean
1	员工责任	0	1	0	0	10	11	4.73
2	商业责任	1	1	0	3	6	11	4.09
3	环境责任	0	1	2	0	8	11	4.36
4	治理责任	0	0	2	6	3	11	4.09
5	公益责任	2	1	2	1	5	11	3.55

②根据层次分析法确定企业社会责任评价指标的权重W，构造判断矩阵，计算各级因素的相对重要程度，并进行一致性检验，如表6-4所示。

表6-4　　判断矩阵与一致性检验表

	A_1	A_2	A_3	A_4	A_5	W	C. R.
A_1	1.00	1.16	1.08	1.16	1.33	0.23	0.086<0.1 可接受
A_2	0.86	1.00	0.94	1.00	1.15	0.20	
A_3	0.92	1.07	1.00	1.07	1.23	0.21	
A_4	0.86	1.00	0.94	1.00	1.15	0.19	
A_5	0.75	0.87	0.81	0.87	1.00	0.17	

③根据表6-3的计算结果，得出企业社会责任一级评价指标的权重，如下所示：

$$W=(w_1, w_2, w_3, w_4, w_5)=(0.23, 0.20, 0.21, 0.19, 0.17)$$

同理，可求得企业社会责任二级评价指标的权重，具体计算结果如下：

$$W_1=(w_{11}, w_{12}, w_{13}, w_{14})=(0.23, 0.28, 0.22, 0.27)$$

$$W_2=(w_{21}, w_{22}, w_{23}, w_{24})=(0.23, 0.25, 0.27, 0.25)$$

$$W_3=(w_{31}, w_{32}, w_{33})=(0.34, 0.31, 0.35)$$

$$W_4=(w_{41}, w_{42})=(0.54, 0.46)$$

$W_5 = (w_{51}, w_{52}, w_{53}) = (0.32, 0.32, 0.36)$

同理，可求得企业社会责任三级评价指标的权重，具体计算结果如下：

$W_{11} = (w_{111}, w_{112}, w_{113}) = (0.38, 0.33, 0.29)$

$W_{12} = (w_{121}, w_{122}, w_{123}) = (0.34, 0.30, 0.36)$

$W_{13} = (w_{131}, w_{132}, w_{133}) = (0.37, 0.28, 0.35)$

$W_{14} = (w_{141}, w_{142}, w_{143}, w_{144}) = (0.23, 0.30, 0.25, 0.22)$

$W_{21} = (w_{211}, w_{212}, w_{213}, w_{214}) = (0.25, 0.27, 0.21, 0.27)$

$W_{22} = (w_{221}, w_{222}, w_{223}) = (0.33, 0.32, 0.35)$

$W_{23} = (w_{231}, w_{232}, w_{233}) = (0.37, 0.38, 0.25)$

$W_{24} = (w_{241}, w_{242}, w_{243}) = (0.34, 0.35, 0.31)$

$W_{31} = (w_{311}, w_{312}, w_{313}) = (0.30, 0.33, 0.37)$

$W_{32} = (w_{321}, w_{322}, w_{323}) = (0.32, 0.31, 0.37)$

$W_{33} = (w_{331}, w_{332}, w_{333}) = (0.35, 0.32, 0.33)$

$W_{41} = (w_{411}, w_{412}, w_{413}) = (0.34, 0.35, 0.31)$

$W_{42} = (w_{421}, w_{422}, w_{423}) = (0.34, 0.28, 0.38)$

$W_{51} = (w_{511}, w_{512}, w_{513}) = (0.35, 0.40, 0.25)$

$W_{52} = (w_{521}, w_{522}, w_{523}) = (0.34, 0.38, 0.28)$

$W_{53} = (w_{531}, w_{532}, w_{533}) = (0.33, 0.39, 0.28)$

根据以上指标权重计算结果，建立企业社会责任评价指标权重系数表如表 6－5 所示。

（3）确定评价矩阵 R

本研究邀请中美企业社会责任领域的 9 位专家组成评价小组，采用专家评分法对中国神华 2014 年度企业社会责任履行情况进行评分。本研究评价数据主要来源于中国神华 2014 年度企业社会责任报告，对于企业社会责任报告中没有披露的信息，则通过公司年报、公司官方网站以及网络媒体等渠道搜集数据。对

表 6－5　　企业社会责任评价指标权重系数表

目标	一级指标	二级指标	三级指标
企业社会责任（A）	员工责任（A_1）$w_1=0.23$	人权（A_{11}）$w_{11}=0.23$	劳动合同签订率（A_{111}）$w_{111}=0.38$
			平等雇佣制度（A_{112}）$w_{112}=0.33$
			集体谈判机制（A_{113}）$w_{113}=0.29$
		职业健康与安全（A_{12}）$w_{12}=0.28$	安全事故死亡率（A_{121}）$w_{121}=0.34$
			职业病发病率（A_{122}）$w_{122}=0.30$
			安全生产管理体系（A_{123}）$w_{123}=0.36$
		职业教育与发展（A_{13}）$w_{13}=0.22$	员工培训制度（A_{131}）$w_{131}=0.37$
			员工职业生涯规划指导（A_{132}）$w_{132}=0.28$
			员工职业发展与晋升通道（A_{133}）$w_{133}=0.35$
		薪酬与福利（A_{14}）$w_{14}=0.27$	工资年增长率（A_{141}）$w_{141}=0.23$
			社会保险参保率（A_{142}）$w_{142}=0.30$
			最低工资标准制度（A_{143}）$w_{143}=0.25$
			带薪休假制度（A_{144}）$w_{144}=0.22$
	商业责任（A_2）$w_2=0.20$	责任运营（A_{21}）$w_{21}=0.23$	责任采购（A_{211}）$w_{211}=0.25$
			责任销售（A_{212}）$w_{212}=0.27$
			责任投资（A_{213}）$w_{213}=0.21$
			公平诚信（A_{214}）$w_{214}=0.27$
		产品质量与安全（A_{22}）$w_{22}=0.25$	产品合格率（A_{221}）$w_{221}=0.33$
			产品安全事故发生率（A_{222}）$w_{222}=0.32$
			产品质量管理体系（A_{223}）$w_{223}=0.35$
		商业信用（A_{23}）$w_{23}=0.27$	合同履约率（A_{231}）$w_{231}=0.37$
			信用评估等级（A_{232}）$w_{232}=0.38$
			利息保障倍数（A_{233}）$w_{233}=0.25$
		客户关系（A_{24}）$w_{24}=0.25$	客户满意度（A_{241}）$w_{241}=0.34$
			客户投诉处理率（A_{242}）$w_{242}=0.35$
			客户关系管理制度（A_{243}）$w_{243}=0.31$

续表

目标	一级指标	二级指标	三级指标
企业社会责任（A）	环境责任（A_3）$w_3=0.21$	节能减排（A_{31}）$w_{31}=0.34$	单位产值能耗（A_{311}） $w_{311}=0.30$
			工业废物综合利用率（A_{312}） $w_{312}=0.33$
			二氧化碳排放强度（A_{313}） $w_{313}=0.37$
		生态保护（A_{32}）$w_{32}=0.31$	节能环保技术投资率（A_{321}） $w_{321}=0.32$
			可再生能源使用率（A_{322}） $w_{322}=0.31$
			厂区周边生态环境治理（A_{323}） $w_{323}=0.37$
		环境管理（A_{33}）$w_{33}=0.35$	环境管理体系（A_{331}） $w_{331}=0.35$
			环境事故应急机制（A_{332}） $w_{332}=0.32$
			环境影响评价制度（A_{333}） $w_{333}=0.33$
	治理责任（A_4）$w_4=0.19$	公司治理（A_{41}）$w_{41}=0.54$	治理结构（A_{411}） $w_{411}=0.34$
			决策机制（A_{412}） $w_{412}=0.35$
			信息披露（A_{413}） $w_{413}=0.31$
		商业腐败治理（A_{42}）$w_{42}=0.46$	反商业贿赂制度（A_{421}） $w_{421}=0.34$
			反商业贿赂培训（A_{422}） $w_{422}=0.28$
			商业腐败审查机制（A_{423}） $w_{423}=0.38$
	公益责任（A_5）$w_5=0.17$	纳税与就业（A_{51}）$w_{51}=0.32$	纳税增长率（A_{511}） $w_{511}=0.35$
			就业贡献率（A_{512}） $w_{512}=0.40$
			残疾人雇佣率（A_{513}） $w_{513}=0.25$
		社区发展（A_{52}）$w_{52}=0.32$	社区雇员比率（A_{521}） $w_{521}=0.34$
			社区发展经费支出比率（A_{522}） $w_{522}=0.38$
			本地化采购政策（A_{523}） $w_{523}=0.28$
		社会公益（A_{53}）$w_{53}=0.36$	公益捐赠额占税前利润的比率（A_{531}） $w_{531}=0.33$
			公益项目投入金额占利润总额的比率（A_{532}） $w_{532}=0.39$
			员工志愿者活动制度（A_{533}） $w_{533}=0.28$

于社会责任报告、公司年报或公司官方网站中故意回避的负面信息，本研究则通过媒体报道和政府监管部门的网络信息发布平台挖掘数据。依据本书确定的评价尺度，请 9 位专家就各项评价指标相对于评价尺度的完成情况进行评分，其中评价标准中各项评价指标的行业平均水平参考由中国企业评价协会和清华大学社会科学学院联合发布的“2015 中国企业社会责任 500 强”榜单中能源企业的社会责任水平及相关能源企业的社会责任报告。

对 9 位专家的打分结果进行统计，编制中国神华企业社会责任专家打分结果统计表，如表 6－6 所示。

表 6－6　　　　专家打分结果统计表

评价因素		A_{111}	A_{112}	A_{113}	A_{121}	A_{122}	A_{123}	A_{131}	A_{132}	A_{133}	A_{141}	A_{142}	A_{143}	A_{144}	A_{211}	A_{212}	A_{213}
评价尺度	0.9	9	7	1	6	2	4	5	1	3	7	9	6	1	3	4	3
	0.7	0	2	6	3	7	5	4	5	6	2	0	3	6	6	5	4
	0.5	0	0	2	0	0	0	0	3	0	0	0	0	2	0	0	2
	0.3	0	0	0	0	0	0	0	0	0	0	0	0	0	0	0	0
	0.1	0	0	0	0	0	0	0	0	0	0	0	0	0	0	0	0

评价因素		A_{214}	A_{221}	A_{222}	A_{223}	A_{231}	A_{232}	A_{233}	A_{241}	A_{242}	A_{243}	A_{311}	A_{312}	A_{313}	A_{321}	A_{322}	A_{323}
评价尺度	0.9	4	7	3	1	2	3	7	2	2	6	4	2	6	5	4	3
	0.7	4	2	5	7	6	6	2	6	5	3	5	7	3	4	4	6
	0.5	1	0	1	1	1	0	0	1	2	0	0	0	0	0	1	0
	0.3	0	0	0	0	0	0	0	0	0	0	0	0	0	0	0	0
	0.1	0	0	0	0	0	0	0	0	0	0	0	0	0	0	0	0

评价因素		A_{331}	A_{332}	A_{333}	A_{411}	A_{412}	A_{413}	A_{421}	A_{422}	A_{423}	A_{511}	A_{512}	A_{513}	A_{521}	A_{522}	A_{523}	A_{531}	A_{532}	A_{533}
评价尺度	0.9	6	0	0	2	3	9	2	2	3	3	7	4	1	5	2	3	8	6
	0.7	3	3	1	6	4	0	4	6	5	6	2	5	6	4	6	6	1	3
	0.5	0	5	6	1	2	0	3	1	1	0	0	0	2	0	1	0	0	0
	0.3	0	1	2	0	0	0	0	0	0	0	0	0	0	0	0	0	0	0
	0.1	0	0	0	0	0	0	0	0	0	0	0	0	0	0	0	0	0	0

对 A_{111}，9 位专家全部认为优秀，为此计算各评价尺度的隶属度如下：

$r_{11}=9/9=1$，$r_{12}=0/9=0$，$r_{13}=0/9=0$，$r_{14}=0/9=0$，$r_{15}=0/9=0$

同理，可计算其他各项评价指标的隶属度，得到 A_{ij} 的隶属度矩阵如下：

$$\underset{\sim}{R}_{111}=\begin{bmatrix}1.00 & 0 & 0 & 0 & 0\\ 0.78 & 0.22 & 0 & 0 & 0\\ 0.11 & 0.67 & 0.22 & 0 & 0\end{bmatrix}$$

$$\underset{\sim}{R}_{121}=\begin{bmatrix}0.67 & 0.33 & 0 & 0 & 0\\ 0.22 & 0.78 & 0 & 0 & 0\\ 0.44 & 0.56 & 0 & 0 & 0\end{bmatrix}$$

$$\underset{\sim}{R}_{131}=\begin{bmatrix}0.56 & 0.44 & 0 & 0 & 0\\ 0.11 & 0.56 & 0.33 & 0 & 0\\ 0.33 & 0.67 & 0 & 0 & 0\end{bmatrix}$$

$$\underset{\sim}{R}_{141}=\begin{bmatrix}0.78 & 0.22 & 0 & 0 & 0\\ 1.00 & 0 & 0 & 0 & 0\\ 0.67 & 0.33 & 0 & 0 & 0\\ 0.11 & 0.67 & 0.22 & 0 & 0\end{bmatrix}$$

$$\underset{\sim}{R}_{211}=\begin{bmatrix}0.33 & 0.67 & 0 & 0 & 0\\ 0.44 & 0.56 & 0 & 0 & 0\\ 0.33 & 0.44 & 0.22 & 0 & 0\\ 0.44 & 0.44 & 0.11 & 0 & 0\end{bmatrix}$$

$$\underset{\sim}{R}_{221}=\begin{bmatrix}0.33 & 0.56 & 0.11 & 0 & 0\\ 0.11 & 0.78 & 0.11 & 0 & 0\\ 0.22 & 0.67 & 0.11 & 0 & 0\end{bmatrix}$$

$$\underset{\sim}{R}_{231}=\begin{bmatrix}0.22 & 0.67 & 0.11 & 0 & 0\\ 0.33 & 0.67 & 0 & 0 & 0\\ 0.78 & 0.22 & 0 & 0 & 0\end{bmatrix}$$

$$\underset{\sim}{R}_{241}=\begin{bmatrix}0.22 & 0.67 & 0.11 & 0 & 0\\ 0.22 & 0.56 & 0.22 & 0 & 0\\ 0.67 & 0.33 & 0 & 0 & 0\end{bmatrix}$$

$$\underset{\sim}{R}_{311}=\begin{bmatrix}0.44 & 0.56 & 0 & 0 & 0\\ 0.22 & 0.78 & 0 & 0 & 0\\ 0.67 & 0.33 & 0 & 0 & 0\end{bmatrix}$$

$$\underset{\sim}{R}_{321}=\begin{bmatrix}0.56 & 0.44 & 0 & 0 & 0\\ 0.44 & 0.44 & 0.11 & 0 & 0\\ 0.33 & 0.67 & 0 & 0 & 0\end{bmatrix}$$

$$\underset{\sim}{R}_{331}=\begin{bmatrix}0.67 & 0.33 & 0 & 0 & 0\\ 0 & 0.33 & 0.56 & 0.11 & 0\\ 0 & 0.11 & 0.67 & 0.22 & 0\end{bmatrix}$$

$$\underset{\sim}{R}_{411}=\begin{bmatrix}0.22 & 0.67 & 0.11 & 0 & 0\\ 0.33 & 0.44 & 0.22 & 0 & 0\\ 1 & 0 & 0 & 0 & 0\end{bmatrix}$$

$$\underset{\sim}{R}_{421}=\begin{bmatrix}0.22 & 0.44 & 0.33 & 0 & 0\\ 0.22 & 0.67 & 0.11 & 0 & 0\\ 0.33 & 0.56 & 0.11 & 0 & 0\end{bmatrix}$$

$$\underset{\sim}{R}_{511}=\begin{bmatrix}0.33 & 0.67 & 0 & 0 & 0\\ 0.78 & 0.22 & 0 & 0 & 0\\ 0.44 & 0.56 & 0 & 0 & 0\end{bmatrix}$$

$$\underset{\sim}{R}_{521}=\begin{bmatrix}0.11 & 0.67 & 0.22 & 0 & 0\\ 0.56 & 0.44 & 0 & 0 & 0\\ 0.22 & 0.67 & 0.11 & 0 & 0\end{bmatrix}$$

$$\underset{\sim}{R}_{531}=\begin{bmatrix}0.33 & 0.67 & 0 & 0 & 0\\ 0.89 & 0.11 & 0 & 0 & 0\\ 0.67 & 0.33 & 0 & 0 & 0\end{bmatrix}$$

（4）二级评价

综合评定向量的计算如下：

$$\underset{\sim}{B}=W_1\circ\underset{\sim}{R}_{111}=(0.38,0.33,0.29)\begin{bmatrix}1.00 & 0 & 0 & 0\\ 0.78 & 0.22 & 0 & 0\\ 0.11 & 0.67 & 0.22 & 0\end{bmatrix}$$

$$=(0.67,0.27,0.06,0.00,0.00)$$

同理可计算：

$$\underset{\sim}{R}_{11}=\begin{bmatrix}0.67 & 0.27 & 0.06 & 0.00 & 0.00\\ 0.45 & 0.55 & 0.00 & 0.00 & 0.00\\ 0.35 & 0.55 & 0.09 & 0.00 & 0.00\\ 0.67 & 0.28 & 0.05 & 0.00 & 0.00\end{bmatrix}$$

$$\underset{\sim}{R}_{21}=\begin{bmatrix}0.39 & 0.53 & 0.08 & 0.00 & 0.00\\ 0.22 & 0.67 & 0.11 & 0.00 & 0.00\\ 0.40 & 0.56 & 0.04 & 0.00 & 0.00\\ 0.36 & 0.52 & 0.12 & 0.00 & 0.00\end{bmatrix}$$

$$\underset{\sim}{R}_{31}=\begin{bmatrix}0.45 & 0.55 & 0.00 & 0.00 & 0.00\\ 0.26 & 0.38 & 0.03 & 0.00 & 0.00\\ 0.23 & 0.26 & 0.40 & 0.11 & 0.00\end{bmatrix}$$

$$\underset{\sim}{R}_{41}=\begin{bmatrix}0.50 & 0.38 & 0.12 & 0.00 & 0.00\\ 0.26 & 0.55 & 0.19 & 0.00 & 0.00\end{bmatrix}$$

$$\underset{\sim}{R}_{51} = \begin{bmatrix} 0.54 & 0.46 & 0.00 & 0.00 & 0.00 \\ 0.31 & 0.58 & 0.11 & 0.00 & 0.00 \\ 0.64 & 0.36 & 0.00 & 0.00 & 0.00 \end{bmatrix}$$

（5）一级综合评价

计算一级综合评价矩阵 R。

$$R_1 = (0.23, 0.28, 0.22, 0.27) \begin{bmatrix} 0.67 & 0.27 & 0.06 & 0.00 & 0.00 \\ 0.45 & 0.55 & 0.00 & 0.00 & 0.00 \\ 0.35 & 0.55 & 0.09 & 0.00 & 0.00 \\ 0.67 & 0.28 & 0.05 & 0.00 & 0.00 \end{bmatrix}$$

$$= (0.54, 0.41, 0.05, 0.00, 0.00)$$

同理可计算：

$$\underset{\sim}{R} = \begin{bmatrix} 0.54 & 0.41 & 0.05 & 0.00 & 0.00 \\ 0.35 & 0.57 & 0.09 & 0.00 & 0.00 \\ 0.37 & 0.44 & 0.15 & 0.04 & 0.00 \\ 0.39 & 0.46 & 0.15 & 0.00 & 0.00 \\ 0.50 & 0.46 & 0.03 & 0.00 & 0.00 \end{bmatrix}$$

进而计算综合评定向量 $\underset{\sim}{B}$

$$\underset{\sim}{B} = W \circ \underset{\sim}{R} = (0.23, 0.20, 0.21, 0.19, 0.17)$$

$$\begin{bmatrix} 0.54 & 0.41 & 0.05 & 0.00 & 0.00 \\ 0.35 & 0.57 & 0.09 & 0.00 & 0.00 \\ 0.37 & 0.44 & 0.15 & 0.04 & 0.00 \\ 0.39 & 0.46 & 0.15 & 0.00 & 0.00 \\ 0.50 & 0.46 & 0.03 & 0.00 & 0.00 \end{bmatrix} = (0.43, 0.47, 0.09, 0.01, 0.00)$$

（6）模糊综合评价值

结合本书计算出的综合评定向量和评价尺度，计算中国神华社会责任的模糊综合评价值：

$P = \underset{\sim}{B} \circ V^T =$ (0.43, 0.47, 0.09, 0.01, 0.00)(0.9, 0.7, 0.5, 0.3, 0.1)^T = 0.764

6.4.3 评价结论及建议

评价结果显示，中国神华的社会责任评价得分为0.764。依照本书所设计的评价等级，中国神华的社会责任评价等级介于优秀和良好之间。而中国企业评价协会和清华大学联合发布的“2015中国企业社会责任500强”榜单①显示，中国神华的企业社会责任评价得分为825.79分②，在该榜单中排名第206位，中国神华的社会责任履行效果也基本介于优秀与良好之间。对比本研究与中国企业评价协会对中国神华社会责任履行效果的评价结果，两者的评价结论基本趋于一致，验证了本研究所建立的企业社会责任评价模型与方法的科学性与有效性。由此可以推论，本研究所建立的企业社会责任评价理论与方法具有一定的科学性、有效性与可操作性，可以推广应用于企业社会责任评价领域。

6.5 本章小结

本章从利益相关者的视角构建多维度、多层次的企业社会责任评价指标体系，为利益相关者评价企业社会责任的履行情

---

① 依据中国企业评价协会和清华大学2014年推出的《中国企业社会责任评价准则》，对中国企业的社会责任履行情况进行评价后发布该排行榜。

② 该得分依据《中国企业社会责任评价准则》的评分标准，参照中国神华2014年的社会责任报告对其社会责任履行情况进行评价后得出，满分分值1 000分。

况提供可操作的标准。在此基础上，引入现代模糊数学理论，构建企业社会责任模糊综合评价模型，通过评价指标权重的设计来协调企业在承担不同类型社会责任时的冲突，实现企业社会责任评价模型对价值导向性和公平性的双重要求，以引导企业合理履行社会责任。同时，本章选择典型企业为样本进行实证检验，以验证本研究所建立的企业社会责任评价理论与方法的科学性、有效性和可操作性，为企业社会责任评价提供理论与方法指导。

第7章

企业社会责任监督机制

企业履行社会责任离不开有效的监督机制。除了企业内部的约束机制外，还需要建立以政府、商业伙伴、社区、媒体和**NGO**等为监督主体的外部监督机制。由于不同类型的利益相关者对企业的期望不同，相应的其社会责任监督动机和偏好也存在一定的差异，对企业社会责任监督的范围和重点也不同。构建多元主体协同监督的企业社会责任监督机制，对于促进企业履行社会责任具有重要作用。本书在构建企业社会责任内部监督和外部监督机制的基础上，提出利益相关者协同监督的企业社会责任监督模式，搭建多元主体协同治理的企业社会责任监督平台，以推动企业更好的履行社会责任。

7.1 企业社会责任内部监督机制

7.1.1 董事会监督

根据本研究对中美企业社会责任调查的结果显示，在被调查的中国企业中，有 72% 的企业未设置社会责任监督机构，在被调查的美国企业中，则有 56% 的企业未设置社会责任监督机构。不管是在发达国家还是在发展中国家，上述数字都不容乐观。在企业内部的社会责任监督机构缺位的情况下，发挥董事会对企业社会责任的监督作用无疑是一个可行的监督路径。因为在“董事会负责，管理层决策”的社会责任治理模式下，董事会是企业社会责任行为后果的承担者，其有动力去监督管理层的决策行为是否符合利益相关者价值最大化原则。董事会中的其他利益相关方代表，由于各自受到不同利益动机的驱使，他们会充分发挥不同层面的监督作用，从多个目标出发监督企业的社会责任行为，形成企业社会责任的内部监督网，避免企业出现严重背离利益相关者目标的行为。在一些著名的跨国公司内部，通常会建立完善的企业社会责任监测程序，对可能影响职业健康与安全、环境与生态破坏的关键活动进行有规律的监测与记录，对可能发生的社会责任事件或未来可能产生的社会责任风险进行分析与预警。董事会在企业治理层中的地位决定了当企业的经济目标与社会目标发生冲突时，董事会的有效监督能够将企业拉回符合伦理道德目标的轨道，避免企业出现偏离社会目标太远的行为。因此，应建立董事会对企业社会责任行为的常态化监督机制，以保证企业的行为不偏离公司的伦理道德目标。

7.1.2 审计监督

企业社会责任审计产生于20世纪70年代，其目标是监督企业社会责任的履行效率和效果。社会责任审计与传统经济责任审计最大的区别在于社会责任审计更关注企业社会目标的实现程度。相对于社会责任的发展水平而言，社会责任审计尚处于起步阶段，相关的社会责任审计法律法规也较为缺乏，仅有少数发达国家在社会责任审计领域进行了尝试性探索。由欧洲社会和伦理责任协会（2003）发布的AA1000成为全球首个社会责任审计标准，以系统化和标准化的指标体系评判企业社会责任报告，并从独立性、偏差性及胜任力等方面对审计主体的资格提出了严格要求。美国和日本也相继出台了关于加强社会责任报告审计的政策法规，从制度上强化对企业社会责任报告的监管。社会责任审计的最终目标是监督和督促企业全面履行社会责任，提高企业的社会影响，维持企业与自然社会的整体协同，实现企业价值与社会价值的最优。社会责任审计的关键是要保证审计主体的独立地位，建立不受委托方和受托方实际干预的审计体系，内部审计和外部审计在企业社会责任监督中分别发挥了不同的作用。

内部审计对企业社会责任进行监督的目的是向公司管理层提供社会责任风险管理和内部控制的“增值”服务（黄溶冰、王跃堂，2009）。一方面，内部审计部门对企业社会责任的履行情况进行评价，具体包括评价企业在社会责任方面相关的政策、计划和表现；对已识别的社会责任风险是否充分进行评价，找出未被风险管理系统识别和控制的潜在风险，确保剩余风险在企业承受的风险阈值范围内。对企业社会责任内部控制设计的有效性和执行的有效性进行评估，找出社会责任内部控制方面的弱点和缺陷，识别企业社会责任风险；另一方面，内部审计部门负责对企业履行社会责任中存在的问题以及社会责任管理中的薄弱环节提出整改建议，帮助公司管理层提高企业社会责任绩效和管理水平。虽然内部审计作为企业社会责任监督的主体时，其工作的独立性和审计意见的客观性受到企业外部利益相关者的质疑，其审计目标在一定程度上更倾向于管理层，但是当社会责任审计的目标定位于为管理层提供社会责任管理或公司价值增值信息时，其审计工作则表现出相对的独立性和客观性。

针对内部审计在履行社会责任监督职能中存在的天然缺陷，企业应定期在公共媒体或公司网站上发布企业社会责任报告，接受其他利益相关者的监督，保证利益相关各方可以随时对企业社会责任的履行情况进行审查、监督和评价。为了保证社会责任报告的可信度，企业应在社会责任报告中引入第三方鉴证机制，聘请拥有资质的专业验证机构或会计师事务所对企业社会责任报告的真实性与可靠性进行独立审验并出具鉴证报告，以提升企业社会责任报告的公信力和影响力。据统计，全球 500 强企业发布的社会责任报告中，80% 以上的社会责任报告都经过了第三方审验。目前中国企业发布的社会责任报告在数量上虽然呈现出逐年增加的趋势，但经第三方独立审验的企业社会责任报告数量却远远低于国际平均水平。鉴于当前中国企业的社会责任报告报喜不报忧的现象居多，引入第三方审验机制不仅可以提高企业社会责任报告的公信力，帮助各利益相关各方客观准确的评估企业的市场风险、企业价值与未来可持续发展能力，而且有助于提升企业的品牌形象，增强企业的国际竞争能力。

7.2 企业社会责任外部监督机制

依据“经济人”假设，企业作为市场主体，具体天然的自利本性，在市场交易中具有追求自身利益最大化的动机，如果要求企业将履行社会责任作为一种自发的道德行为，就会使企业在行为选择中趋利避害，无视企业的社会责任而出现所谓的道德风险。虽然企业出于商业动机在某种程度上会主动监督自身的社会责任行为，但当企业经济利益与社会利益发生重大冲突时，企业的自利特性决定了单一的企业社会责任内部监管机制必然失效，此时必须充分发挥外部监督力量的作用。企业社会责任外部监督主体主要包括政府、供应商、债权人、消费者、媒体、非政府组织、社会公众等外部利益相关者，这些监督主体由于对企业存在不同的利益诉求而导致各自的监督动机与监督目标各不相同，因而其在企业社会责任监督中发挥的作用也不同，构建“政府—市场—社会”联动的企业社会责任外部监督机制，是促进企业持续履行社会责任的重要保障。

7.2.1 政府监督

在西方企业社会责任运动中，政府除了扮演规制者和推进者角色外，还扮演着监督者的角色。政府的特殊地位决定了其在社会责任监督中具有其他监督主体所无法比拟的独特优势，可以利用法律赋予的权利多种手段并用监督企业的社会责任行为。本研究对中美企业社会责任调查的结果也表明，法律与制度压力是驱动企业承担社会责任的重要力量之一，政府是企业社会责任的重要外部监督者。因此，政府应当充分发挥其在企业社会责任监督中的独特优势，以国家立法或行政管理的形式建立有效的企业社会责任法律监督与惩处机制，强制推行统一的企业社会责任标准以规范企业的社会责任行为。

（1）建立企业社会责任法律监督与惩处机制

政府作为企业经济利益与社会利益和环境利益的平衡者，在企业社会责任监督中扮演着重要的角色，其主要职责是通过政府“看得见的手”的政策调节与引导，化解企业与社会和环境的矛盾。政府的特殊地位决定了其在企业社会责任管理中具有权威优势，具有强势的话语权和垄断某种资源的能力，能够将政府意志强制性的嵌入企业的社会责任战略中，修正企业活动偏离社会责任规范的行为，因此政府是企业社会责任行为的重要监督者。政府对企业社会责任的监督主要通过立法与行政管理的方式进行，通过制定完善的法律法规和政策来约束企业的社会责任行为，及时纠正企业偏离社会目标的行为。短期内，在企业社会责任意识不能从根本上改变与提高的情况下，加大政府监管力度，从法律与政策层面形成对企业社会责任行为的约束机制，是促使企业主动履行社会责任的最有效、最直接的手段。根据本研究对企业中高层管理人员的调查结果，政府被视为企业社会责任监督的重要力量，在企业社会责任的所有监督力量中政府监督的重要性位居第二。政府作为建立企业社会责任约束和监督机制的主体，应充分发挥各级行政部门在企业社会责任监督中的作用，建立完善的社会责任法律与惩处机制，一方面对认真履行社会责任的企业进行表彰，另一方面，对那些严重违反劳动法、生产安全法和环境保护法的企业进行通报批评或惩罚，从而引导企业转变观念，朝着积极履行社会责任的方向发展。具体来说，政府应从以下三个方面加强对企业社会责任行为的监督：

加强企业社会责任立法与制度建设。《中共中央关于全面推进依法治国若干重大问题的决定》提出以保护产权、维护契约、统一市场、平等交换、公平竞争、有效监管为基本导向，完善社会主义市场经济法律制度，进一步规范企业在市场竞争中的责任，加强企业社会责任立法。一方面，政府应着手制定《企业社会责任法》，对企业应该承担的基本社会责任做出明确的规定，使企业承担社会责任有法可依，同时修订《公司法》，对企业应当承担的对各个利益相关方的责任和义务做出明确的规定；另一方面，政府应完善环境保护方面的相关法律法规，建立全面的生态环境保护制度，把资源消耗、环境损害、生态效益纳入企业发展评价体系，建立体现可持续发展理念的企业环境绩效考核办法和奖惩机制。2015 年实施的《环境保护法》修订案加大了对环境违法行为的处罚力度，增加了“按日连续处罚”等一系列条款，提高了企业的环境违法成本，并赋予环境保护部门更多的权利，允许环境保护部门对违规企业进行查封、责令限产停产、停业甚至关闭等，同时提出更加严格的环境信息公开要求，即企业公开披露环境信息和政府公开披露企业的环境信息两种方式并行。此外，2015 年实施的《企业事业单位环境信息公开暂行办法》也提出了更加严格的环境信息披露的要求，规定企业、事业单位应当按照自愿公开和强制性公开相结合的原则，及时、如实地公开环境信息。通过法律制度建设，对企业公开环境信息施加更大的压力，提高企业的环境违法成本，有利于促进企业履行社会责任。

建立企业社会责任惩处机制。惩罚的存在才有助于提高企业合作的可能性，对于功利主义的企业来说，这也是企业社会责任惩处机制存在的基础。企业是否履行社会责任，短期内取决于履责收益与履责成本的比较，如果履责的预期利益大于履责的成本，企业就会主动履行社会责任，但是企业社会责任的收益在长期中才会显现，在短期内收益是无法弥补成本的。因此，对企业的惩罚力度必须大于其履行社会责任的成本，使企业意识到履行社会责任是有利的行为。然而在当前的环境下，由于缺乏对不履行社会责任的企业进行惩处的法律依据，在很大程度上弱化了企业履行社会责任的积极性与主动性。同时，由于不完备市场的存在，使市场机制无法充分发挥对企业社会责任的激励作用，企业从履行社会责任中获得的收益在未来很长的一段时期内才会显现出来，在短期内履行社会责任的收益甚至无法弥补成本。在企业的公民意识既定的情况下，必须建立有效的企业社会责任惩处机制，充分发挥财政、税收、工商、安监、质监、环保等部门在企业社会责任监督中的作用，建立全方位的企业社会责任政府监督网络，加强对企业社会责任行为的监督力度，同时加大处罚力度以增加不履行社会责任企业的成本，从而促使企业主动承担社会责任，维护社会的整体利益。然而，惩罚机制的实现需要法律制度和社会监督机制的完善。因此，政府应该采取措施加强执法监察，对严重侵害职工和消费者等利益相关者的权益、破坏生态环境的行为加大惩罚力度，以发挥惩处机制对企业社会责任的约束力。充分发挥国家财政、税收、工商、安监、质监、环保等行政机关在企业社会责任治理中的监督作用，对企业危害社会和侵害利益相关者的行为，通过行政手段予以处理处罚，对违法违规企业的直接责任人，视情节的严重程度，分别移送到司法机关或移交到纪委监察部门，追究其刑事责任或给予党纪政纪处分。例如，2006 年，中国人民银行宣布与国家环保总局合作，把企业污染记录的信息纳入企业信用数据库，所有商业银行在向公司贷款时要执行严格的环保审查程序，这就是众所周知的“绿色信贷运动”。企业不遵从社会责任的信息由行政主管部门录入“企业社会责任档案”中，并在企业日后的银行信贷、上市融资、劳动用工、排放指标、工商年检及品牌建设中予以关注，通过行政手段惩戒企业不遵从社会责任的行为。

建立环境公益诉讼制度。在企业社会责任推进过程中，应该鼓励司法介入，建立环境公益诉讼制度，当组织或个人的行为侵害环境公共利益时，允许公民或社会团体为维护环境公共利益而向法院提起诉讼。目前我国的环境污染和生态破坏已经到了非常严峻的地步，而法律条款中“诉讼原告应与诉讼标的具有直接的利害关系”的规定又使任何团体和自然人均无法成为环境污染的原告。因此，亟需改进现行的法律规定，建立环境公益诉讼制度。环境公益诉讼既然是为维护公共利益而起诉，就不应该拘泥于一般民事诉讼的法律规定，放弃对诉讼原告须具备“与诉讼标的具有直接的利害关系”这一资格要求。同时，为了鼓励社会公众和社会团体运用环境公益诉讼来维护公众的环境利益，环境公益诉讼费用应由被告承担，并从败诉的被告缴纳的罚金中提取一定比例的金额作为奖励支付给原告，以彰显制度的引导与激励作用。环境公益诉讼制度能够使公民或社会团体代表整个受害群体对损害环境利益的企业提出诉讼，在减少诉讼成本的同时，也使社会公众可以通过合法的方式维护整个社会的环境利益，对企业的社会责任行为形成有力的约束。环境公益诉讼制度的建立，促使企业不得不关注自身经营行为对环境和社会的影响，提高环境保护和生态治理投入，实现经济与环境的和谐发展。

（2）建立企业社会责任政府评价制度

在全球社会责任运动的影响下，许多国际采购商都对出口企业增设了“社会责任门槛”，要求供应商的生产过程符合国际社会对人权、劳工条件、环境保护等的一系列要求。欧美许多国家已经开始对出口企业进行社会责任审核，中国的出口企业同大多数处于国际贸易链条末端的发展中国家一样，为了获得国际采购商的订单，不得不接受国际采购商或其委托的外部机构的社会责任审核。社会责任审核或认证已经成为中国出口企业面临的一个新型贸易壁垒，通过社会责任审计和认证成为出口企业获得国际订单的一个必要条件。建立社会责任评价标准，是促使企业履行社会责任的基础。只有建立明确和科学的社会责任评价标准，才能为企业履行社会责任树立一个明确的目标，使利益相关者能够对企业社会责任的履行情况给予充分的监督和评价，从而降低外部监督成本。在西方发达国家，对任何一个企业的评价都是从经济、社会和环境三个方面，经济指标仅仅被认为是企业最基本的评价指标，企业社会责任评价正在被广泛采用。在过去的很长一段时间内，中国对企业的评价主要停留在经济指标上，显然，这样的评价体系已经不能适应经济全球化的趋势和要求，也不利于中国的企业提高国际竞争力。随着经济发展方式转变和科学发展观的深入实践，企业社会责任也应逐步纳入企业绩效评价体系。由政府参照国际标准建立统一的企业社会责任政府评价制度，不仅有助于中国出口企业顺利进入国际市场，而且便于政府对企业社会责任行为进行有效的监督。

在当前时期，中国政府应当组织建立统一的企业社会责任评价标准体系，或者支持行业商会、协会等非政府组织建立这一标准体系。在企业社会责任政府评价制度方面，一些地方政府如上海、山东、浙江等已经走在了全国前列，尝试性的建立了一系列适用于当地的企业社会责任评价标准。如上海市建立了《企业社会责任地方标准》，鼓励上海市的企业进行社会责任认证；义乌市建立了《企业社会责任义乌标准认证体系》；山东省建立了《企业社会责任评价体系》，在省内试点推行企业社会责任认证。中国中央政府应在参考各地政府已经推广成熟的企业社会责任评价标准的基础上，建立统一的企业社会责任评价标准，为企业社会责任认证提供统一的依据。此外，政府还可以与第三方认证公司或研究机构合作，推行企业社会责任认证或审核评级；或支持行业协会等非政府组织建立企业社会责任评价标准或认证体系。目前除了SA8000标准采用认证外，其他标准都没有强制性的认证。政府可以委托第三方认证公司和权威机构对企业的社会责任报告和社会责任工作进行审核评级，并出具审核报告或评级报告，作为政府考核和评价企业社会责任履行情况的依据。通过建立企业社会责任评价制度，政府对企业履行社会责任的行为和后果进行定期评价和问责，促进企业不断矫正自身的社会责任行为。

针对中国企业社会责任报告公信力不足的现状，政府相关部门应加快社会责任审计制度建设，督促企业将公开披露的社会责任报告委托独立的第三方机构进行鉴证。中国审计署应加快制定企业社会责任审计准则，规定企业社会责任审计的内容、程序以及标准，组织相关部门对审计人员的社会责任审计技能进行系统培训，并加快培育中国的企业社会责任审计机构和认证机构，加强对企业社会责任行为的外部审计监督。

西方国家企业社会责任运动的成功经验表明，在推进企业社会责任发展的过程中，只有政府加强监督管理才能促使企业履行社会责任。政府通过建立完善的社会责任监督机制，加大对企业损害社会利益和环境利益行为的惩处力度，从而增加企业不履行基本社会责任的成本，促使企业基于成本收益原则而主动考虑承担社会责任。同时，政府通过建立社会责任评价机制，考核和评价企业的社会责任表现，形成企业社会责任信息披露的常态化制度和社会责任绩效问责机制。

7.2.2　市场监督

市场监督是约束企业社会责任行为的重要力量。本研究对中美企业的调查结果表明，企业的社会责任行为受到国际采购商压力和资本市场声誉风险的影响，而来自供应链的监督和资本市场的监督则被公司高层管理人员视为企业社会责任的重要监督力量。由此可见，来自市场的压力既是企业承担社会责任的动力，也是企业社会责任行为不可缺少的约束力，从供应链和资本市场的角度构建企业社会责任市场监督机制具有一定的合理性和可行性。

（1）通过供应链实现对企业社会责任的监督

本研究对中美企业社会责任的调查结果表明，50% 的企业把社会责任作为选择合作伙伴和交易对象的考虑标准。通过在供应链中建立企业社会责任约束机制，规定供应链企业共同遵守的行为准则，可以实现对供应链上各个节点企业的社会责任行为进行有效的监督。在国际供应链中，全球契约、SA8000 等已经成为跨国公司普遍接受的行为准则，供应链各个节点的企业必须遵守这些共同的行为准则，才能获得供应链合作伙伴的认可，赢得国际采购订单，否则就可能面临被清除出供应链的风险。这种认同压力和违规受罚风险促使供应链企业不得不遵守合作伙伴间共同的行为准则，承担必要的责任和义务。

一方面，通过供应链核心企业实现对供应链中各个节点企业的社会责任监督。供应链核心企业由于其规模较大、影响力较广而受到更多的利益相关者关注，其社会责任行为更容易曝光在公众的视野之中，因而相对于供应链中的众多中小企业而言，供应链核心企业的社会责任行为更容易受到来自政府、媒体、NGO、社会公众等众多外部利益相关者的监督。由于供应链中的社会责任风险传导机制，供应链中的任何一个企业都有可能把自身的社会责任负面影响传递给供应链核心企业，从而导致供应链核心企业形象受损。沃尔玛曾因其供应商使用童工、侵害员工权益等行为而受到牵连，遭到消费者的抵制和社会公众的强烈谴责，不仅影响了沃尔玛的销售额，而且损害了沃尔玛的公司形象。因此，供应链核心企业为了规避供应链上的社会责任风险，具有内在的动机监督供应链上的其他企业履行社会责任。在上述案例中，沃尔玛为了挽回公司形象和重新赢得市场，不得不中止与涉事供应商的合作关系，并制定更加严格的供应商选择政策，加强对供应商的社会责任监督。同时，供应链上的其他企业为了保持与沃尔玛的合作关系，不得不改善自身的社会责任行为。由此可见，供应链核心企业在社会责任监督中居主导地位，通过对供应链核心企业的监督，迫使其为了避免自身利益受损而不得不加强对供应链中其他企业的社会责任监督。市场中的每个企业都处于一个或多个供应链中，而供应链中的核心企业在整个供应链中处于主导地位，在与链条中其他企业的谈判中具有支配权和控制权，是供应链共同行为准则的制定者。通过对供应链核心企业的监督，促使其将社会责任压力通过供应链传递给其他企业，代替其他利益相关者在市场中扮演社会责任监督者的角色，避免了对供应链中众多企业进行社会责任监督的高昂成本，实现企业社会责任监督成本的最小化。

另一方面，通过消费者实现对企业社会责任的监督。随着公民社会责任意识的提高，消费者不仅仅看重企业的优质产品和服务，更看重的是企业的声誉和可信度，消费者成为监督企业履行社会责任的一股不可缺少的力量。本研究对中美企业社会责任的调查结果表明，来自消费者的压力是驱动企业承担社会责任的主要原因之一，而提高顾客忠诚度被管理者认为是企业从履行社会责任中获得的主要益处之一。由此可见，消费者对企业的社会责任行为会产生重要影响，消费者的责任消费行为可以视作是对企业社会责任进行监督的一种方式。在自由市场经济中，消费者对企业具有最终的货币投票权，消费者的责任消费意识会促使其拒绝购买来自缺失社会责任感的企业所生产的产品或服务，从而促使企业调整自己的行为，主动承担社会责任，以树立良好的公司形象，提高社会公信力，赢得消费者的尊重和支持。因此，消费者的监督既是企业承担社会责任的动力，也是企业社会责任行为的外部约束力，对促进企业履行社会责任具有重要的推动作用。

供应链厂商和消费者对企业社会责任的联合监督。供应链厂商和消费者由于受企业生产经营活动的直接影响，并与企业直接发生经济交易，因而，他们的联合行动也反过来可以直接影响企业的损益并对企业的行为形成强有力的制约。对社会和环境的变化而言，供应链的压力被证明是一个作用比地方性法规更强大的力量（Starcher，2005）。沃尔玛曾应其供货商存在使用童工和侵害员工权益等社会责任问题而受到谴责和抵制，并最终损害了沃尔玛的公司形象，促使其被迫加强采购管理，并终止与违反社会责任行为规范的企业的商业合同，进而导致供应链上的企业为了保持与沃尔玛的合作关系，被迫改善自身的社会责任行为。随着公民社会责任意识的提高，消费者不仅仅看重企业的优质产品和服务，更看重的是企业的声誉和可信度，消费者成为监督企业履行社会责任的一股不可缺少的力量。消费者的责任消费理念会促使其拒绝购买社会责任感缺失企业的产品，对企业履行社会责任形成外在压力。由此可见，通过对供应链核心企业的有效监管及消费者选择对核心企业形成强大的市场压力，使得核心企业自觉规范自己的经营行为并主动承担社会责任，同时核心企业为了避免供应链的社会责任传导效应而不得不主动监督和规范供应链上其他企业的社会责任行为，从而保证整个供应链上的企业都遵守企业社会责任规范。

（2）通过资本市场实现对企业社会责任的监督

企业的社会责任活动应当为市场所充分知悉，这是市场实现对企业社会责任行为进行监督的前提和基础。而社会责任报告是企业向利益相关者传递公司履行社会责任信息的重要工具，有利于资本市场的投资者等利益相关者对企业的社会责任履行情况进行监督和评价。只要信息充分公开，基于经济人假设理论，追求自身利益最大化的投资者、债权人等市场主体必然会对社会责任履行绩效差的企业做出优胜劣汰的市场化选择，促使企业基于成本效益的权衡而自觉选择承担社会责任，从而实现资本市场对企业社会责任的监管效用。然而本研究对中国和美国400多家企业的调查结果显示，只有24%的企业公开发布社会责任报告或可持续发展报告。无独有偶，英国伦理投资研究服务机构（Ethical Investment Research Services）2009年对中国、巴西、印度、墨西哥、韩国、俄罗斯、南非、台湾等八个国家和地区的投资者进行调查后，发布了《新兴市场投资者调查报告：对信息市场社会责任投资的分析》，指出上述国家或地区社会责任投资遇到的最大的障碍就是企业社会责任信息缺失。因此，当前资本市场亟需充分的社会责任信息披露，通过公开的信息披露机制向利益相关者传递公司的社会责任履行情况。根据信号传递理论，充分的信息披露是有效发挥市场信号传递作用的基础，实现市场对企业社会责任监督的关键是保证社会责任信息披露的公开、透明，使利益相关者可以根据企业的社会责任绩效做出最优的投资判断和信贷决策，将有限的资源配置给社会责任表现较好的企业，进而通过市场选择自动淘汰社会责任绩效较差的企业，最终实现资本市场对企业社会责任的有效监督。

上市公司作为资本市场的融资主体，应当率先建立企业社会责任信息公开披露制度，及时向资本市场上的各利益相关主体传递公司的社会责任信息，通过信号传递作用实现资本市场对企业社会责任激励和监督的双重效应。证监监管部门应出台《上市公司社会责任信息披露细则》，规范上市公司社会责任信息披露的方式、内容以及程序，要求所有的上市公司定期披露社会责任报告，对不按规定披露社会责任信息的上市公司进行通报和处罚。同时，证监监管部门应联合其他相关部门建立重大社会责任事件监测制度，规定重大社会责任事件的认定标准、处罚细则以及披露要求，以加强对上市公司社会责任行为的监管。

证券监管部门应依法搭建社会责任信息网络公开平台，建立上市公司社会责任信息数据库，定期公布上市公司的社会责任报告，以便市场上与企业发生交易的主体及时了解企业的社会责任履行情况，并基于这些信息做出最优的判断和决策。为了充分发挥资本市场的监督作用，还应当建立企业社会责任光荣榜制度和黑名单制度，通过资本市场的信号传递效应和声誉效应，激励那些社会责任表现良好的企业，同时惩罚那些社会责任表现较差的企业。因为当投资者、债权人等市场主体在做出交易决策之前必然要依据相关信息进行判断与权衡，光荣榜制度实质上会对上榜企业产生巨大的广告效应，从而大幅提升其公司形象，而黑名单制度则把那些侵害员工权益、生产不安全产品、破坏生态环境等触碰法律底线和道德底线的企业公之于众，使投资者、债权人等市场主体通过“用脚投票”的方式将那些缺乏社会责任感的企业剔除出市场。资本市场正是通过这种信号传递机制来监督和约束企业的社会责任行为，促使企业在进行决策时充分考虑声誉损失和资本成本等因素，选择主动承担社会责任。通过资本市场对社会责任的监督，可以促使企业社会责任内化为企业的一项自觉行动，实现企业社会责任发展的良性循环。

7.2.3 社会监督

企业社会责任外部监督企业社会责任实现是一个系统而复杂的工程，仅仅依靠政府和市场的监督力量并不能够保证企业社会责任的有效履行。本研究对中美企业社会责任的调查结果表明，媒体、社会公众等社会型利益相关者是企业社会责任监督的重要力量，在企业社会责任监督中发挥了无可替代的作用。政府监督虽然具有一定的权威性，却对应着高昂的监管成本，而且可能会产生监管失灵；市场监督虽然降低了监管成本，却会产生“市场失灵”的风险，而社会监督在一定程度上弥补了政府监督和市场监督的缺陷，可以实现对企业社会责任的低成本、全方位监督。因此，必须充分发挥媒体、非政府组织、社会审计等社会监督力量的作用，实现对企业社会责任行为的全方位监督。

(1) 媒体对企业社会责任的监督

媒体是企业社会责任舆论宣传的重要阵地，也是企业社会责任监督的一支重要力量，在企业社会责任监督中具有超然独立的地位。本研究调查表明，在企业社会责任的监督力量中，媒体的重要性排在首位。媒体作为企业社会责任的监督者与制约者，与企业之间既是相互对立又是相互合作的关系，媒体的宣传报道既弘扬了履行社会责任优秀的企业的行为，同时也鞭策了恶意逃避或不履行社会责任的企业，有利于矫正企业的社会责任行为，引导企业转变观念，自觉履行社会责任，维护经济、社会和环境的动态平衡。与其他监督主体相比，媒体在社会责任监督中具有天然的信息优势，不仅具有敏锐的洞察力和捕获信息的能力，而且可以凭借其职业优势通过多种渠道挖掘企业的社会责任信息，为其他利益相关主体监督企业的社会责任行为提供信息来源。媒体快速的信息传递能力和广泛的社会影响力对企业会产生一定的震慑作用，促使企业在社会责任决策中不得不考虑媒体的监督作用。媒体对企业社会责任行为的正面宣传报道有助于弘扬企业的社会责任行为，为企业赢得良好的社会声誉和品牌形象，吸引具有社会责任偏好的投资者和消费者的关注，促进企业经济价值和社会价值的协同增长。同时，媒体对企业发生的重大社会责任事件的负面报道会引发社会对企业伦理道德行为的强烈关注，给企业带来强大的舆论压力，甚至引起政府管理当局的关注，导致出台更加严厉的管制政策或限制经营，企业考虑到声誉损失和政府管制，就会主动调整自己的经营行为，自觉履行社会责任，维护社会和环境利益。由此可见，媒体在企业社会责任监督中发挥了独特的作用，既可以促进社会责任表现良好的企业更好的履行社会责任，也可以对社会责任表现较差的企业形成舆论震慑力，迫使其改善自身的社会责任行为，进一步提高社会责任意识。

近年来，新闻媒体凭借其迅速的信息传递能力、非同凡响的影响力，对发生的重大企业社会责任缺失事件进行广泛的宣传报道，使履行社会责任良好的优秀企业得到社会的高度赞扬，发挥了其强大的间接约束力作用，提高了全社会的责任意识，尤其是将一些关乎民生的事件和企业社会责任丑闻揭露在公众面前，对问题企业及相关行业造成了巨大的舆论压力，在监督、促进企业履行社会责任方面发挥着不可替代的作用，而这部分功能却是政府监督很难涉及的。媒体对企业产品和服务质量问题的关注，对违反国家法律、损害消费者合法权益、破坏生态环境等不履行社会责任的企业的揭露和曝光，不仅使违法企业受到了应有的处罚，也为其他企业带来了警示，同时通过宣传提高了社会公众的社会责任意识。而对于那些在追求经济利益的同时，仍然不忘参与公益事业，回报社会的企业，媒体应该进行大量的宣传报道，这样的正面宣传会提升企业的社会形象，为企业带来良好的社会信誉，促进企业经济效益的提高，而且也有利于在全社会范围内树立社会责任意识，促进关注慈善事业、关爱弱势群体、崇尚商业道德等传统企业文化的宣扬和企业社会责任价值体系的建立。

然而，当前社会媒体对企业社会责任的监督主要侧重于事后监督，即在企业发生重大社会责任事件后才进行宣传报道，这在一定程度上制约了媒体监督作用的全面发挥，也不利于促进企业社会责任的长期良性发展。从长远来看，为了更好的发挥媒体的监督作用，媒体应建立对企业社会责任行为的前置性与常态化监督机制，配备专职人员长期追踪企业的社会责任活动，形成对企业社会责任的全过程、全方位监督。同时，媒体应该通过舆论引导吸引其他利益相关者共同参与到企业社会责任监督活动中来，形成广泛的社会责任监督网，促使企业承担应尽的社会责任。此外，媒体应该通过舆论宣传促成公众、政府、股东等利益相关者共同监督企业的社会责任行为。在强调媒体对企业社会责任的监督作用的同时，完善现行的媒介制度，防止媒介越权，避免出现新闻寻租或媒介审判等媒介权利滥用现象。

（2）公民社会对企业社会责任的监督

公民社会理论发源于欧洲，是西方政治哲学的核心概念之一，自 20 世纪 80 年代开始该理论在公共管理领域受到重视。公民社会理论倡导国家、经济和公民社会三分法，认为公民社会是介于国家、市场之外的中间领域，是一个由众多的民间组织、社会团体组成的公共领域。在公共领域，公民社会就人们感兴趣的问题进行联系、沟通并采取集体自治行动。构成这个领域的各种社会团体，本着志愿精神和自治精神，其主要功能是将个人利益整合为集体或公众利益，成为“公”与“私”的中介体，并实现自我管理、自我约束、自我发展。在国际社会责任运动中，公民社会的参与弥补了政府机制缺位引起的监管失灵和市场监督机制的不足，推动了企业社会责任运动的发展。

在现实利益至上的市场竞争条件下，推动企业承担社会责任的最大的挑战来自企业能否将社会责任内化为企业的自主行为。但是在一定的经济发展水平和社会文化背景下，企业一般是缺乏自主行为的，只有使外在约束内化为企业的自主行为才能推动企业的社会责任建设。企业社会责任治理需要第三方力量，即在企业与政府之间培育其他相关利益团体（王爱国、武锐，2010）。从国际经验来看，以消费者组织、劳工组织和环境保护组织为主体的非政府组织是企业社会责任监督的重要力量。NGO（Non—Government Organization）在企业社会责任监督中具有较强的行业信息优势和专业优势，而且其公益性、非盈利性的特点更适合作为企业与政府等其他利益相关者沟通、对话和合作的纽带。NGO 对企业社会责任的监督主要是通过制定行业社会责任行为规范、发布企业社会责任评价标准及进行第三方社会责任认证等方式实现，同时也可以通过向政府施压的方式促使政府出台相关法律法规来约束企业的社会责任行为。NGO 的性质、职能、组织结构与运作方式决定了其作为政府和市场之外的第三方监督力量，在企业社会责任监督中能够发挥独特的作用。在美国，一些非政府组织甚至会雇佣食品检查员、微生物学家、流行病学家等，对食品进行持续检测，2009 年被曝光的强生婴儿用品质量问题，就是被一个名为“安全化妆品运动”的非政府组织所披露的。正是由于以 NGO 为代表的公民社会的持续推动，促使美国政府不断出台各种法律保护利益相关者的权益，约束企业非道德的行为。

在欧洲，行业协会在企业社会责任的自律方面有非常成功的经验。德国零售贸易外贸联合会（AVE）在 SA8000 基础上开发推出了一套简称“AVE 模式”的行业社会责任标准，该标准是德国唯一得到政府认可的对社会责任进行监管的行业解决方案。目前，AVE 旗下的零售贸易商几乎都采用“AVE 模式”，在企业内部建立自己的社会责任监督体系。欧洲外贸协会要求协会成员自入会之日起三年内，必须对公司 2/3 的采购量或至少 2/3 的供应商进行 BSCI（Business Social Compliance Initiative）审核，促使协会成员企业加强社会责任自律。同时，欧洲企业社会责任协会还联合欧盟委员会等机构创办了欧洲利益相关方论坛，在加强利益相关者沟通的同时，也推动企业社会责任向纵深发展。此外，在企业社会责任标准制定中，NGO 也发挥着重要的作用，国际著名的社会责任标准，如 SA8000、ISO26000 等都由非政府组织制定，为约束企业做出符合伦理道德的行为提供了规范与参考标准。NGO 在企业与利益相关者之间架起了沟通的桥梁，通过其行业优势和专业特长监督企业的社会责任行为，弥补了其他监督主体在企业社会责任监督中的信息劣势和专业劣势，有效约束了企业的社会责任行为。

此外，应培育公众的社会责任意识，引导公众进行责任消费和责任投资，通过“货币投票”的方式实现对企业社会责任行为的监督。实证研究表明，公众对具有社会责任属性的产品和服务越偏好，企业履行社会责任的积极性就越高。在竞争激烈的资本市场和人力资源市场，具有社会责任理念的公民在投资决策和职业选择时会充分考虑企业的社会责任表现，将资金投向社会责任表现良好的企业或选择在社会责任表现良好的企业就职，以保障自己未来在公司的权益。公众的“货币投票权”和“用脚投票原则”促使企业在经营活动中不得不考虑自己的社会形象而主动选择承担社会责任，从而实现了市场与社会对企业社会责任行为的联合监督。如果社会公众都树立起社会责任理念，依据企业的社会责任行为做出相应的投资或消费决策，具有市场敏感性的企业就会意识到自身履行社会责任所带来的未来市场价值，从而自觉履行社会责任。

7.3　企业社会责任利益相关者协同监督机制

7.3.1　企业社会责任利益相关者协同监督的可行性分析

利益相关者理论认为，企业是利益相关者的，企业应该为企业内部和外部的所有利益相关者负责。虽然企业对不同类型利益相关者应尽的责任有层次之分和先后顺序之分，但股东、债权人、员工、供应商、分销商、消费者、政府、社区和自然环境无疑是企业重要的利益相关者。在这些利益相关群体中，目前还缺乏能与企业讨价还价的实体性组织，即便存在类似于工会、消费者协会、绿色组织等这样的相关利益团体，由于数量众多、想法各异，极有可能出现“搭便车”现象，形成“合成谬误”，导致理性程度下降，使社会责任监督主体在与企业的博弈中一开始就处在劣势地位，很难实现对企业社会责任行为的有效监管。企业社会责任内部监督机制虽然可以从根本上提高企业的社会责任自律意识，然而当企业的重大利益与社会目标发生冲突时，董事会和内部审计在企业社会责任监督中的独立性和公正性受到质疑；企业社会责任外部监督机制虽然可以保证监督的独立性和中立立场，却因监督主体众多，监督目标各异，而导致监督的理性程度下降，或出现“搭便车”现象，很难实现对企业社会责任行为的有效监管。作为公共利益代表的政府虽然会根据企业、社会双方博弈的结果不断调整政策，引导企业将近期目标与远期目标、经济目标与社会目标趋同，然而，政府能否在企业社会责任监督中真正代表公众利益也有人提出质疑。因为政府通常有多重目标，这些目标有时可能会相互冲突。即使政府谋求的是公共利益，但是公共利益有可能被各种近期、远期的目标，各个阶层的利益等所肢解。在官员短暂任期考核目标的诱使下，部分政府官员可能为了短期的经济目标如政绩、GDP 等而放任企业进行掠夺式的生产和开发，甚至不惜牺牲环境利益和公众利益。由此可见，政府的“有限理性”和“经济人”的一面使其在社会责任监督中暴露出不可避免的局限性，短期内可能会背离公众利益目标。“有限理性”政府和“经济人”政府在对企业进行社会责任行为进行监督时不可避免地暴露出其固有的局限性，导致其行为与公众利益的偏离或相悖。因此，应在多元主体（政府、企业、社会）之间形成合理关系的基础上，通过明确各自的角色定位并相互协作，建立政府、企业、社会共同参与的企业社会责任监管机制（朱锦程，2007）。

市场对企业社会责任的监督主要是通过资源配置的方式进行的，由于市场的不完备性，在经济人的假设前提下，企业作为市场主体，以盈利为目的，追求利润最大化，在其经营管理过程中关注的是经济利益，缺乏内在约束机制督促自身来承担相关的企业社会责任。单纯的市场机制并不能保证将资源优先配置到社会责任表现较好的企业，在某些情况下可能会出现“市场失灵”，而市场失灵需要借助政府这只“有形的手”介入干预，通过政策引导和资源配置解决“市场失灵”问题。在企业社会责任的建设中，市场的失灵要求政府实施管理和调控，而政府在部分管理领域和微观层面也存在鞭长莫及的失灵问题。政府失灵是指由于政府组织的内在缺陷以及政府行为的局限性和其他客观因素的制约，政府对经济、社会生活等方面进行管理调控过程所存在的管理失效。政府失灵导致政府活动的高成本、低效率和分配不公平。政府对企业的管制只能约束企业的基本社会责任行为，对企业高层次的社会责任如公益责任，政府的管制通常是无效的，此时就需要非政府组织的参与来解决“政府失灵”问题。针对政府治理的局限性，美国公共政策学研究专家 Salamon 提出了第三方管理理论（The Third—party Government Theory），将非政府组织（NGO）界定为“第三方”，认为正是由于政府和 NGO 之间的互补性产生了第三方管理模式。该理论为企业社会责任的第三方治理提供了理论基础。第三方介入企业社会责任治理，是通过制约和监督企业的社会责任活动来实现的，它是继法律监督、政府监督和是市场监督之外的社会监督。由于政府和 NGO 在组织特征上的互补性，其在社会责任监督中发挥了不同的作用，建立“政府—NGO”协同监督模式既可以弥补政府监管失灵带来的弊端，同时节约政府的监管成本。但 NGO 在企业社会责任监督中也不是万能的，也存在监督主体众多和监督目标不一致等监管弊端，在某些情况下也会出现志愿失灵问题。而建立利益相关者协同治理的企业社会责任监督机制，可以弥补市场失灵、政府失灵和志愿失灵所带来的监管问题，保证企业社会责任监督的多层次性和全方位性。

协同理论是美国战略管理学家 H. Igor Ansoff 于 1965 年基于决策战略提出的，该理论认为，各业务单元协作的结果具有方向的不确定性，可以是正向作用，也可以是反向作用，协同可以使企业获得无法确定总量的经济利益，可以产生独特的聚集能量与抵御风险的效应，促使事物之间同向合力，相互协作（崔清泉，2014）。政府和社会或企业的协同建立在系统内的子系统之间合理、平衡协调作用的基础之上，通过政府与各类社会组织之间的分工、协作的治理模式，达到整合多元化的利益和社会矛盾的功能，缓解由政府或社会单一视角主导企业社会责任的矛盾。企业社会责任作为社会生态的产物，是以可持续的方式维持着社会生态系统的平衡，具有自发性的特征。经济性和社会性决定了社会责任的本质属性，自愿履行社会责任便具有了前提条件，经济利益获取的动机和社会制约与监督的共同作用，促使企业主动承担社会责任。政府法律和法规层面的社会责任监督是约束企业社会责任行为的基础，而来自市场和社会的监督则是约束企业履行社会责任的主要压力。随着社会公民意识的提高，社会公众在维护权益、保护环境等方面的意识增强，为发挥社会对企业的监督作用奠定了良好的基础。以地域、专业或群体为纽带组成的第三部门，也为社会监督企业的社会责任提供了渠道和手段。因此，企业社会责任监督是一个系统工程，必须克服和弥补企业、政府、市场和社会在社会责任监督中的制度缺陷，充分发挥多元监督主体的协同效应。在多元主体（政府、企业、市场、社会）之间形成合理关系的基础上，通过明确各自的角色定位并相互协作，建立“政府—企业—市场—社会”协同参与的企业社会责任监督机制，使各监督主体在不同层面上，可以通过不同的监督渠道和监督方式实现对企业的社会责任行为的全方位监督。

7.3.2 企业社会责任利益相关者协同监督机制构建

(1)“政府—企业—社会”协同监督机制

企业社会责任监督机制的设计是一个复杂的系统工程，需要利益相关各方的广泛参与。在企业履行社会责任过程中，政府的监督是必不可少的，然而非政府组织的监督也至关重要。第三方管理理论表明，政府和 NGO 之间在监督企业社会责任的目标上具有某些共同之处，两者之间可以建立一种合作关系。政府作为法定的权威监督部门，虽然具有法律赋予的权威性监督优势，但政府并不具备太强的信息优势和技术优势，单靠政府监管无法实现企业社会责任监督的目标，而 NGO 在企业社会责任监督中虽然具有信息优势和技术优势，然而却不具备权威的监督地位，同时缺乏资源优势。因此，政府与 NGO 可以在企业社会责任监督问题上建立一种合作关系，政府利用自身的资源优势，为 NGO 监督企业的社会责任活动提供资金和政策支持，NGO 则可以利用自身的专业优势和信息优势，为政府监督企业社会责任提供专业化的技术和服务，在不同的经济领域促进政府、企业与社会的对话和合作，实现协同监督的目标。

同时，要发挥政府、社会的舆论宣传作用，强化政府舆论场的主导作用，通过自上而下的舆论宣传提高社会对企业社会责任的关注度，培育公众的责任消费和责任投资意识，促使公众通过“货币投票权”对企业的社会责任决策施加“可置信的威胁”，使企业将承担社会责任内化为一项自觉行动，逐步提高企业到社会责任自律意识。此外，政府应努力为其他监督主体营造一个宽松的社会责任监督氛围，鼓励具有信息优势和技术优势的其他利益相关者共同参与到企业社会责任监督活动中来，形成利益相关各方对企业社会责任监督的合力，促使企业更好的履行社会责任。

（2）“市场—企业—政府”协同监督机制

根据前文所建立的企业社会责任模型，企业社会责任具有一定的层次性，既包括基本的社会责任，也包括高层次的社会责任。政府监督只能约束企业基本的社会责任行为，而高层次的社会责任并不能通过强制性手段进行约束，此时就需要发挥市场对企业社会责任的约束作用。一方面，资本市场通过信号传递作用，引导资源配置到财务绩效和社会责任绩效均表现优秀的企业，并通过市场的优胜劣汰机制自动淘汰不具备可持续发展能力的企业，从而促使企业出于经济利益考虑不得不履行社会责任，达到间接约束企业社会责任行为的目的；另一方面，经理人市场会根据公司的财务绩效和社会责任绩效对经理人的综合业绩表现做出全面的评价，以决定经理人的薪酬以及未来职位，促使职业经理人意识到差的社会责任绩效会导致其在经理人市场的人力资源价值降低，失去获得未来工作机会的可能性，这无疑会对职业经理人的社会责任决策形成有力的约束，促使公司经理人在任职期间不得不关注社会责任问题，加强企业的社会责任自律。

政府应出台政策促使企业建立有效的利益相关者对话机制，为利益相关者参与企业社会责任监督搭建平台，使利益相关者有能力制约企业违反伦理道德的行为。利益相关者对企业社会责任的制约可以通过供应链市场传递给其他企业，促使供应链上的其他企业考虑到供应链的社会责任传导风险而不得不加强对上下游企业的社会责任监督，从而形成供应链的社会责任监督机制。对于全球供应链中的社会责任监督，不仅需要充分发挥企业、媒体、社会公众的作用，还需要有强有力的国际组织在全球范围内对跨国公司的社会责任进行监督。市场监督机制的发挥离不开政府的宏观调控和法律政策支持，政府应建立公开的企业社会责任信息披露平台，要求企业定期发布社会责任报告，为市场监督提供信息支持，以更好的发挥市场和政府对企业社会责任的协同监督作用。

（3）企业社会责任利益相关者协同监督机制设计

由前文分析可知，企业社会责任监督机制的形成需要利益相关各方的共同参与，任何一方监督主体的缺位都可能会导致整个监督体系的失效。企业内部监督的软弱性和短视性需要政府监督的强势介入，通过立法和政策手段约束企业的社会责任行为；政府监督的信息劣势和专业劣势需要以媒体、NGO 为主体的社会监督力量的共同参与，而政府失灵所带来的监管不足则需要通过市场监督来弥补；市场的不完备性可能会导致市场监督在某些情况下会出现“市场失灵”，此时则需要政府履行监督职能，通过政策干预消除市场失灵，维护市场监督的有效性。由此可见，有效的企业社会责任监督机制需要利益相关者的共同参与和协同治理，据此，本书构建如图 7－1 所示的企业社会责任利益相关者协同监督机制。

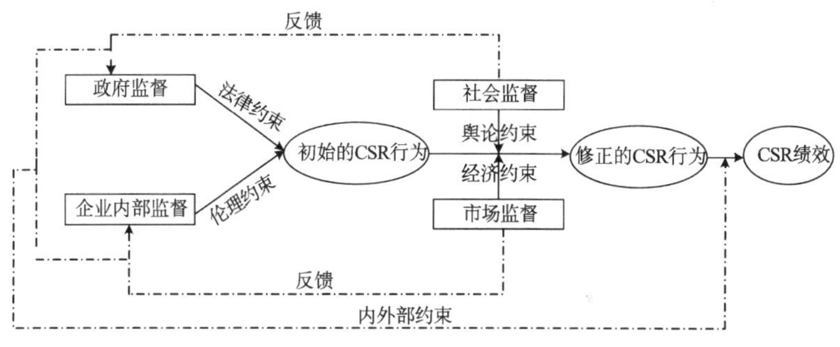

图 7－1　企业社会责任监督机制

在企业社会责任利益相关者协同监督机制中，政府与企业是第一层次的监督主体，市场和社会则是第二层次的监督主体。政府不仅是国家利益的代表，也是社会整体利益的代表，具有法律所赋予的权威监督地位，充当着协调企业经济利益与社会、环境利益仲裁人的角色。政府应从维护社会利益和保证社会运转的需要出发，以社会公众利益代表和社会公共管理者的身份，以国家立法的方式行使政府权力，建立规范企业社会责任行为的法律、法规及政策约束机制，强制企业承担基本的社会责任。同时，企业内部的约束机制也对企业的社会责任行为形成了有效的监督，这样就初步促成了企业的社会责任行为。第一层次的监督机制是促成企业社会责任行为的基本前提和保证，也是形成企业社会责任监督机制的基础。企业初始的社会责任行为不一定能达到利益相关者预期的目标，此时第二层次的监督机制——以市场和社会为主体的监督力量就自发介入，分别通过经济手段和舆论压力等手段向企业施压，促使企业调整和修正自己的社会责任行为。同时，社会监督机制会将企业社会责任监督的结果通过反馈机制传导给政府，促使政府修改相关的法律法规或出台更加压力的管制政策，进一步加强对企业社会责任的监督；市场监督机制则会通过优胜劣汰法则迫使企业调整社会责任战略，进一步加强社会责任的内部监督。由此可见，第一层次的社会责任监督和第二层次的社会责任监督并不是相互独立的，而是一个相互联系相互促进的有机整体，第一层次的社会责任监督为第二层次的社会责任监督提供基础和保障，第二层次的社会责任监督为第一层次的社会责任监督提供进一步的监督结果与反馈信息，促使第一层次的监督主体制定更加完善的社会责任政策或进一步加强内部自律，最终促使企业做出符合利益相关者期望的社会责任行为。

在多元主体协同参与的企业社会责任监督机制中，共同的社会责任治理理念和监督目标是维持监督机制有效运转的关键。在利益相关者协同监督机制下，政府的法律和政策是约束企业社会责任行为的第一道防线，企业在权衡利弊后，会选择遵守法律法规和伦理道德的约束，自觉履行社会责任，形成约束企业社会责任行为的第二道防线，来自市场的资源配置机制和来自社会的舆论监督机制则形成了约束企业社会责任行为的第三道防线，共同推动企业实现经济效益、社会效益和环境效益的协同发展。在全方位的企业社会责任监督体系下，政府所推崇的制度和伦理约束在企业得到了实践，实现了政府的有效治理和社会公共利益的最大化。企业在权衡利弊后，会选择遵守政府的法律法规和市场运作规则，在履行社会责任的同时也践行了其对政府和社会的承诺，获得了来自于政府和市场的利益补偿和良好的社会声誉，实现了利益相关各方所共同期望的经济效益、社会效益和环境效益协同发展的目标，最终使政府、企业、市场和社会形成价值共同体，实现了“四位一体”的协同监督状态。

7.4　本章小结

本章内容在构建企业社会责任内部监督机制和外部监督机制的基础上，分析不同监督主体在企业社会责任监督中的行为方式和偏好，提出利益相关者协同治理的企业社会责任监督模式。针对单一的监督模式无法实现对企业社会责任行为全方位监督的局限性，本章对利益相关者协同监督的可行性进行分析，进而构建基于利益相关者协同治理的企业社会责任监督机制，实现对企业社会责任的全方位监督。

第8章 结论与展望

8.1 主要研究结论

本研究运用契约理论、利益相关者理论和集体选择理论，在对企业社会责任的本质进行解读的基础上，从利益相关者集体选择的视角对企业社会责任进行定义，界定企业社会责任的内容与边界，构建利益相关者集体选择视角下的企业社会责任理论框架。通过实证研究，探寻企业社会责任行为背后的驱动因素，构建企业社会责任评价体系，进而提出利益相关者协同治理的企业社会责任实现机制与监督机制。回答“企业应该对谁承担社会责任”“企业应该承担哪些社会责任”“企业为什么要承担社会责任”“企业如何实现社会责任”“如何测度企业的社会责任行为”以及“如何监督企业履行社会责任”等企业社会责任理论与实践中的基本问题。

本研究的主要结论如下：

（1）从利益相关者集体选择的视角将企业本质解读为“参与组织契约选择的内部利益相关者与参与交易契约选择和社会契约选择的外部利益相关者的集体选择达成的一个均衡的契约联合体”，提出企业社会责任的本质是“企业对参与交易契约选择和社会契约选择的利益相关者利益诉求的回应”的观点，在此基础上将企业社会责任定义为“企业应当承担的对参与交易契约选择和社会契约选择的外部利益相关者的责任”，从理论上解决企业社会责任对象与边界的模糊性问题；

（2）从利益相关者集体选择的视角将企业社会责任的内容界定为员工责任、商业责任、环境责任、治理责任和公益责任，并创新性的将商业腐败治理责任纳入企业社会责任的内容范畴，提出“经济责任与法律责任是企业应承担的基本义务而非社会责任”的理论观点，继而构建以“治理责任”为中心的企业社会责任概念模型，解决企业社会责任的内容与边界界定问题；

（3）通过实证研究发现，企业社会责任行为主要受商业动机、市场与社会压力、内外部阻力、伦理动机、制度与监管压力 5 个关键因子的驱动。商业动机是驱动企业承担社会责任的最重要因素，市场与社会压力对企业社会责任的驱动作用位居第二位，而伦理动机和制度与监管压力对企业社会责任的影响偏弱，这说明追求商业利益是企业履行社会责任的主要原因，伦理道德与制度监管对企业社会责任行为的约束作用有限。内外部阻力对企业社会责任的影响处于中等水平，这说明内外部条件的限制并不是企业承担社会责任或者拒绝承担社会责任的主要原因。这一研究发现解开了企业社会责任动机的新面纱；

（4）提出多元主体协同治理的企业社会责任实现路径，构建基于责任治理、责任运营和责任沟通的企业社会责任内部实现机制和基于政府引导、市场激励和社会推进的企业社会责任外部实现机制，实现利益相关者对企业社会责任的协同治理；

(5) 从员工责任、商业责任、环境责任、治理责任、公益责任 5 个维度建立多层次的企业社会责任评价体系，构建企业社会责任模糊综合评价模型，为企业社会责任测度提供可操作的工具；

(6) 提出利益相关者协同治理的企业社会责任监督机制，构建“政府—企业—市场—社会”联动的企业社会责任监督平台，实现对企业社会责任的全方位监督。

8.2 本研究的局限性及未来研究展望

(1) 本研究的数据收集是基于不同国家的制度背景和文化背景，中美企业履行社会责任的动因和中美企业管理人员对企业社会责任的认知可能存在一定的差异，中国高校商学院的 EMBA 和 MBA 学员是否普遍具有企业中高层管理经验还有待验证，因此，本书对企业社会责任驱动因素跨国调查所得出的综合研究结论是否与中国企业的实际情况相吻合以及是否适用于全球所有国家不同类型的企业还有待进一步探讨；

(2) 由于不同类型的企业具有不同的契约边界和利益相关者结构，因此其社会责任对象和应承担的社会责任内容也存在一定的差异，未来研究需要根据企业的所有制类型对企业社会责任进行分类研究，界定不同所有制类型企业应该承担的社会责任内容与边界，建立适合于不同所有制类型企业的社会责任测度标准与模型，探索不同产权结构下企业社会责任的驱动机理与实现路径。

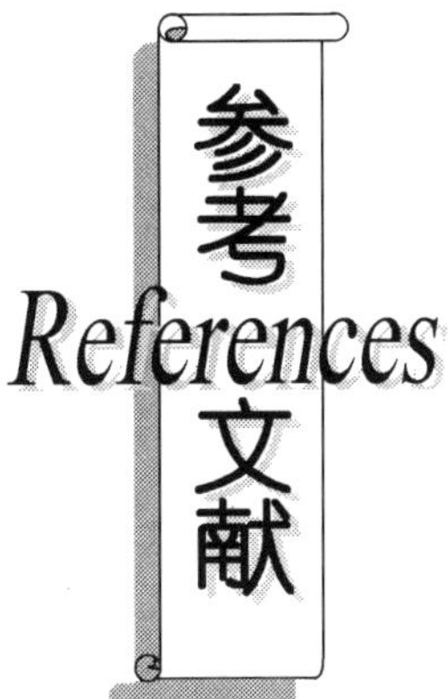

[1] R. Edward Freeman. Strategic Management: A Stakeholder Approach. Boston: Pitman Publishing Company, 1984: 69 ~ 71.

[2] Jamali D. A Stakeholder Approach to Corporate Social Responsibility: A Fresh Perspective into Theory and Practice. Journal of Business Ethics, 2008 (1): 213 ~ 231.

[3] Witt, M., & Stahl, G. Foundations of Responsible Leadership: Asian Versus Western Executive Responsibility Orientations toward Key Stakeholders. Journal of Business Ethics, 2016 (136): 623 ~ 638.

[4] E. Merrick Dodd. For Whom are Corporate Managers Trustees? Harvard Law Review, 1932 (7): 1145 ~ 1163.

[5] Peter Enderwick. The Scope of Corporate Social Responsibility in Networked Multinational Enterprises. Journal of Business Review, 2017 (9): 239 ~ 254.

[6] Van Den Heuvel G, Soeters J, Gossling T. Global Business, Global Responsibilities: Corporate Social Responsibility Orientations within a Multinational Bank. Business & Society, 2014 (3): 378 ~ 413.

[7] Patrick, Kraus B B. A Literature Review on Corporate Social Responsibility: Definitions, Theories and Recent Eempirical Research. International Journal of Management Cases, 2012 (4): 282 ~ 296.

[8] Porter, M. , Kramer, M. R. The Big Idea: Creating Shared Value. Harvard Business Review, 2011 (1): 62 ~ 77.

[9] Guifeng Shi, Jianfei Sun, Li Zhang. Corporate Social Responsibility and Geographic Dispersion. Journal of Accounting and Public Policy, 2017 (6): 417 ~ 428.

[10] Carroll, A. The Pyramid of Corporate Social Responsibility: Toward the Moral Management of Organizational Stakeholders. Business Horizons, 1991 (34): 39 ~ 48.

[11] Porter, M. E. , Kramer, M. R. The Link Between Competitive Advantage and Corporate Social Responsibility. Journal of Business Systems, Governance and Ethics, 2010 (3): 7 ~ 22.

[12] Freeman R. Edward. Reed D. L. Stockholders and Stakeholders: A New Perspective on Corporate Governance. California Management Review, 1983 (25): 88 ~ 106.

[13] Zhihong Wang, Joseph Sarkis. Corporate Social Responsibility Governance, Outcomes, and Financial Performance . Journal of Cleaner Production, 2017 (20): 1607 ~ 1616.

[14] Clarkson M B E. A Stakeholder Framework for Analyzing and Evaluating Corporate Social Performance. Academy of Manage-

ment Review, 1995 (1): 92 ~117.

[15] Wood D J, Jones R A. Stakeholder Mismatching: A Theoretical Problem in Empirical Research on Corporate Social Performance. International Journal of Organizational Analysis, 1995 (3): 229 ~267.

[16] Simmons, J. Managing in the Post Managerialist Era: Towards Socially Responsible Corporate Governance. Management Decision, 2004: 601 ~611.

[17] Klein, P. G., Mahoney, J. T., McGahan, A. M., Pitelis, C. N. Who is in Charge? A Property Rights Perspective on Stakeholder Governance. Strategic Organization, 2012 (3): 304 ~315.

[18] Wood D J. Corporate social Performance Revisited. Academic of Management Review, 1991 (4): 601 ~718.

[19] Mainardes E W, Alves H, Raposo M. A Model for Stakeholder Classification and Stakeholder Relationships. Management Decision, 2012 (10): 1861 ~1879.

[20] Sebastian Utz. Over – investment or risk mitigation? Corporate social responsibility in Asia – Pacific, Europe, Japan, and the United States. Review of Financial Economics, 2017 (10): 421 ~438.

[21] Crane, A., Ruebottom, T. Stakeholder Theory and Social Identity: Rethinking Stakeholder Identification. Journal of Business Ethics, 2011 (102): 77 ~87.

[22] Garriga E. Beyond Stakeholder Utility Function: Stakeholder Capability in the Value Creation Process. Journal of Business Ethics, 2014 (4): 489 ~507.

[23] Schultz F, Castelló I, Morsing M. The Construction of Corporate Social Responsibility in Network Societies: A Communication View. Journal of Business Ethics, 2013 (4): 681 ~692.

[24] Carroll A B, Shabana K M. The Business Case for Corporate Social Responsibility: A Review of Concepts, Research and Practice. International Journal of Management Reviews, 2010 (1): 85 ~ 105.

[25] Hamil S, Morrow S. Corporate Social Responsibility in the Scottish Premier League: Context and Motivation. European Sport Management Quarterly, 2011 (2): 143 ~170.

[26] Gholami, S. Value Creation Model through Corporate Social Responsibility. International Journal of Business and Management, 2011 (9): 148 ~154.

[27] Vijayta Doshi P K. An Institutional Perspective on Corporate Social Responsibility. VIKALPA, 2012 (2): 98 ~102.

[28] Carroll, A. A Three – Dimensional Conceptual Model of Corporate Performance. The Academy of Management Review, 1979 (4): 497 ~505.

[29] Dahlsrud, A. How Corporate Social Responsibility is Defined: An Analysis of 37 Definitions. Corporate Social Responsibility and Environmental Management, 2008 (1): 1 ~13.

[30] Lucas Veiga Ávila Et Al. Social Responsibility Initiatives Using ISO 26000: An Analysis from Brazil. Environmental Quality Management, 2013: 14 ~30.

[31] Carroll, A. Corporate Social Responsibility. Business and Society, 1999 (3): 268 ~295.

[32] Wartick S L, Cochran P L. The Evolution of the Corporate

Social Performance Model. Academic of Management Review, 1985 (4): 758 ~ 769.

[33] Maria Gjølberg. Measuring the Immeasurable? Constructing an Index of CSR Practices and CSR Performance in 20 Countries. Scandinavian Journal of Management, 2009 (1): 10 ~ 25.

[34] Lee M P. A Review of the Theories of Corporate Social Responsibility: Its Evolutionary Path and the Road Ahead. International Journal of Management Reviews, 2008 (1): 53 ~ 73.

[35] Lundgren T. A Microeconomic Model of Corporate Social Responsibility. Metroeconomica, 2011 (1): 69 ~ 95.

[36] Hemphill T. The ISO 26000 Guidance on Social Responsibility International Standard: What are the Business Governance Implications? Corporate Governance, 2013 (3): 305 ~ 317.

[37] Boris Lozovina J J A D. Agenda Setting Function of Mass Media and the Concept of Corporate Social Responsibility. Acta Kinesiologica, 2013 (7): 30 ~ 37.

[38] Ahuja V. Success through Social Responsibility: A Unique Business Model of Jaipur Rugs Foundation. Journal of Corporate Governance, 2012 (1): 52 ~ 58.

[39] Donaldson T., L. E. Preston. The Stakeholder Theory of the Corporation: Concepts, Evidence and Hnplications. Academy of Management Review, 1995 (1): 65 ~ 91.

[40] Bondy K, Starkey K. The Dilemmas of Internationalization: Corporate Social Responsibility in the Multinational Corporation. British Journal of Management, 2014 (1): 4 ~ 22.

[41] De Colle S, Henriques A, Sarasvathy S. The Paradox of Corporate Social Responsibility Standards. Journal of Business Ethics,

2014 (2): 177 ~ 191.

[42] Oxfam. Corporate Social Responsibility Survey of Hang Seng Index Constituent Companies. Hong Kong: Oxfam Hong Kong, 2008: 104 ~ 116.

[43] Zhao Z, Zhao X, Davidson K, et al. A Corporate Social Responsibility Indicator System for Construction Enterprises. Journal of Cleaner Production, 2012 (29): 277 ~ 289.

[44] Makni R., Francoeur C., Bellavance F. Causality between Corporate Social Performance and Financial Performance: Evidence from Canadian Firms. Journal of Business Ethics, 2009 (3): 409 ~ 422.

[45] Lee M, Fairhurst A, Wesley S. Corporate Social Responsibility: A Review of the Top 100 US Retailers. 2009 (2): 140 ~ 158.

[46] Griffin J J, Prakash A. Corporate Responsibility: Initiatives and Mechanisms. Business & Society, 2014 (4): 465 ~ 482.

[47] Ankur Roy V V A P. SMEs Motivation: Corporate Social Responsibility. SCMS Journal of Indian Management, 2013 (1): 11 ~ 21.

[48] Aya Pastrana N, Sriramesh K. Corporate Social Responsibility: Perceptions and Practices among SMEs in Colombia. Public Relations Review, 2014 (1): 14 ~ 24.

[49] Graafland J, Mazereeuw Van Der Duijn Schouten C. Motives for Corporate Social Responsibility. De Economist, 2012 (4): 377 ~ 396.

[50] Cheah E, Jamali D, Johnson J E V, et al. Drivers of Corporate Social Responsibility Attitudes: The Demography of Socially

Responsible Investors. British Journal of Management, 2011 (2): 305 ~323.

[51] Alison Mackey T B M J. Corporate Social Responsibility and Firm Performance: Investor Preferences and Corporate Strategies. Academy of Management Review, 2007 (3): 817 ~835.

[52] Krasodomska J. Corporate Social Responsibility as a Factor Influencing the Development of Social Accounting and Assessment of Employers. e ~ Finanse, 2013 (1): 12 ~17.

[53] Gomes R C, Liddle J, Gomes L O M. A Five – sided Model of Stakeholder Influence. Public Management Review, 2010 (5): 701 ~724.

[54] Patrick Kraus B B. A Literature Review on Corporate Social Responsibility: Definitions, Theories and Recent Empirical Research. International Journal of Management Cases, 2012 (4): 282 ~296.

[55] Ma J. A Study on the Models for Corporate Social Responsibility of Small and Medium Enterprises. Physics Procedia, 2012 (25): 435 ~442.

[56] Arevalo J A, Aravind D. Corporate Social Responsibility Practices in India: Approach, Drivers, and Barriers. Corporate Governance, 2011 (4): 399 ~414.

[57] Mutti D, Yakovleva N, Vazquez Brust D, et al. Corporate Social Responsibility in the Mining Industry: Perspectives from Stakeholder Groups in Argentina. Resources Policy, 2012 (2): 212 ~222.

[58] Sen S, Cowley J. The Relevance of Stakeholder Theory and Social Capital Theory in the Context of CSR in SMEs: An Austral-

ian Perspective. Journal of Business Ethics, 2013 (2): 413 ~427.

[59] Lund Thomsen P, Lindgreen A. Corporate Social Responsibility in Global Value Chains: Where Are We Now and Where Are We Going? Journal of Business Ethics, 2014 (1): 11 ~22.

[60] Lee M H, Mak A K, Pang A. Bridging the Gap: An Exploratory Study of Corporate Social Responsibility among SMEs in Singapore. Journal of Public Relations Research, 2012 (4): 299 ~317.

[61] GTZ. Corporate Social Responsibility in Sub - saharan Africa: A Survey on Promoting and Hindering Factors. South Africa: Deutsche Gesellschaft für Technische Zusammenarbeit GmbH, 2009.

[62] Mzembe A N, Meaton J. Driving Corporate Social Responsibility in the Malawian Mining Industry: A Stakeholder Perspective. Corporate Social Responsibility and Environmental Management, 2014 (4): 189 ~201.

[63] Albareda L, Lozano J M, Tencati A, et al. The Changing Role of Governments in Corporate Social Responsibility: Drivers and Responses. Business ethics, 2008 (4): 347 ~363.

[64] Oh W Y, Chang Y K, Martynov A. The Effect of Ownership Structure on Corporate Social Responsibility: Empirical Evidence from Korea. Journal of Business Ethics, 2011 (2): 283 ~297.

[65] Dam L, Scholtens B. Does Ownership Type Matter for Corporate Social Responsibility? Corporate Governance: An International Review, 2012 (3): 233 ~252.

[66] Dam L, Scholtens B. Ownership Concentration and CSR Policy of European Multinational Enterprises. Journal of Business Ethics, 2013 (1): 117 ~126.

[67] Jamali, D. and Keshishian, T. Uneasy Alliances: Lessons Learned from Partnerships between Businesses and NGOs in the Context of CSR. Journal of Business Ethics, 2009 (2): 277 - 295.

[68] Cruz J M, Matsypura D. Supply Chain Networks with Corporate Social Responsibility through Integrated Environmental Decision – making. International Journal of Production Research, 2009 (3): 621 ~ 648.

[69] Han X. Corporate Social Responsibility Implementation in the Global Forest Sector. The Journal of Corporate Citizenship, 2012 (47): 101 ~ 118.

[70] Jo H, Harjoto M A. The Causal Effect of Corporate Governance on Corporate Social Responsibility. Journal of Business Ethics, 2012 (1): 53 ~ 72.

[71] Moore L L, de Silva I, Hartmann S. An Investigation into the Financial Return on Corporate Social Responsibility in the Apparel Industry. Journal of Corporate Citizenship, 2012 (45): 104 ~ 122.

[72] Lundgren T. A Microeconomic Model of Corporate Social Responsibility. Metroeconomica, 2011 (1): 69 ~ 95.

[73] See G K H. Harmonious Society and Corporate Social Responsibility: Shaping the Factors That Drive Environment Related CSR. Journal of International Business Ethics, 2014 (1): 41 ~ 43.

[74] Web M A. When and How to Pursue Corporate Social Responsibility with Core Competencies. Business and Society Review, 2014 (3): 417 ~ 434.

[75] Walters G, Anagnostopoulos C. Implementing Corporate Social Responsibility through Social Partnerships. Business Ethics: A European Review, 2012 (4): 417 ~ 433.

[76] Boulouta I, Pitelis C N. Who Needs CSR? The Impact of Corporate Social Responsibility on National Competitiveness. Journal of Business Ethics, 2014 (3): 349 ~ 364.

[77] Rahim M M, Alam S. Convergence of Corporate Social Responsibility and Corporate Governance in Weak Economies: The case of Bangladesh. Journal of Business Ethics, 2014 (4): 607 ~ 620.

[78] Chan M C, Watson J, Woodliff D. Corporate Governance Quality and CSR Disclosures. Journal of Business Ethics, 2014 (1): 59 ~ 73.

[79] Mason C, Simmons J. Embedding Corporate Social Responsibility in Corporate Governance: A Stakeholder Systems Approach. Journal of Business Ethics, 2014 (1): 77 ~ 86.

[80] Xu L, Kumar D T, Shankar K M, et al. Analyzing Criteria and Sub ~ criteria for the Corporate Social Responsibility Based Supplier Selection Process Using AHP. The International Journal of Advanced Manufacturing Technology, 2013: 907 ~ 916.

[81] Tuzzolino F. A Need Hierarchy Framework for Assessing Corporate Social Responsibility. The Academy of Management Review, 1981 (1): 21 ~ 28.

[82] Kanji G K, Chopra P K. Corporate Social Responsibility in a Global Economy. Total Quality Management & Business Excellence, 2010 (2): 119 ~ 143.

[83] Ismail M. Corporate Social Responsibility and Its Role in Community Development: An International Perspective. Journal of International Social Research, 2009 (2): 199 ~ 209.

[84] Sharma A, Kiran R. Corporate Social Responsibility:

Driving Forces and Challenges. International Journal of Business Research and Development, 2013 (1): 18 ~27.

[85] Ramanathan S, Vucic S, Stewart G, et al. Measuring the Effectiveness of Corporate Social Responsibility Practices and Processes: A Framework for Assessing, Monitoring and Improving CSR Programs, Practices, Processes and Evaluation. Journal of Clinical Neuroscience, 2014 (11): 203 ~208.

[86] Arlbjørn J S, Warming—Rasmussen B, Van Liempd D, et al. A European Survey on Corporate Social Responsibility, 2008.

[87] 贾生华, 陈宏辉. 利益相关者的界定方法述评. 外国经济与管理, 2002 (5): 13 ~15.

[88] 李维安, 王世权. 利益相关者治理理论研究脉络及其进展探析. 外国经济与管理, 2007 (4): 10 ~17.

[89] 王竹泉, 逄咏梅, 马广林. 利益相关者与企业价值增值创造和分享. 中国会计研究与教育, 2006 (1): 59 ~69.

[90] 杨瑞龙. 企业利益相关者理论及其应用. 北京: 经济科学出版社, 2000: 46 ~48.

[91] 王竹泉. 利益相关者会计行为的分析. 会计研究, 2003 (10): 3 ~10.

[92] 李心合. 面向可持续发展的利益相关者管理. 当代财经, 2001 (1): 66 ~70.

[93] 李丰团. 基于契约理论的企业社会责任解析. 商业时代, 2011 (4): 17 ~20.

[94] 陈宏辉, 贾生华. 企业利益相关者三维分类的实证分析. 经济研究, 2004 (4): 32 ~36.

[95] 肖红军, 李伟阳. 国外企业社会责任研究新进展. 经济管理, 2013 (9): 179 ~188.

[96] 温素彬，方苑．企业社会责任与财务绩效关系的实证研究．中国工业经济，2008（10）：150～160.

[97] 陈昕．利益相关者利益要求识别、企业社会责任表现与企业绩效［博士学位论文］．广州：华南理工大学，2011.

[98] 王竹泉，杜媛．利益相关者视角的企业形成逻辑与企业边界分析．中国工业经济，2012（3）：108～120.

[99] 贾生华，陈宏辉，田传浩．基于利益相关者理论的企业绩效评价——一个分析框架和应用研究．科研管理，2003（4）：94～101.

[100] 冯梅，郭毅．国外企业社会责任研究前沿．当代经济研究，2009（5）：21～23.

[101] 黎友焕．企业社会责任研究［博士学位论文］．南京：东南大学，2005.

[102] 李正．企业社会责任与企业价值的相关性研究．中国工业经济，2006（2）：77～83.

[103] 沈洪涛．21 世纪的公司社会责任思想主流公司——公民研究综述．外国经济与管理，2006（8）：1～9.

[104] 郭洪涛．中国企业社会责任比较研究［博士学位论文］．成都：西南财经大学，2011.

[105] 李伟阳，肖红军．企业社会责任概念探究．经济管理，2008（2）：177～185.

[106] 窦鑫丰．企业社会责任的内涵、驱动力与推进策略研究．商业会计，2014（3）：15～17.

[107] 刘建秋，宋献中．企业社会责任契约的层次、范围与边界研究——基于可持续发展背景．河北经贸大学学报，2011（6）：37～42.

[108] 李伟阳，肖红军．企业社会责任的逻辑．中国工业

经济，2011 (10)：87～97.

[109] 胡贵毅．企业社会责任理论的基本问题研究［博士学位论文］．上海：上海交通大学，2010.

[110] 徐尚昆．中国企业社会责任的概念维度、认知与实践．经济体制改革，2010 (6)：60～65.

[111] 李国平，韦晓茜．企业社会责任内涵、度量与经济后果——基于国外企业社会责任理论的研究综述．会计研究，2014 (8)：33～40.

[112] 彭建国．企业社会责任的原因、内容与动力——"三因三色三力"理论．宏观经济研究，2010 (1)：3～9.

[113] 周祖城．走出企业社会责任定义的丛林．伦理学研究，2011 (5)：52～58.

[114] 刘建秋，宋献中．契约理论视角下企业社会责任的层次与动因——基于问卷调查的分析．财政研究，2012 (6)：68～71.

[115] 田虹，王汉瑛．异质性企业社会责任存在协同效应吗——一个三维交互模型．商业研究，2014 (12)：134～140.

[116] 王风华，梁星．基于环境协调发展的煤炭企业社会责任综合评价指标体系构建．财会通讯，2010 (1)：44～45.

[117] 陈小悦，徐晓东．股权结构、企业绩效与投资者利益保护．经济研究，2001 (11)：3～11.

[118] 王佳宜．全球治理下跨国公司社会责任监管模式转变［J］．商业经济研究，2016 (12)：11～20.

[119] 隋敏．企业社会资本研究［博士学位论文］．青岛：中国海洋大学，2012.

[120] 金立印．企业社会责任运动测评指标体系实证研究．中国工业经济，2006 (6)：114～120.

[121] 买生．企业社会责任绩效评价研究［博士学位论文］．大连：大连理工大学，2012.

[122] 谢名一．在华跨国公司企业社会责任标准体系研究［博士学位论文］．沈阳：辽宁大学，2010.

[123] 陈维政，吴继红，任佩瑜．企业社会绩效评价的利益相关者模式．中国工业经济，2002（7）：57～63.

[124] 姜万军，杨东宁，周长辉．中国民营企业社会责任评价体系初探．统计研究，2006（7）：32～36.

[125] 黄群慧，彭华岗，钟宏武．中国100强企业社会责任发展状况评价．中国工业经济，2009（10）：24～35.

[126] 郭志文，简红艳．中国企业社会责任行为驱动力的实证研究．湖北大学学报（哲学社会科学版），2012（5）：123～128.

[127] 林军，乔璐．我国社会责任投资的政府规制研究．西部法学评论，2014（4）：38～46.

[128] 陈煦江，高露．食品企业社会责任的影响因素及食品安全治理政策——基于扎根理论的探索．经济与管理，2013（5）：43～49.

[129] 张正勇，吉利，毛洪涛．上市公司社会责任报告自愿披露的动机——以所有权性质为背景的经验分析．证券市场导报，2014（7）：19～27.

[130] 易开刚．群体性企业社会责任缺失的深层透视——基于责任博弈失衡的视角．经济理论与经济管理，2012（10）：82～89.

[131] 林晓飞．企业社会责任协同管理模型探讨．中外企业家，2010（6）：30～34.

[132] 王竹泉．利益相关者财务披露监管的分析框架与体

制构造．会计研究，2006（9）：35～41.

［133］花双莲．企业社会责任内部控制理论研究［博士学位论文］．青岛：中国海洋大学，2011.

［134］王竹泉．利益相关者会计的提出与会计信息披露的外部性．现代会计与审计，2006（1）：1～8.

［135］杨春方．我国企业社会责任驱动机制研究［博士学位论文］．武汉：华中科技大学，2009.

［136］艾庆庆，杨蕙馨．文化企业社会责任的影响机制研究．山东大学学报（哲学社会科学版），2013（2）：32～42.

［137］沈奇泰松，蔡宁，孙文文．制度环境对企业社会责任的驱动机制——基于多案例的探索分析．自然辩证法研究，2013（2）：113～119.

［138］毛清华，葛平平，马洪梅．系统动力学视角下企业社会责任驱动力作用机制研究．理论月刊，2011（3）：157～159.

［139］杨汉明，吴丹红．企业社会责任信息披露的制度动因及路径选择——基于“制度同形”的分析框架．中南财经政法大学学报，2015（1）：55～62.

［140］崔清泉．企业社会责任价值驱动机理及实证研究［博士学位论文］．北京：中国矿业大学，2014.

［141］谢佩洪，周祖城．企业履行社会责任的动因及对策建议．中国人力资源开发，2008（7）：26～30.

［142］郭洪涛．企业社会责任：制度作用与制度建构．统计与决策，2012（9）：167～171.

［143］徐玲，冯巧根．民营企业社会责任履行的“规则—行为走廊”与政策选择机理．华东经济管理，2014（8）：29～33.

[144] 郭洪涛. 不同所有制企业承担社会责任的具体形式探讨——基于创新型 CSR 模型基础之上. 经济问题探索, 2011 (2): 95 ~ 100.

[145] 田虹, 姜雨峰. 企业社会责任履行的动力机制研究. 审计与经济研究, 2014 (6): 65 ~ 74.

[146] 王竹泉, 高芳. 基于业务流程管理的价值增值报告模式研究. 会计研究, 2004 (9): 47 ~ 51.

[147] 王风华. 中国企业社会责任信息披露的困境与出路. 新会计, 2014 (7): 8 ~ 9.

[148] 王竹泉. 论建立适于利益相关者共同治理的财务报告模式. 会计之友, 2003 (8): 42 ~ 43.

[149] 潘成林. 上市公司社会责任实现机制探析. 西安财经学院学报, 2013 (1): 45 ~ 51.

[150] 王清刚, 李琼. 企业社会责任价值创造机理与实证检验——基于供应链视角. 宏观经济研究, 2015 (1): 116 ~ 127.

[151] 易开刚. 企业社会责任的多重价值博弈与长效实现机制——基于公司治理的视角. 经济理论与经济管理, 2011 (12): 61 ~ 67.

[152] 张守军. 我国企业社会责任推行的困境与出路——基于社会三元结构视角. 陕西理工学院学报 (社会科学版), 2009 (5): 25 ~ 27.

[153] 黄溶冰, 王跃堂. 基于复杂适应系统的企业社会责任治理机制. 软科学, 2009 (9): 29 ~ 33.

[154] 杨春方. 企业社会责任的治理模式: 自三个维度观察. 改革, 2012 (5): 120 ~ 125.

[155] 田志龙, 贺远琼. 中国企业非市场策略与行为研究.

中国工业经济，2005（9）：82～90.

［156］陈宏辉，贾生华．企业利益相关者的利益协调与公司治理的平衡原理．中国工业经济，2005（8）：114～121.

［157］陈留彬．我国企业社会责任的治理及实现．东岳论丛，2006（1）：78～80.

［158］张坤．企业社会责任实现机制研究［博士学位论文］．南京：中南大学，2013.

［159］李新娥，彭华岗．企业社会责任信息披露与企业声誉关系的实证研究．经济体制改革，2010（3）：74～76.

［160］卢东，Samart Powpaka，寇燕．基于消费者视角的企业社会责任归因．管理学报，2010（6）：861～867.

［161］尹珏林．企业社会责任前置因素及其作用机制研究［博士学位论文］．天津：南开大学，2010.

［162］姜志华．企业高管价值观、组织文化与企业社会责任行为：基于高阶理论的分析［博士学位论文］．杭州：浙江大学，2011.

［163］王风华．基于协同治理的企业社会责任信息披露建议．财务与会计，2014（3）：33～35.

［164］张亚楠．国有企业社会责任形成机制与实现路径研究［博士学位论文］．武汉：武汉理工大学，2011.

［165］贾晓慧．企业社会责任行为的影响因素研究［博士学位论文］．中山：中山大学，2010.

［166］廖永威．企业社会责任外部促进机制的法学研究［博士学位论文］．上海：华东政法大学，2009.

［167］郑海东．企业社会责任行为表现：测量维度、影响因素及对企业绩效的影响［博士学位论文］．杭州：浙江大学，2007.

[168] 彭红利．构建国有企业履行社会责任的长效机制——基于"政府—企业—社会"框架的分析．河北经贸大学学报，2014（12）：13～15.

[169] 程华儿．公司治理视角下企业社会责任的实现机制［博士学位论文］．北京：对外经济贸易大学，2009.

[170] 伍旭中．政府治理、社会责任投资与企业社会责任：博弈与实现机制．安徽师范大学学报（人文社会科学版），2012（3）：8～11.

[171] 汪建新．企业社会责任研究—— 基于利益相关者角度［博士学位论文］．天津：南开大学，2009.

[172] 王丹．政府推进企业社会责任机制研究［博士学位论文］．上海：华东政法大学，2009.

[173] 陈宏辉．企业的利益相关者理论与实证研究［博士学位论文］．杭州：浙江大学，2003.

[174] 田虹．企业社会责任及其推进机制．北京：经济管理出版社，2006.

[175] 王秀华．利益相关者企业价值管理研究［博士学位论文］．青岛：中国海洋大学，2012.

[176] 王开田，何玉．中国民营企业履行社会责任的意愿、方法与效果研究：一项探索性调查．江西财经大学学报，2010（6）：31～37.

[177] 李四海，李晓龙，宋献中．产权性质、市场竞争与企业社会责任行为——基于政治寻租视角的分析．中国人口·资源与 环境，2015（1）：33～36.

[178] 王风华．基于利益相关者理论的企业社会责任评价指标体系设计．商业会计，2011（35）：8～9.

[179] 黎友焕，魏升民．企业社会责任评价标准：从 SA

8000 到 ISO 26000. 学习与探索, 2012 (11): 68 ~ 73.

[180] 王竹泉, 王风华. 利益相关者视角下的企业社会责任绩效模糊综合评价. 公司治理评论, 2011 (2): 152 ~ 163.

[181] 中国企业评价协会, 清华大学社会科学学院. 中国企业社会责任评价准则. 2014.

[182] 王文. 中国企业社会责任评价与治理研究——基于沪深两地 A 股制造业上市公司的经验证据 [博士学位论文]. 天津: 南开大学公司治理, 2011.

[183] 中国工业经济联合会.《中国工业企业及工业协会社会责任指南》(GSRI ~ CHINA 2.0). 2010.

[184] 曾鸥. 企业社会责任评价指标体系的构建与实证研究 [博士学位论文]. 武汉: 华中科技大学, 2011.

[185] 买生, 匡海波, 张笑楠. 基于科学发展观的企业社会责任评价模型及实证. 科研管理, 2012 (3): 148 ~ 154.

[186] 黎友焕. SA8000 与中国企业社会责任. 北京: 中国经济出版社, 2004.

[187] 国家电网课题组. 企业社会责任指标体系研究. 北京: 中国电力出版社, 2009.

[188] 齐文浩, 刘禹君. 食品类企业社会责任评价指标体系构建及其实证检验——以沪深股市中食品类上市公司为分析对象. 科学与管理, 2012 (12): 28 ~ 34.

[189] 钟宏武, 崔灿. 中国电力行业企业社会责任发展指数. 中国电力企业管理, 2012 (11): 23 ~ 26.

[190] 陈秀娣. 构建利益相关者视角的企业社会责任评价体系. 科技和产业, 2011 (11): 23 ~ 25.

[191] 梁星, 王风华. 政府绩效审计模糊综合评价模型探析. 会计之友 (上旬刊), 2007 (11): 83 ~ 84.

[192] 辛杰．企业社会责任研究 一个新的理论框架与实证分析．北京：经济科学出版社，2010.

[193] 陈佳贵等．中国企业社会责任研究报告．北京：社会科学文献出版社，2010.

[194] 荷兰驻华大使馆．企业社会责任指引——促进在华企业负责任及可持续商业．2014.

[195] 全球报告倡议组织．可持续发展报告指南（G4）．2013.

[196] 沈志渔，刘兴国，周小虎．基于社会责任的国有企业改革研究．中国工业经济，2008（9）：141～149.

[197] 邓泽宏．国外非政府组织与企业社会责任监管——以美国、欧盟的 NGO 为考察对象．求索，2011（11）：51～53.

[198] 王凯．野生动物资源利用企业社会责任研究［博士学位论文］．北京：北京林业大学，2014.

[199] 甘济华，高国顺．从企业到社会——基于企业社会责任视角．湖北大学学报（哲学社会科学版），2012（7）：31～35.

[200] 赵建梅．利益相关者理论与企业社会责任研究——一种理论研究路径的分析与评价．科技进步与对策，2010（12）：12～15.

[201] 郑方．嵌入性视角下的连锁董事网络研究［博士学位论文］．济南：山东大学，2012.

[202] 樊慧玲．政府食品安全规制与企业社会责任的耦合研究．大连：东北财经大学，2012.

[203] 王竹泉．公司治理结构中的会计监督研究．北京：中国财政经济出版社，2003.

附录1 企业社会责任驱动因素调查问卷

尊敬的女士/先生：您好！

感谢您参与本次问卷调查。我们正在做一项关于企业社会责任的研究，需要一些数据做实证分析。本问卷采用匿名方式填写，调查数据仅用于学术研究，我们将对您的问卷结果严格保密。完成问卷需要花费您大约8—10分钟时间，您的意见对本研究十分重要。非常感谢您的支持与合作！

Q1 您的性别是：

○ 男

○ 女

Q2 您的年龄是：

○ 30岁以下

○ 31—35岁

○ 36—40岁

○ 41—45岁

○ 46—50岁

○ 50岁以上

Q3 您所受的教育程度是：

○ 博士

○ 硕士

○ 大学本科

○ 专科

○ 高中及以下

Q4 您取得的最高学位所属专业类别是：

○ 经济学

○ 管理学

○ 工学

○ 理学

○ 法学

○ 哲学

○ 农学

○ 医学

○ 教育学

○ 文学

○ 历史学

○ 其他

Q5 您在公司中的职位是：

○ 董事长

○ CEO/总经理

○ 副总经理

○ 董事

○ 部门经理或主管

○ 一般管理人员

○ 工程技术人员

○ 其他

Q6 您在公司中的哪个部门任职？

○ 行政部

○ 财务部

○ 人力资源部

○ 市场部（销售部）

○ 采购部

○ 生产部

○ 质检部

○ 研发部

○ 审计部

○ 公共关系部

○ 工程部

○ 其他

Q7 您读 EMBA 或 MBA 期间学校是否为您开设过社会责任或伦理教育方面的课程?

○ 是

○ 否

○ 不适用

Q8 您认为大学的商学院在本科教育或研究生教育中引入社会责任课程或伦理教育课程是否必要?

○ 是

○ 否

Q9 您对社会责任的认知程度是:

○ 不了解

○ 了解很少

○ 一般了解

○ 比较了解

○ 非常了解

Q10 您对企业履行社会责任的态度是:

○ 非常不支持

○ 不支持

○ 中立

○ 支持

○ 非常支持

Q11 您是否信仰宗教?

○ 是

○ 否

Q12 您认为宗教信仰在多大程度上影响您的社会责任行为或决策?

○ 不影响

○ 影响较小

○ 影响一般

○ 影响较大

○ 非常影响

Q13 贵公司成立时间:

○ 5 年以下

○ 5—10 年

○ 11—20 年

○ 20 年以上

Q14 贵公司员工人数:

○ 300 人以下

○ 300—1000 人

○ 1000 人以上

Q15 贵公司最近一个年度的营业收入是:

○ 2000 万元以下

○ 2000—40000 万元

○ 40000 万元以上

Q16 贵公司所属行业:

○ 农业/渔业/林业

○ 能源/采掘业
○ 公用事业
○ 建筑业
○ 制造业
○ 批发业
○ 零售业
○ 交通/运输/物流
○ IT/软硬件服务/电子商务
○ 财务/金融/证券/保险
○ 医疗/卫生/保健/社会保障
○ 公共管理
○ 房地产开发/租赁/装潢/设计
○ 科研/技术服务
○ 院校/培训/教育服务
○ 艺术/娱乐/休闲
○ 宾馆/餐饮服务
○ 其他

Q17 贵公司是哪种所有制性质的企业?
○ 国有企业
○ 私营企业
○ 外资企业
○ 混合所有制企业
○ 其他

Q18 贵公司是否属于上市公司?
○ 是
○ 否

Q19 贵公司是否有以下社会责任行为?

	是	否	不知道
贵公司是否设立社会责任管理机构?	○	○	○
贵公司是否建立社会责任管理制度?	○	○	○
贵公司的董事会或管理层中是否有负责社会责任事务的人员?	○	○	○
贵公司是否把社会责任作为选择合作伙伴和交易对象的考虑标准?	○	○	○
贵公司是否建立社会责任评价系统?	○	○	○
贵公司是否建立社会责任监督机制?	○	○	○
贵公司是否加入全球契约等国际社会责任组织?	○	○	○

Q20 贵公司以何种形式披露社会责任信息?

○ 社会责任报告

○ 可持续发展报告

○ 环境报告

○ 财务报告

○ 不披露社会责任信息

Q21 贵公司是否公开发布独立的企业社会责任报告或可持续发展报告?

○ 是

○ 否

Answer If 贵公司是否公开发布独立的企业社会责任报告或可持续发展报告? 是 Is Selected

Q22 贵公司的社会责任报告或可持续发展报告是否经过独立的第三方审计?

○ 是

○ 否

Q23 贵公司的企业社会责任/可持续发展报告是否使用特定的报

告标准（如G4、ISO26000等）？

○ 是

○ 否

Q24 您在多大程度上认同企业应该承担下列社会责任？（1→5 表示基本认同→非常认同）

	1	2	3	4	5
对员工的责任	○	○	○	○	○
对商业伙伴的责任	○	○	○	○	○
对政府的责任	○	○	○	○	○
对社区的责任	○	○	○	○	○
对环境的责任	○	○	○	○	○
社会公益责任	○	○	○	○	○
公司治理责任	○	○	○	○	○
商业腐败治理责任	○	○	○	○	○

Q25 您认为贵公司履行社会责任的动力来自于以下哪些方面？（1→5 表示动力由弱→强）

	1	2	3	4	5
提升公司形象与声誉	○	○	○	○	○
获取竞争优势	○	○	○	○	○
提高财务绩效	○	○	○	○	○
风险管理的需要	○	○	○	○	○
提高雇员满意度	○	○	○	○	○
公司领导者的价值观	○	○	○	○	○
改善与利益相关者的关系	○	○	○	○	○
对可持续发展与环境问题的关注	○	○	○	○	○
伦理与道德承诺	○	○	○	○	○
组织文化认同	○	○	○	○	○

Q26 您认为贵公司履行社会责任的压力来自于以下哪些方面？（1

→5 表示压力由弱→强）

	1	2	3	4	5
法律与制度压力	○	○	○	○	○
政府与行业监管压力	○	○	○	○	○
国际采购商的压力	○	○	○	○	○
劳动力市场和资本市场的声誉风险	○	○	○	○	○
竞争对手的压力	○	○	○	○	○
消费者、媒体等社会压力	○	○	○	○	○
宗教影响	○	○	○	○	○
社会责任国际规范	○	○	○	○	○

Q27 您认为贵公司履行社会责任的障碍来自于以下哪些方面？（1→5 表示障碍由弱→强）

	1	2	3	4	5
增加成本	○	○	○	○	○
公司领导人不支持	○	○	○	○	○
缺少政府政策引导与支持	○	○	○	○	○
缺少企业社会责任文化	○	○	○	○	○
缺少人力资源	○	○	○	○	○

Q28 请您对下列社会责任监督方式的重要性进行评价：（1→5 表示重要性由弱→强）

	1	2	3	4	5
企业内部监督	○	○	○	○	○
供应链市场监督	○	○	○	○	○
资本市场监督	○	○	○	○	○
政府监督	○	○	○	○	○
媒体、公众等社会监督	○	○	○	○	○
第三方审计监督	○	○	○	○	○

Q29 您在多大程度上同意贵公司从履行社会责任活动中能够获得下列益处？（1→5 表示益处由小→大）

	1	2	3	4	5
提升了公司形象与声誉	○	○	○	○	○
增强了公司的竞争优势	○	○	○	○	○
提高了公司的财务绩效	○	○	○	○	○
吸引和留住了员工	○	○	○	○	○
提高了顾客忠诚度	○	○	○	○	○
降低了公司运营风险	○	○	○	○	○
改善了与利益相关者的关系	○	○	○	○	○
培育了良好的组织文化	○	○	○	○	○
增强了公司的可持续发展能力	○	○	○	○	○

Q30 您认为下列利益相关者对企业社会责任的推动作用是否重要？（1→5 表示推动作用由弱→强）

	1	2	3	4	5
股东	○	○	○	○	○
员工	○	○	○	○	○
商业合作伙伴	○	○	○	○	○
竞争对手	○	○	○	○	○
公司的领导者	○	○	○	○	○
政府和监管者	○	○	○	○	○
社区	○	○	○	○	○
非政府组织（NGO）	○	○	○	○	○
媒体	○	○	○	○	○

Q31 您是否支持政府加强社会责任立法以规范企业社会责任行为和信息披露？

○ 是

○ 否

Q32 如果您对企业社会责任问题有任何意见或建议，请反馈给我们：

____

____

附录 2 The Survey about Driving Factors of Corporate Social Responsibility

Thank you for participating in this survey about corporate social responsibility. Your responses are completely anonymous, and will be examined and reported in aggregate formats only. This survey will take you approximately 10 minutes to complete. The information collected by this survey will be used exclusively for the purpose of academic research. We will keep your responses strictly confidential. Thank you very much for your precious time.

Q1 What is your gender?

○ Male

○ Female

Q2 What is your age group?

○ Less than 30

○ 30 to 35

○ 36 to 40

○ 41 to 45

○ 46 to 50

○ 50 or over

Q3 What is your highest level of education?

○ Doctoral Degree

○ Master's Degree

○ Bachelor's Degree

○ Associate Degree

○ High School or below

Q4 What is the major of your highest degree?

○ Economics

○ Management

○ Engineering

○ Science

○ Laws

○ Philosophy

○ Argiculture

○ Medicine

○ Education

○ Arts

○ History

○ Other

Q5 What is your job title?

○ Chairman

○ CEO

○ Vice President

○ Director

○ Manager/Supervisor

○ Administrator

○ Engineers and Technicians

○ Other

Q6 Which of the following best describes the department you work in?

○ Administration Department

○ Financial Department

○ Human Resources Department

○ Marketing Department

○ Purchasing Department

○ Production Department

○ Quality Inspection Department

○ Research and Development Department

○ Audit Department

○ Public Relations Department

○ Engineering Department

○ Other

Q7 Have you studied social responsibility or ethical issues in your graduate program?

○ Yes

○ No

○ Does Not Apply

Q8 Do you think it is necessary to offer social responsibility or ethical education courses in business school?

○ Yes

○ No

Q9 How much do you know about Corporate Social Responsibilities (CSR)?

○ Very Little

○ Little

○ Medium

○ Much

○ Very Much

Q10 To what extent do you agree or disagree that companies should fulfill social responsibilities?

☐ Strongly Disagree

☐ Disagree

☐ Neutral

☐ Agree

☐ Strongly Agree

Q11 Do you consider yourself a person of religious faith?

○ Yes

○ No

○ Prefer not to say

○ Not sure

Q12 Do you believe that your religious faith affect your ideas about social responsibilities?

○ Very little effect

○ Little effect

○ Neutral

○ Strong effect

○ Very strong effect

Q13 How long has your company established?

○ Less than 5 years

○ 5—10 years

○ 11—20 years

○ More than 20 years

Q14 How many employees work does your company have?

○ Less than 300

○ 300—1000

○ 1000 or over

Q15 How much is your company's operating revenue last year?

○ Less than $20 millions

○ $20 to $400 millions

○ $400 millions or over

Q16 What industry best describes the company that you work for?

○ Agriculture, Forestry, Fishing and Hunting

○ Mining, Quarrying, and Oil and Gas Extraction

○ Utilities

○ Construction

○ Manufacturing

○ Wholesale Trade

○ Retail Trade

○ Transportation and Warehousing

○ Information

○ Finance and Insurance

○ Health Care and Social Assistance

○ Public Administration

○ Real Estate and Rental and Leasing

○ Professional, Scientific, and Technical Services

○ Educational Services

○ Arts, Entertainment, and Recreation

○ Accommodation and Food Services

○ Other

Q17 What is your company's ownership?

○ State - owned Enterprises

○ Private Enterprises

○ Foreign - capital Enterprises

○ Mixed – ownership Enterprises

○ Other

Q18 Is your company a publicly listed company?

○ Yes

○ No

Q19 Please answer the following:

	Yes	No	Do not know
Does your company have a social responsibility department?	○	○	○
Does your company have a social responsibility management system?	○	○	○
Is someone responsible for social responsibility issues in the board of directors or management?	○	○	○
Does your company use corporate social responsibilities as a criterion for selecting business partners?	○	○	○
Does your company have a social responsibility evaluation system?	○	○	○
Does your company have a social responsibility supervisory mechanism?	○	○	○
Has your company joined any international organizations of social responsibilities, such as Global Compact?	○	○	○

Q20 What is the form of social responsibility information disclosure in your company?

○ Social Responsibility Report

○ Sustainability Development Report

○ Environmental Report

○ Financial Report

○ Non – disclosure agreement

○ Others (please specify) * ____________________

Q21 Does your company publish independent corporate social responsibility report or sustainability development report?

○ Yes

○ No

○ Do not know

Q22 Is your company's social responsibility report or sustainability development report audited by independent third party (such as CPA)?

○ Yes

○ No

○ Do not know

Q23 Is your company's corporate social responsibility report or sustainable development report based on certain specific standards (such as G4, ISO26000, etc.)?

○ Yes

○ No

○ Do not know

Q24 To what extent do you agree that company should fulfill the following social responsibilities? (1→5 denotes the importance of responsibilities from weak to strong)

	1	2	3	4	5
Responsibilities for employees	○	○	○	○	○
Responsibilities for suppliers, distributors and customers	○	○	○	○	○

续表

	1	2	3	4	5
Responsibilities for governments	○	○	○	○	○
Responsibilities for community	○	○	○	○	○
Environmental responsibility	○	○	○	○	○
Philanthropic responsibility	○	○	○	○	○
Corporate governance responsibility	○	○	○	○	○
Business corruption governance responsibility	○	○	○	○	○

Q25 How important are each of the following driving forces for implementing social responsibility in your company? (1→5 denotes the importance of responsibilities from weak to strong)

	1	2	3	4	5
Company image or reputation	○	○	○	○	○
Competitive advantage	○	○	○	○	○
Financial performance	○	○	○	○	○
Risk management	○	○	○	○	○
Employee satisfaction	○	○	○	○	○
Leaders' values	○	○	○	○	○
Stakeholder relationships	○	○	○	○	○
Sustainable development and environmental protection	○	○	○	○	○
Ethical/moral commitment	○	○	○	○	○
Organizational culture	○	○	○	○	○

Q26 To what extent do you agree that the following pressures drive your company to perform social responsibilities? (1→5 denotes the importance of responsibilities from weak to strong)

	1	2	3	4	5
Pressures from laws and institutions	○	○	○	○	○
Pressures from governments and supervisors	○	○	○	○	○
Pressures from international purchasers	○	○	○	○	○
The reputation in the labor market and capital market	○	○	○	○	○
Pressures from competitors	○	○	○	○	○
Social pressures from consumers, media, etc.	○	○	○	○	○
Religious influence	○	○	○	○	○
Pressures from international norms of social responsibility	○	○	○	○	○

Q27 To what extent do you agree that the following barriers hinder your company from performing social responsibilities? (1→5 denotes the importance of responsibilities from weak to strong)

	1	2	3	4	5
Increasing cost	○	○	○	○	○
Lack of the support of business leaders	○	○	○	○	○
Lack of policies guidance and support from governments	○	○	○	○	○
Lack of corporate social responsibility culture	○	○	○	○	○
Lack of human resources	○	○	○	○	○

Q28 How important are the following supervisory methods for corporate social responsibility? (1→5 denotes the importance of responsibilities from weak to strong)

	1	2	3	4	5
Internal supervision of company	○	○	○	○	○
Market supervision from supply chain	○	○	○	○	○
Capital market supervision	○	○	○	○	○
Government supervision	○	○	○	○	○
Social supervision from public media, NGO, etc.	○	○	○	○	○
Audit supervision from anindependent third party	○	○	○	○	○

Q29 To what extent do you agree that your company could gain the following benefits through its social responsibility activities? (1→5 denotes the importance of responsibilities from weak to strong)

	1	2	3	4	5
Enhancing company image or reputation	○	○	○	○	○
Strengthening the company's competitive advantage	○	○	○	○	○
Improving company's financial performance	○	○	○	○	○
Attracting or retaining employees	○	○	○	○	○
Improving customers' loyalty	○	○	○	○	○
Reducing operational risks	○	○	○	○	○
Facilitating relationships with stakeholders	○	○	○	○	○

续表

	1	2	3	4	5
Cultivating a good organizational culture	○	○	○	○	○
Promoting the sustainable development of company	○	○	○	○	○

Q30 How much do you believe the following stakeholders can promote corporate social responsibility activities? (1→5 denotes the importance of responsibilities from weak to strong)

	1	2	3	4	5
Shareholders	○	○	○	○	○
Employees	○	○	○	○	○
Suppliers, customers, and other business partners	○	○	○	○	○
Competitors	○	○	○	○	○
The company's leaders	○	○	○	○	○
Governments and regulators	○	○	○	○	○
Community	○	○	○	○	○
Non - Governmental Organization	○	○	○	○	○
Public Media	○	○	○	○	○

Q31 Do you support that governments should strengthen social responsibility legislation in order to regulate corporate social responsibility activities and information disclosure?

○ Yes

○ No

Q32 Please choose your charity organization for our donation.

□ Red Cross

□ Salvation Army

□ Any Charity Organization

□ Others (please specify) ____________________

Q33 Please provide any comments or suggestions you have regarding corporate social responsibilities. We appreciate your help a lot!

____

____

附录3　企业社会责任评价指标调查问卷

尊敬的女士/先生：

您好！感谢您参与本次问卷调查。我们正在做一项关于企业社会责任的研究，需要一些调查数据支持评价指标权重设计。本问卷采用匿名方式填写，调查数据仅用于学术研究，我们将对您的问卷结果严格保密。完成问卷需要花费您10分钟左右时间，您的意见对本研究十分重要。非常感谢您的支持与合作！

Q1 您认为下列指标对评价企业社会责任是否重要？（1→5代表指标重要性由弱→强）

	1	2	3	4	5
员工责任	○	○	○	○	○
商业责任	○	○	○	○	○
环境责任	○	○	○	○	○
治理责任	○	○	○	○	○
公益责任	○	○	○	○	○

Q2 您认为下列指标对评价公司对员工的责任是否重要？（1→5代表指标重要性由弱→强）

	1	2	3	4	5
人权	○	○	○	○	○
职业健康与安全	○	○	○	○	○
职业教育与发展	○	○	○	○	○
员工薪酬与福利	○	○	○	○	○

Q3 您认为下列指标对评价公司的商业责任是否重要？（1→5 代表指标重要性由弱→强）

	1	2	3	4	5
责任运营	○	○	○	○	○
商业信用	○	○	○	○	○
产品质量与安全	○	○	○	○	○
客户关系	○	○	○	○	○

Q4 您认为下列指标对评价公司的环境责任是否重要？（1→5 代表指标重要性由弱→强）

	1	2	3	4	5
节能减排	○	○	○	○	○
生态保护	○	○	○	○	○
环境管理	○	○	○	○	○

Q5 您认为下列指标对评价公司的治理责任是否重要？（1→5 代表指标重要性由弱→强）

	1	2	3	4	5
公司治理	○	○	○	○	○
商业腐败治理	○	○	○	○	○

Q6 您认为下列指标对评价公司的公益责任是否重要？（1→5 代表指标重要性由弱→强）

	1	2	3	4	5
纳税与就业	○	○	○	○	○
社区发展	○	○	○	○	○
社会公益	○	○	○	○	○

Q7 您认为下列指标对评价员工的人权状况是否重要？（1→5 代表指标重要性由弱→强）

	1	2	3	4	5
劳动合同签订率	○	○	○	○	○
平等雇佣制度	○	○	○	○	○
集体谈判机制	○	○	○	○	○

Q8 您认为下列指标对评价员工的职业健康与安全状况是否重要？（1→5 代表指标重要性由弱→强）

	1	2	3	4	5
安全事故死亡率	○	○	○	○	○
职业病发病率	○	○	○	○	○
安全生产管理体系	○	○	○	○	○

Q9 您认为下列指标对评价员工的职业教育与发展状况是否重要？（1→5 代表指标重要性由弱→强）

	1	2	3	4	5
员工培训制度	○	○	○	○	○
员工职业生涯规划指导	○	○	○	○	○
员工职业发展与晋升通道	○	○	○	○	○

Q10 您认为下列指标对评价员工的薪酬与福利状况是否重要？（1→5 代表指标重要性由弱→强）

	1	2	3	4	5
工资年增长率	○	○	○	○	○
社会保险参保率	○	○	○	○	○
最低工资标准制度	○	○	○	○	○
带薪休假制度	○	○	○	○	○

Q11 您认为下列指标对评价公司的责任运营是否重要？（1→5 代表指标重要性由弱→强）

	1	2	3	4	5
责任采购	○	○	○	○	○
责任销售	○	○	○	○	○
责任投资	○	○	○	○	○
公平诚信	○	○	○	○	○

Q12 您认为下列指标对评价公司的产品质量与安全是否重要？（1→5 代表指标重要性由弱→强）

	1	2	3	4	5
产品合格率	○	○	○	○	○
产品安全事故发生率	○	○	○	○	○
产品质量管理体系	○	○	○	○	○

Q13 您认为下列指标对评价公司的商业信用是否重要?（1→5 代表指标重要性由弱→强）

	1	2	3	4	5
合同履约率	○	○	○	○	○
信用评估等级	○	○	○	○	○
利息保障倍数	○	○	○	○	○

Q14 您认为下列指标对评价公司的客户关系是否重要?（1→5 代表指标重要性由弱→强）

	1	2	3	4	5
客户满意度	○	○	○	○	○
客户投诉处理率	○	○	○	○	○
客户关系管理制度	○	○	○	○	○

Q15 您认为下列指标对评价公司的节能减排是否重要?（1→5 代表指标重要性由弱→强）

	1	2	3	4	5
单位产值能耗	○	○	○	○	○
工业废物综合利用率	○	○	○	○	○
二氧化碳排放强度	○	○	○	○	○

Q16 您认为下列指标对评价公司的生态保护是否重要？（1→5 代表指标重要性由弱→强）

	1	2	3	4	5
节能环保技术投资率	○	○	○	○	○
可再生能源使用率	○	○	○	○	○
厂区周边生态环境治理	○	○	○	○	○

Q17 您认为下列指标对评价公司的环境管理是否重要？（1→5 代表指标重要性由弱→强）

	1	2	3	4	5
环境管理体系	○	○	○	○	○
环境事故应急机制	○	○	○	○	○
环境影响评价制度	○	○	○	○	○

Q18 您认为下列指标对评价公司治理是否重要？（1→5 代表指标重要性由弱→强）

	1	2	3	4	5
治理结构	○	○	○	○	○
决策机制	○	○	○	○	○
信息披露	○	○	○	○	○

Q19 您认为下列指标对评价公司的商业腐败治理是否重要？（1→5 代表指标重要性由弱→强）

	1	2	3	4	5
反商业贿赂政策	○	○	○	○	○
反商业贿赂培训	○	○	○	○	○
商业腐败审查机制	○	○	○	○	○

Q20 您认为下列指标对评价公司对纳税与就业的贡献是否重要？

（1→5 代表指标重要性由弱→强）

	1	2	3	4	5
纳税增长率	○	○	○	○	○
就业贡献率	○	○	○	○	○
残疾人雇佣率	○	○	○	○	○

Q21 您认为下列指标对评价公司对社区发展的贡献是否重要？（1→5 代表指标重要性由弱→强）

	1	2	3	4	5
社区雇员比率	○	○	○	○	○
社区发展经费支出比率	○	○	○	○	○
本地化采购政策	○	○	○	○	○

Q22 您认为下列指标对评价公司对社会公益的贡献是否重要？（1→5 代表指标重要性由弱→强）

	1	2	3	4	5
公益捐赠额占税前利润的比率	○	○	○	○	○
公益项目投入金额占利润总额的比率	○	○	○	○	○
员工志愿者活动制度	○	○	○	○	○

Q23 如果您对企业社会责任评价问题有任何意见或建议，请反馈给我们：

____

____

附录 4 The Survey about Corporate Social Responsibility Indexes

Thank you for participating in this survey about corporate social responsibility. Your responses are completely anonymous, and will be examined and reported in aggregate formats only. This survey will take you approximately 10 minutes to complete. The information collected by this survey will be used exclusively for the purpose of academic research. We will keep your responses strictly confidential. Thank you very much for your precious time.

Q1 How important are the following indexes to evaluate corporate social responsibility? (1→5 denotes the importance of the indexes from weak to strong)

	1	2	3	4	5
Corporate responsibilities for employee	○	○	○	○	○
Business responsibilities for suppliers, distributors and customers	○	○	○	○	○
Environmental responsibility	○	○	○	○	○
Corporate governance and business corruption governance responsibility	○	○	○	○	○
Public welfare responsibility	○	○	○	○	○

Q2 How important are the following indexes to evaluate corporate responsibilities for employee? (1→5 denotes the importance of the indexes from weak to strong)

	1	2	3	4	5
Human rights	○	○	○	○	○
Occupational health and safety of employees	○	○	○	○	○
Occupational education and development of employees	○	○	○	○	○
Wages and welfare of employees	○	○	○	○	○

Q3 How important are the following indexes to evaluate business responsibilities for suppliers, distributors and customers, etc.? (1→5 denotes the importance of the indexes from weak to strong)

	1	2	3	4	5
Responsible operation	○	○	○	○	○
Commercial credit	○	○	○	○	○
Quality and safety of product	○	○	○	○	○
Customer relationship	○	○	○	○	○

Q4 How important are the following indexes to evaluate environmental responsibility? (1→5 denotes the importance of the indexes from weak to strong)

	1	2	3	4	5
Energy - saving emission reduction	○	○	○	○	○
Ecological environment protection	○	○	○	○	○
Environmental management	○	○	○	○	○

Q5 How important are the following indexes to evaluate governance responsibility? (1→5 denotes the importance of the indexes from weak to strong)

	1	2	3	4	5
Corporate governance	○	○	○	○	○
Business corruption governance	○	○	○	○	○

Q6 How important are the following indexes to evaluate public welfare responsibility? (1→5 denotes the importance of the indexes from weak to strong)

	1	2	3	4	5
Tax and employment	○	○	○	○	○
Community development	○	○	○	○	○
Social welfare	○	○	○	○	○

Q7 How important are the following indexes to evaluate the condition of human rights? (1→5 denotes the importance of the indexes from weak to strong)

	1	2	3	4	5
Labor contract signing rate	○	○	○	○	○
Employment equity system	○	○	○	○	○
Collective negotiation mechanism	○	○	○	○	○

Q8 How important are the following indexes to evaluate the condition of occupational health and safety of employees? (1→5 denotes the importance of the indexes from weak to strong)

	1	2	3	4	5
Safety, accident, mortality	○	○	○	○	○
Incidence ofoccupational diseases	○	○	○	○	○
Safety in production management system	○	○	○	○	○

Q9 How important are the following indexes to evaluate the condition of occupational education and development of employees? (1→5 denotes the importance of indexes from weak to strong)

	1	2	3	4	5
Education and training system	○	○	○	○	○
Career planning guidance for employees	○	○	○	○	○
Career development and promotion access	○	○	○	○	○

Q10 How important are the following indexes to evaluate the condition of wages and welfare of employees? (1→5 denotes the importance of the indexes from weak to strong)

	1	2	3	4	5
Wage growth rate	○	○	○	○	○
Health and Accident Insurance	○	○	○	○	○
The minimum wage system	○	○	○	○	○
Paid vacation system	○	○	○	○	○

Q11 How important are the following indexes to evaluate responsible operation of company? (1→5 denotes the importance of the indexes from weak to strong)

	1	2	3	4	5
Responsible purchasing	○	○	○	○	○
Responsible sales	○	○	○	○	○
Responsible investment	○	○	○	○	○
Fairness and integrity	○	○	○	○	○

Q12 How important are the following indexes to evaluatequality and safety of product? (1→5 denotes the importance of the indexes from weak to strong)

	1	2	3	4	5
Percentage of product acceptance	○	○	○	○	○
Percentage of reported safety issues	○	○	○	○	○
Product quality management system	○	○	○	○	○

Q13 How important are the following indexes to evaluate commercial credit of company? (1→5 denotes the importance of the indexes from weak to strong)

	1	2	3	4	5
Success rate of contract execution	○	○	○	○	○
Credit rating	○	○	○	○	○
Protection mechanism for creditors	○	○	○	○	○

Q14 How important are the following indexes to evaluate customer relationship? (1→5 denotes the importance of the indexes from weak to strong)

	1	2	3	4	5
Customer satisfaction	○	○	○	○	○
Customer complaints	○	○	○	○	○
Customer relationship management system	○	○	○	○	○

Q15 How important are the following indexes to evaluate the condition of energy conservation and emission reduction? (1→5 denotes the importance of the indexes from weak to strong)

	1	2	3	4	5
Energy consumption per unit of output	○	○	○	○	○
Utilization of industrial wastes	○	○	○	○	○
The intensity of carbon dioxide	○	○	○	○	○

Q16 How important are the following indexes to evaluate ecological environment protection? (1→5 denotes the importance of the indexes from weak to strong)

	1	2	3	4	5
Technology Investment in energy conservation and environmental protection	○	○	○	○	○
Utilization of renewable energy	○	○	○	○	○
Ecological environment governance	○	○	○	○	○

Q17 How important are the following indexes to evaluate environmental management? (1→5 denotes the importance of the indexes from weak to strong)

	1	2	3	4	5
Environmental management system	○	○	○	○	○
Emergency plan for environmental accident	○	○	○	○	○
Environmental impact assessment system	○	○	○	○	○

Q18 How important are the following indexes to evaluate corporate governance? (1→5 denotes the importance of the indexes from weak to strong)

	1	2	3	4	5
Governance structure	○	○	○	○	○
Decision mechanism	○	○	○	○	○
Information disclosure system	○	○	○	○	○

Q19 How important are the following indexes to evaluate business corruption governance? (1→5 denotes the importance of the indexes from weak to strong)

	1	2	3	4	5
Anti – commercial bribery policy	○	○	○	○	○
Anti – commercial bribery training	○	○	○	○	○
Review mechanism of business corruption	○	○	○	○	○

Q20 How important are the following indexes to evaluate the company's contribution to tax and employment? (1→5 denotes the importance of the indexes from weak to strong)

	1	2	3	4	5
Tax growth rate	○	○	○	○	○
Employment contribution rate	○	○	○	○	○
Employment of the disabled	○	○	○	○	○

Q21 How important are the following indexes to evaluate the company's contribution to community development? (1→5 denotes the importance of the indexes from weak to strong)

	1	2	3	4	5
The number of employees from the local community	○	○	○	○	○
The percentage of expenditure for community development	○	○	○	○	○
Localization of procurement policy	○	○	○	○	○

Q22 How important are the following indexes to evaluate the company's contribution to social welfare? (1→5 denotes the importance of the indexes from weak to strong)

	1	2	3	4	5
The ratio of social welfare donations to pre – tax profit	○	○	○	○	○
The ratio of social welfare project investment to profit	○	○	○	○	○
Employee volunteer activities system	○	○	○	○	○

Q23 Please provide any comments or suggestions you have regarding corporate social responsibilities. We appreciate your help a lot!

后　记

本书汇集了我的博士论文研究成果和在美国访学期间所做的企业社会责任国际调查项目的研究成果。回首本书的写作过程，太多的感动涌上心头，感动于自己的执着与坚持，感动于为推动本书的问世做出贡献的师长、专家学者、朋友、家人及相关机构！

感谢我的导师王竹泉教授！从博士论文的撰写到本书的出版，都得到了王老师的耐心指导与热情帮助。博士论文的写作过程犹如一场丛林探险，有时会迷失在“概念的丛林”，有时会受困在“思维的岔口”，而王老师高屋建瓴的点拨常使我有种豁然开朗的感觉，擦出的不仅有思维的火花，更有学术思想上的升华。三年的博士生涯，使我在传承王老师的学术思想的同时，也继承了恩师严谨治学的精神，这将是我学术生涯中最宝贵的财富！

感谢美国加州州立大学的 Monica Lam 教授！在美国做访问学者期间 Lam 教授不仅为我提供了良好的科研条件，而且邀请加州州立大学商学院 2000 多名 EMBA 和 MBA 毕业生以及多家美国企业的高层管理人员参与我的调查研究，帮助我顺利完成了企业社会责任国际调查研究项目的数据收集工作，为本书的撰写提供了数据支持！

感谢山东省政府公派出国留学项目提供的经费支持，促成了本书跨国调查研究的实施！

感谢中国海洋大学一流大学建设专项经费及青岛大学“青

年卓越人才计划”资助！

感谢中国财政经济出版社对本书出版提供的支持与帮助！

感谢所有为本书的问卷调查和专家访谈做出贡献的海内外朋友们！

感谢我的家人对我的学术研究给予的理解与支持！

王风华

2018 年 4 月于青岛